教育部基础教育课程教材发展中心推荐图书

学校品牌文库

主编：李季

小活动 大德育

活动体验型主题班会的设计与实施

XIAOHUODONG DADEYU

HUODONG TIYANXING ZHUTI BANHUI DE SHEJI YU SHISHI

李 季 梁刚慧 贾高见 ◎著

暨南大学出版社
JINAN UNIVERSITY PRESS

中国·广州

图书在版编目（CIP）数据

小活动　大德育：活动体验型主题班会的设计与实施/李季，梁刚慧，贾高见著. —广州：暨南大学出版社，2012.7（2022.12 重印）
（学校品牌文库）
ISBN 978 - 7 - 5668 - 0229 - 3

Ⅰ.①小…　Ⅱ.①李…②梁…③贾…　Ⅲ.①中小学—德育—研究②班会—中学—教学参考资料　Ⅳ.①G631 ②G635.5

中国版本图书馆 CIP 数据核字（2012）第 123185 号

小活动　大德育：活动体验型主题班会的设计与实施
XIAO HUODONG DA DEYU：
HUODONG TIYAN XING ZHUTI BANHUI DE SHEJI YU SHISHI
著　者：李　季　梁刚慧　贾高见

- -

出 版 人：张晋升
责任编辑：苏彩桃　郭　婷
责任校对：黄　球　黄　颖
责任印制：周一丹　郑玉婷

出版发行：暨南大学出版社（511443）
电　　话：总编室（8620）37332601
　　　　　营销部（8620）37332680　37332681　37332682　37332683
传　　真：（8620）37332660（办公室）　37332684（营销部）
网　　址：http：//www.jnupress.com
排　　版：广州市天河星辰文化发展部照排中心
印　　刷：佛山市浩文彩色印刷有限公司
开　　本：787mm×960mm　1/16
印　　张：20.5
字　　数：400 千
版　　次：2012 年 7 月第 1 版
印　　次：2022 年 12 月第 18 次
定　　价：49.00 元

总　序

李　季

我们的认识——

学校特色品牌发展的构想来自德育内生发展理念与鲜活的德育实践的有机结合的探索。自 2006 年成立德育研究中心以来，根据多年的德育研究与实践，我们提出了"德性内生"和学校"内生发展"的理念，以及德育创新促进学校特色发展的理论，并以此来指导一大批课题实验学校和德育特色学校开展从特色到品牌的校本研究，指导学校从德育课题研究中寻找学校改进的方向，从学校传统特色中发现学校特色发展的主题，从学校的优势资源中提炼出学校创新发展的核心理念。

不久，一批以德育创新为"第二曲线发展"推动学校改进的特色品牌学校脱颖而出，诸如广州小北路小学的"阳光德育"、康有为纪念学校的"有为教育"、金华中学的"团队教育"、骏威小学的"童梦教育"、广东实验中学的"导构德育"；广东中山体育路学校的"德美教育"、西厂小学的"活力教育"、林东小学的"叙事德育"；广东佛山九江中学的"点亮教育"、里水中心小学的"内生德育"、顺德一中的"高雅教育"、陈村职业技术学校的"精细德育"、顺峰中学的"和美教育"、西山小学的"享受教育"；广东潮州城南中英文学校的"阳光教育"等。

近年来，已经有 70 多所学校水到渠成地成为这样的特色品牌或特色项目学校。而它们中的绝大部分学校都已经获得"德育创新奖"、"德育示范学校"和"全国德育实验学校"的称号。不仅如此，这一探索更广泛的意义在于，有效地推动了先进德育理念与德育实践有机融合的校本德育研究，有力地带动了德育创新促进学校特色发展、创新发展、品牌发展的热潮，展示了从特色到品牌的学校持续发展的路向。

我们的理解——

从特色到品牌是学校创新发展的必由之路。什么是学校特色发展？学校如何从特色演进为品牌？

我们可以把学校特色理解为一种独特的风格、影响力与发展力。它具有"人无我有"的原创性与独特性，"人有我优"的领先性与优质性，"人优我变"的发展性与持续性。

然而，学校特色不仅仅在于它的独特个性，还在于它要有自己的核心理念、要形成最适合自己的模式体系和校本文化特质。

而更为重要的是，学校特色品牌必须是学校的精神追求与价值取向的集中体现。

唤醒、凝聚、形成学校积极进取和不断向上的精神，才是学校特色品牌发展的本质内涵、真正使命和必由之路。

因此，特色资源诊断、核心理念提炼、模式体系构建、教师行为落实和学校精神营造是从特色到品牌之路的五个基本步骤。

我们的愿景——

在"发展才是硬道理"的时代，无论是什么类型的学校，或者无论现在处于什么境况的学校，都有发展的需要。质量高原期的名校需要更上一层楼；不甘后人的学校需要跃上新台阶；曾经辉煌的学校需要再造辉煌；徘徊不前的学校需要突破瓶颈；排位居后的弱校需要柳暗花明。

"理论是灰色的，而生活之树是常青的。"把灰色的理论变成绿色的理论，指导更多的学校发现最适合自己的发展路向，让更多的学校找到从特色到品牌发展的演进途径，成就更多的学校、校长、教师、班主任的品牌理想，是"品牌工作室"的使命，也是"学校品牌文库"的愿景。我们将为此而不断努力，上下求索。

我们理想中的学校品牌文库，不仅仅是特色学校、品牌学校、学校特色项目和名校长、名教师、名班主任的汇集，更是让每一类学校通过"第二曲线发展"而改进自己、成就自我的平台。

这既是我们的愿景，也是与学校共同发展的一种共勉。以此为序。

2012 年 6 月 1 日

序

冯增俊[*]

德育低效是中小学德育的一个老大难问题。破解德育低效难题，提高德育实效性，促进学生思想道德健康发展，是中小学德育亟待研究的课题和重要的使命。

"5+2≤0"和"知行脱节"是德育低效的突出表现。其根源主要在于学校德育以说教为主，学生品德的形成过程只停留在从概念到知识的构建，缺乏情感体验和认知感悟，从而妨碍了从道德知识到道德观念及道德信念的构建。

行为心理学和教育心理学原理告诉我们："听过的忘记了，看过的记不住，做过的就理解了。"活动体验具有参与性、情境性、操作性、实感性、愉悦性、感悟性和实效性等特点，是德育常用的和有效的途径与方式。而小活动更有喜闻乐见、短小精悍、愉悦身心等特点，是适合中小学德育和班级作体验教育的好形式。

本书以小活动大德育为主题，针对传统德育存在的诸多问题和弊端，依据"活动—体验—感悟—升华"品德形成心路历程规律，采取品德"内生外化"的自我构建策略，从而有效地增强了主题班会课的针对性、实践性、操作性、愉悦性、趣味性、体验性、感悟性、生成性，大大提高了德育的实效。

《小活动　大德育：活动体验型主题班会的设计与实施》一书，由资深德育专家和中小学一线优秀教育工作者联手，依据活动德育的特征与原理，以及"活动—体验—感悟—升华"品德形成心路历程和品德"内生外化"的自我构建规律，提出小活动大德育活动体验型德育的理论构想，精选形式生动、富有教育意义和育人价值的小活动，以此为载体，以体验感悟为中介，以促进品德自我建构为目的，设计出对学生进行以情感体验和认知感悟为特征的活动体验式德育主题系列。

这些"小活动大德育——活动体验式德育"，不仅适合主题班会和班集体活动，而且适合德育主干课程、学科德育融合课程和专题德育课程与活动。

---

[*] 冯增俊系中山大学教育现代化研究中心主任，教授，博士生导师。

课题实验研究和德育实践证明，以"小活动大德育"为特征的活动体验型德育模式，是现代中小学德育的一种行之有效和具有应用推广意义的新思路和新举措，是破解中小学德育低效难题的创新之道。

2012 年 5 月 23 日

目　录

上编　理论篇

中编 实操篇

下编　资源篇

上 编

理论篇

第一章

内生外化：品德形成的基本规律

题记：让自我教育成为品德内在生成的"第一影响源"。

一、品德形成的"第一影响源"

品德是人的思想道德品质。人的品德是如何形成的呢？人的品德主要是后天形成的。后天的教育和影响对青少年儿童品德的形成与发展起着关键性的甚至决定性的作用。对青少年儿童的品德形成与发展起重要作用的一般有四大影响源：家庭教育与影响、学校教育与影响、同伴影响和社会文化影响。四大影响源各具不同的特点、功能和作用。

家庭教育与影响具有早期性、持续性、亲缘性的特点，是青少年儿童的品德形成与发展的基础；学校教育与影响具有组织性、计划性、统一性、系统性的特点，是青少年儿童的品德形成与发展的主渠道；同伴影响在青少年儿童品德的形成与发展过程中有着特殊的重要作用，尤其是在青少年时期，特别是在社会性发展方面，同伴影响的作用尤为重要；社会文化影响具有时尚性、灵活性和补充性的特点，对青少年儿童的品德形成与发展起着促进和完善的作用。

就四大影响源对青少年儿童的品德形成与发展作用的重要性、深刻性、持久性而言，一直以来的排序是：家庭教育与影响是第一影响源，学校教育与影响次之，同伴影响居第三位，社会文化影响排列最后。然而，随着社会文化内容与形式的与时俱进和日趋丰富与复杂化，尤其是四大媒体文化——报纸杂志、广播音乐、电影电视、网络媒介的兴起与发展，媒体文化对青少年儿童的品德形成与发展的影响，无论是就吸引力、深刻性，还是就持久性方面来说，都已经成为青少年儿童成长的第一影响源。其中，网络文化的影响尤为突出。如今的网络世界已经进入了以互动参与为主要特征的第二媒介时代，网络文化对青少年儿童产生了难以抗拒的影响力，成了让家庭、学校、社会惊叹、无奈而又忧心忡忡的第一影响源。网络文化影响作用增强和其成为第一影响源，意味着家庭教育和学校教育功能的萎缩。

毋庸置疑，四大影响源中，家庭教育与影响和学校教育与影响一般是有目的、有意义的和正向的、积极的，而网络文化影响则正面与负面影响同时存在，在法治机制不太健全和不太完善的时期，负面影响甚至大于正面影响。

第一影响源的地位、功能与作用的"倒序"现象，必然导致三大问题：其一，德育低效问题突出，"5+2≤0"，即学校5天正面的教育影响被校外2天影响中的负面因素所抵消了；其二，青少年儿童品德形成与发展的"风险性"增大；其三，青少年儿童品德教育的复杂性和难度增加。对此，教育者应该有足够的思想认识和心理准备。

引导和促进青少年儿童品德正确形成与健康发展的德育工作，需要更科学和更先进的教育理念，需要教育者拥有积极的态度、人文关怀精神以及教育智慧与艺术，需要能有效走进学生心灵、引导学生心灵、感化学生心灵的途径和载体，需要各种教育资源的合理整合，需要更加富有针对性、指导性、实效性的途径与方式。事实上，更重要的是，需要找到能更有效地引导和促进青少年儿童品德自我生成与发展的途径和方法。因为，从品德形成发展的本质意义上来说，人的品德形成与发展是一种自我教育活动，是一个自我建构的过程。能有效引导和促进青少年儿童品德自我生成与发展的途径和方法，才是能真正走进学生心灵、引导学生心灵、感化学生心灵的途径和方法。

可见，后天的教育和影响对青少年儿童品德的形成与发展所起的关键性或决定性作用，是相对于品德形成发展的遗传和先天因素影响而言的。实际上，青少年儿童品德的形成发展是品德生成主体，即作为道德认知主体的青少年儿童自身对各种教育影响因素进行整合的能动作用的结果。这一过程就是品德形成与发展的自我教育与自我建构活动过程。换一句话说，自我教育就是青少年儿童的品德形成与发展的"第五因素"。然而，青少年儿童品德的形成与发展共有五大基本要素或影响源在发生作用，其中"第五因素"即"第五大影响源"才是真正起决定性作用的影响源。任何一种品德的形成与发展，都可以看作是这五大影响源协同影响、整合作用的结果。

正因为如此，如何充分发挥第五大影响源的积极能动作用，换言之，如何促使第五大影响源成为积极的、自觉的、真正的和持续的第一大影响源，是未成年人思想道德建设和学校德育亟待研究的、意义深远的课题。

二、品德形成的"内生外化"过程

在青少年儿童品德的形成与发展中五大影响源如何协同影响、整合作用？第五大影响源在这其中如何发挥第一大影响源的积极能动作用？让我们从青少年儿童品德的形成与发展过程的本质来分析。我们把对青少年儿童的品德形成与发展起重要作用的家庭教育与影响、学校教育与影响、同伴影响和社会文化影响看作是外部影响，而青少年儿童自身作为品德生成主体的能动作用则是一种内在的并起决定作用的影响因素。青少年儿童品德形成与发展就是外部和内在这两大因素协同影响、整合作用的结果。问题的关键是要明确该过程的本质，包括机理、程式、要素等。

我们认为，品德形成与发展的机理是"互动整合"，程式是"内生外化"，要素是道德需要、道德情感、道德自觉、道德活动、道德体验、道德构建等。道德认知主体的积极能动作用主要在品德形成的内化、内生、外化过程和品德发展的自律、自觉、自为过程中展现出来。也就是说，规范性的外部影响需要通过学生主体内部"同化"为品德。我们把青少年儿童品德的形成过程，看作是在教育影响作用下的品德内在生成过程，青少年儿童作为道德认知主体的自我建构是这一过程的关键所在。该过程遵循品德生成的一般规律，即"外塑—内化—内生—外化"。

任何一种品德的形成，无论是思想观念的还是道德伦理的，无论是公德还是私德，无论是认知、情感的品德还是行为、人格的品德，一般都要经历由外部规范要求到道德内化，进而内生为品德，后外化为行为习惯的过程。外塑——外部规范要求或行为习惯训练，后天的教育影响在这一过程中，主要起着前提性、奠基性和积淀性的知识、价值和行为上的规范、导向作用以及全过程的指引与指导作用；而内化和内生，才是品德形成的根本，教育影响的规范、指导作用只有通过品德形成主体在已有的道德知识、价值观念或行为习惯的基础上，对各种影响源进行分析、整合、内化和自我生成，才能有效地转化和建构为他们良好的道德品质。譬如，即使我们让学生从小就把"时刻准备做共产主义接班人"的歌词重复一千遍，如果不能让学生将其内生和升华为道德情感与需要，学生没有道德自觉、自为的意识，共产主义就不可能成为他们的信念和信仰。同理，即使我们从幼稚园开始就让小朋友养成遵守交通红绿灯法规的习惯，但习惯养成只是一种简单的行为重复，如果他们没有在头脑中形成遵守交通红绿灯法规的意识和观念，同样不能保证他们以后一直都能保持遵守交通红绿灯法规的习惯。因此，我们认为，青少年儿童品德形成的核心是品德的自我生成过程。换句话说，品德形成的实质是内生的，中小学德育的本质是促进青少年儿童品德尤其是道德需要与道德价值的内在生成。

然而，品德内生并不是一个孤立的过程。教育影响与品德内生的关系，是一种相辅相成、缺一不可的关系，而不仅仅是简单的前提与结果的关系，也不单纯是指导与"自构"的关系。教育的本质是育人，德育的本质是育德。教育或德育的目的性、科学性、实效性、艺术性主要是通过引导青少年儿童健康成长、促进青少年儿童品德形成发展来实现的。

依据和遵循品德内生的原理，有效发挥教育影响的作用，中小学德育要把促进"品德内生"作为思想品德教育的规律，作为实现"育人为本，育德为先"的理想目标，即通过有效的教育影响作用将道德规范要求内化、转化为青少年儿童的道德认知、道德情感和道德行为习惯等品德素质。为促进德性从道德规范到品德内生的转化，我们在中小学进行了多年有关德育课题的实验研究和实践探索，证明如下举措是行之有效的。

第一，发挥教育者在品德方面的言传身教作用。外塑是外部规范，是德性"内生外化"的基础，有力、有序、有效的外塑是保证品德内生的条件，但外塑要达到有力、有序、有效，前提是教育者在品德方面的言传身教的影响。正所谓"德高为师，身正为范"。教育者在以身作则的基础上，要以人文关怀理念为指导，以将常规做精细为基本，以适性而为、因材施教为原则来引导学生健康成长，以保证外塑过程的规范性、指导性和有效性。

第二，引导学生品德形成要由表及里、由浅入深。"内生"是品德形成的本质，"内化与体验"是关键。因此，教育者要把着力激发学生道德需要、情感体验和实践感悟作为促进学生品德生成的核心，积极开展德育创新活动，着力探讨有助于激发和促进青少年儿童德性内生的有效德育的形式、载体、途径和模式。近年来，我们通过实践探索而总结形成的叙事德育、体验德育、阳光德育、活动德育、魅力德育、生活德育、情感德育、精细德育、心灵德育、活力德育、高雅德育、有为德育、自为德育等德育模式，其中许多已经成为广东的德育特色品牌。来自叙事德育实验学校的老师说："活动德育就是'内生型德育'的具体实践，通过活动体验让学生有所感、有所触、有所悟，从而帮助和促进学生建构起内在品德。这是一种富有创新性和实效性的德育模式，真的很值得在广大中小学积极倡导和推广，相信必定能对破解中小学德育难题，提高当前学校德育实效性起到积极的推动作用。"

第三，促进学生品德形成要先从外到内，后从内到外。"内化"是将道德规范从外到内转化为品德的过程，核心是自我建构和品德内在生成；而"外化"则是把内在品德转化为外部行为的过程。外化是品德的行为体现，是从品德到

"德行"的转化，学生的德行（操行）是品德形成的标志，是道德评价的对象和道德发展的新起点。操行评价具有规范和约束品德的意义，是促进学生品德形成发展的重要条件。

三、品德"内生外化"的意义

品德"内生外化"，以品德自我建构为核心理念，以提高德育实效性为切入点，从理论和实践层面上探讨了品德形成发展的内在规律，具有理论创新和实践指导意义。

从理论创新性来看，对青少年儿童品德形成与发展理论的认识，现行的品德形成理论比较关注从外塑到内化的道德转化过程，强调道德要求与教育外塑作用，但对品德内化过程及内化机制的研究大都停留在推测性和描述性的认识上，缺乏深入的和本质性的探讨。品德"内生外化"理论针对现行品德形成理论的偏向，特别提出"品德内生"和"内生外化"的核心理念，把道德"内生"作为道德"内化"的根本，总结了青少年儿童品德形成过程的"外塑—内化—内生—外化"程序与规律，进而揭示出"内生外化——外塑意在内生，内生方能外化"的德育原理。

品德形成的"外塑—内化—内生—外化"程序，是一种对青少年儿童品德形成发展规律与原理的内涵更为丰富、深入和完整的认识与总结。因此，具有理论创新与发展的价值。①它丰富了对青少年儿童品德形成与发展的共性规律的认识；②它强化了道德认知主体与道德规范在品德形成发展过程中的互动作用；③它体现了青少年儿童品德形成发展的以"自主、自为"为特征的发展取向。

从实践指导意义来看，德育低效是长期困扰中小学德育工作的老大难问题，问题的成因是多方面的，但最根本的原因仍然是对青少年儿童品德形成发展的特点、规律和原理缺乏正确认识与准确把握。品德内生总结提炼出来的关于青少年儿童品德形成的本质是"自我建构"的理念，品德自我生成是青少年儿童品德形成的实质的见解，能有效地指导中小学德育并提高实效性。

首先，这些观点纠正了中小学德育只强调单向说理灌输、行为养成等简单化的"外塑"式的思路和做法，主张德育要遵循品德形成的"内生外化"规律，强调"品德内生"，提出德育要求和德育规范要有利于发挥道德认知主体的自我选择、自我建构和自我教育作用，有利于促进青少年儿童品德包括道德意识、道德观念、道德情感和道德行为，尤其是道德需要的内在生成。人的品德如果只停留在道德感性知识和简单行为模仿阶段，而没有内化、内生成道德认知与道德情感，或者道德规范没有内化为道德观念、信念、信仰，就不可能有真正意义上的

品德。只有切实促进道德内生和品德自我建构的德育，才是真正有效的德育，才能实实在在地解决"知行脱节"、"表里不一"、"价值困惑"等德育低效问题。品德内生积极倡导的"活动体验型德育"，就是开展富有教育意义的小活动，让学生在活动中产生"感受—感动—感悟"的心路历程，由参与到体验（情感体验），由体验到感悟（道德认知），进行品德的自我建构，进而内生为品德素质的过程。实践证明，这是一种行之有效的德育模式。

其次，品德内生从青少年儿童品德形成与发展的心理学角度，总结提炼出的"外塑—内化—内生—外化"和"他律—自律—自觉—自为"的青少年儿童品德形成与发展的程序，不仅丰富和完善了青少年儿童品德形成与发展的理论，更为重要的是，它在中小学德育的实践领域深入探索了品德形成的心路历程与品德发展的内在规律，精辟分析了道德认知主体自身的道德自我建构的价值和作用，形成了"德育是在道德规范要求和教育者有效指导下，道德认知主体进行积极整合互动的品德内在生成与自我建构的过程"的现代德育理念和中小学德育活动模式，进而在这基础上构建了"小故事大道理式叙事德育"、"小活动大感悟式心灵德育"、"小实践大体验式生活德育"等一系列体现品德内生与自我建构特征和富有特色的学校德育活动模式，富有针对性和有效性地指导着中小学德育工作的顺利开展，并体现出广东中小学德育的时代性、务实性和创新性特点。

第二章

活动体验：品德生成的有效途径

题记："听过的忘记了，看过的记不住，做过的就理解了。"

一、体验感悟是品德形成的心路历程

　　传统的学校德育在方式上较注重学生行为习惯的养成、思想观念的说教和道德人格的自省，而较少关注品德内化过程的规律，尤其是德育要求如何通过主体的道德认知和情感体验走进心灵——入脑入心而成为品德素质的心理机制。学生品德形成过程不仅是一种道德知、情、意、行协同发展的过程，也是一个"感知—体验—明理—导行"的心路历程，情感因素特别是情感体验在这一过程中起着举足轻重的作用。德育方式的简单化和品德内化过程各环节关注、监控不到位往往导致效果偏低或缺失。长期以来德育的"5＋2≤0"现象以及学生品德素质上的"知行脱节"、"表里不一"等令人困扰的现象，与此不无关系。

　　德育方式直接影响品德内化过程及其效果。创新德育方式，特别是探索形式生动活泼、受学生欢迎和符合品德塑造规律的德育方式，是提高德育实效、破解德育难题的有力措施，是促进德育创新发展的重要内容。活动体验型德育是近年来我们在改革基础教育课程、加强德育的实验研究中探讨和总结形成的一种行之有效的德育方式。

　　与学校德育常用的养成、说理、辅导等德育方式相比，活动体验型德育是一种更真实、更有效的和更能入脑入心的德育方式。因为活动体验型德育过程的心理结构，即"活动—体验—感悟"的心路历程与学生品德形成过程的"感知—体验—明理—导行"的内化规律完全吻合，而且，由于有情感体验和情感认同作动力，学生品德内化过程强烈而深刻，品德生成要素同步而协调，品德塑造过程形成一种自主、自觉、自动、自悟、自省的自我建构机制，进而达到"自律"境界，因而成为走进学生心灵的一种德育智慧。

德育低效现象的症结是德育要求未能有效内化为学生的品德，其中关键是未能形成有效的交汇点。活动体验型德育按照学生品德形成规律，通过活动来激发学生的情感体验与认知感悟，让学生在体验中感悟，受启迪而明理，从而达到促进学生品德内化的目的，切实提高德育的科学性和实效性。这正是活动体验型德育实践与研究的意义所在。

二、活动体验是品德生成的"产婆术"

"产婆术"，又称"苏格拉底方法"。它是通过"讽刺"——不断提出问题使对方陷入矛盾之中，并迫使其承认自己的无知；"助产"——启发、引导学生，使学生通过自己的思考，得出结论；"归纳和定义"——使学生逐步掌握明确的定义和概念。由于苏格拉底把教师比喻为"知识的产婆"，因此，"苏格拉底方法"也被人们称为"产婆术"。

对于学生品德形成与发展来说，活动体验就好像是品德生成的"产婆术"，是促进品德形成与发展的有效载体。

把活动体验作为促进品德形成与发展的有效载体，主要基于德育的实践特性和活动的德育特性。

德育具有实践特性。①德育的目标、内容来源于社会生活实践，并以道德规范的形式成为青少年儿童思想道德建设的要求。②德育过程即促进青少年儿童品德形成与发展的过程是一种教育实践活动，德育结果即青少年儿童品德的形成发展状况需要在德育实践中加以评价和检验。

德育的实践特性通常以德育活动为载体即通过活动的形式来体现，因此，活动是德育最常见的方式。以活动为载体的德育是相对于认知性的德育而言的。活动在这里指由学校、班级或学生自主组织的，青少年儿童身心参与投入的，以个体身体语言和动作为基础，具有德育意义和功能的教育实践过程。

活动是德育实践的体现，德育实践以活动为中介。德育在活动中进行，活动既是德育的手段也是德育的目的。活动能充分体现德育的各种特性。

第一，活动体现德育的主体性。在以活动为载体的德育实践中，教育者是活动引导的主体，学习者是积极主动参与活动和自主建构道德价值体系的主体。以活动为载体的德育能有效激发与培养学生的能动性、自主性和创造性，充分发挥道德主体的作用。

第二，活动体现德育的参与性。在德育活动中教育者和学习者都是活动的积极参与者。学习者以肢体语言的方式全身心投入参与是活动的基本特征。教育者是活动的积极自觉的引导者，学习者是主动参与活动和自主建构的主体。全身心参与投入是道德主体性、能动性和自主性的体现，也是活动体验型德育有效性的保障。

第三，活动体现德育的生活性。道德反映社会生活的规范要求，德育基于社会生活并在社会生活中进行。生活性是德育的基本属性。生活具有具体性和可体验性，以活动为载体的德育使学生体会到生活的真实和可感，有利于学生品德的形成。活动体验型德育的意义在于让学生过有道德的生活，在道德生活中形成良好的道德品质。

第四，活动体现德育的愉悦性。以活动为载体的德育的愉悦性是它与众不同的特点。活动从学生的兴趣出发，通过学生感兴趣的活动让学生参与其中、乐在其中，从中感受、体验活动中蕴涵的道德内涵与价值。

学校德育活动，特别是班级教育活动对于学生的发展、班集体的建设具有重要意义。心理学告诉我们，人的感受和体验主要产生于人的活动。同样，人的心理状态的变化和改善也只能在活动中实现。在活动中，学生的感受和体验必然产生和表现出来，然后通过师生之间和学生之间的沟通、分享，学生心理便可能得到调节和影响，从而实现转变和改善。因此，活动具有重要的班级教育意义。概括如下：

（1）活动有利于促进学生的心理健康。

（2）活动有助于增加师生、学生之间的人际沟通与合作。

（3）活动有助于加强班集体和班级共同体建设。

（4）活动有助于提高学生的社会适应能力。

（5）活动有助于发展学生的良好个性。

（6）活动有助于加强家庭与学校之间的有效合作。

三、在活动中体验道德，在体验中生成品德

活动德育的主体性、参与性、生活性、愉悦性四大特点，形成了活动体验型德育的三大特征：①主体积极参与；②身心感受愉悦；③体验感悟升华。也就是说，通过创设一定的道德生活情境或条件，让中小学生在德育活动中体验真实的道德生活，达到在活动中体验道德，在体验中生成品德的目的。

学生在德育活动中产生的是具有真情实感的心理感受和情感体验，这种感受和体验是愉悦的、美丽的、无痕的、其乐无穷的，因此也就水到渠成地产生了让人心悦诚服的体验、感动和感悟。这一过程，实质上就是品德生成的自我建构过程。与空洞乏味的道德说教和板着脸孔的训导相比，愉悦身心的德育活动或游戏，更能入脑入心。活动体验型德育的愉悦性，有如感化和引导学生心灵的"源头活水"。

第三章

以微见真：小活动大德育的构想

题记：常规处着力，细节处着手，方能提高实效。

一、小活动大德育的构想

多年的德育思考与实践探索，使笔者形成了这样的心得体会："要求是下策；引导是中策；启发是上策；体验是上上策；自我建构是至上策；而理想处着眼，常规处着力，细节处着手乃万全之策。"笔者把这称为"我的德育宝典"。德育理想是引导德育常规的指南，德育常规是落实德育理想的基石，德育细节是实现德育理想的关键。

基于这样的认识和对青少年儿童品德形成发展的自我建构与"内生外化"规律的理解，结合活动德育的主体性、参与性、生活性、愉悦性四大特点，以及活动体验型德育的主体积极参与、身心感受愉悦、体验感悟升华三大特征，我们提出了"以小见大的小活动大德育——微格德育系列"构想，包括"小故事大道理"、"小活动大德育"、"小视频大教育"、"小案例大感悟"、"小图片大人生"、"小论坛大智慧"、"小实践大社会"等。

我们把这一系列构想，通过一个"班主任专业自主成长研究"课题在广东省佛山市南海九江中学开展实验研究。研究过程成就了一批有思想、有智慧和富有专业特色的省市及全国名班主任。其中，"小故事大道理式叙事德育"与"小活动大德育体验式主题班会"的影响最为突出。"小故事大道理式叙事德育"是我们在广东省中山市林东小学开展的实验研究。这里我们侧重介绍"小活动大德育体验式主题班会"。

我们对小活动和大德育的界定是：以小活动为载体来实现大德育的目的，同时予以德育时代性、情感性、愉悦性、自构性的魅力内涵。小活动指用于课堂或班队会等的活动一定要短、小、实、活。短，即时间短，一般三五分钟为宜；小，即解决小问题；实，即解决问题要实际和有实效，一次集中解决一个问题，不追求面面俱到；活，即活动常常以学生喜闻乐见和生动有趣的游戏、娱乐、实验等活泼的形式出现，有愉悦身心的效果。活动要精心设计，做到针对性强、娱乐性高、参与性大、新颖有趣、短小精悍。大德育指活动要有鲜明的主题与教育内涵；活动具有启发性和可体验性；活动的目的不仅包括康乐身心，更要让人产生心灵体验、情感感动与认知感悟。

二、小活动大德育的特征

德育的形式有许多，近年来，我们实验和探讨的形式就有"说理型德育"、"对话型德育"、"案例型德育"、"心育型德育"、"活动型德育"、"体验型德育"等。小活动大德育有何特点呢？我们认为，小活动大德育有如下三大明显的特征：

首先，"以小见大，以微见真，以细见精"是它的主题性个性特征。

其次，"心智活动，情感感动，体验感悟"是它的心理性过程特征（心路历程）。

再次，"身心参与，自我建构，内生外化"是它的核心性本质特征。

这些特征使小活动大德育系列的德育课、主题班队会、班级活动等成为富有实效与魅力的德育形式。

"以小见大，以微见真，以细见精"的特征使小活动大德育的形式富有趣味性和吸引力，激发学生参与的热情和积极性，让学生乐在其中，在活动中体验，在体验中成长。

"心智活动，情感感动，体验感悟"的特征使小活动大德育的形式富有内涵性和启迪力。活动体验，启人心智，感人心扉，让学生在体验感悟中获得道德认知与情感升华。

"身心参与，自我建构，内生外化"的特征使小活动大德育的形式富有实效性和引导力。学生全身心都投入与参与进来，在身心愉悦的氛围中自发、自觉地进行品德的自我体验与感悟，自主地完成道德的自我判断、价值选择和品德的自我建构与内生外化。德育要求水到渠成、自然而然、顺理成章地走进学生的心灵，引导和感化学生的心灵，育人于无声、无痕的过程之中。

提高德育实效，促进品德生成是学校德育的理想目标和使命。依据富有实效与魅力的小活动大德育的"以小见大，以微见真，以细见精"、"心智活动，情感感动，体验感悟"、"身心参与，自我建构，内生外化"三大基本特征及原理，实施小活动大德育系列活动课程必须遵循如下原则，才能确保德育理想目标的实现：

（1）小活动激发道德情感体验原则。

（2）小活动引导道德认知感悟原则。

（3）小活动引发道德兴趣需要原则。

（4）小活动促进品德自我建构原则。

三、一堂最真实的班会课

笔者所听到的诸多课中，有一节课，给它的分数确实很高。这就是广东省佛山市南海九江中学贾老师的课。因为它可以说是笔者所听的十节课当中，最真的一节课。真在哪里？真就真在至少他为了这样的一节班会课能想到在一个学生的身上做文章，还能想出去采访学生妈妈的办法！真就真在他借助这30分钟的班会课，使一个学生实现了真正的转变，让这位学生超越了自我（那堂课叫做"超越自我"）。一个学生在自己毫不知情的情形下，竟然被一位老师的一节课给改变了。我们动不动就想做大文章，其实我们能把小文章做好就已经够了。这是笔者要讲到的第一个细节，那就是一个"真"字。

一堂注重价值思考的班会课——心理视角下的主题班会课

我们当老师，一定要学会去思考：在今天，为了学生的发展，我究竟应该做什么、怎样做，意义才是最大的。

说到此，请允许笔者稍微停一下，与大家来分享贾老师的那节班会课。那节课深深地打动了我，影响了我。这么多年，类似的班会活动课，笔者听了不少，但笔者绝对不可能给哪位老师的班会课打95分以上的高分。可这次，笔者大笔一挥，100分。为什么给100分？就是因为真。

简单地把这节班会课情景说一下。有一个女生，因为有一次唱歌唱不好就感到自卑，不敢再唱歌。任妈妈怎样劝，班主任老师怎么讲，她都不愿意再开口唱歌。但在这节班会课，在轻巧的游戏中，这个女生用专业的唱法唱出了歌。唱完了，这个活动快结束的时候，贾老师就问了一个问题："今天，这三位同学，你们觉得哪位同学表现最好？"当大家给出名字时，老师说"不"，说他认为是这个女生，为什么说是她，就是因为她的转变。接着他又说："其实今天另外两个同学在这节课之前被我收买了，我已安排好了要她们今天怎么做。而那个女生毫不知晓，结果就在那种很自然的氛围中被影响了。"

班会课怎么开？从价值的角度来说，一节班会课绝对不只是为了完成德育处给我们的任务，一节班会课也绝对不是为了能让班主任在做工作小结时有个交代。关键是，班会课起作用了吗？讲真话，笔者看了那么多节班会课，这是唯一一节真实的课。更难能可贵的是，作为一个借班上课的老师，最多只有两三天的时间准备，他竟然能想到那么妙的点子，且能对这个班的学生了解到如数家珍的地步。笔者用一句话来概括，这个老师这么做了，他一定这么告诉自己：当班主任不是完成任务的；当班主任，一定要当到对学生有所影响。笔者把他叫做"价值思考者"。这是笔者和大家分享的第二点。

一节控场最好的班会课

来自南海九江中学的贾老师，是我打分打得最高的老师。那么打分打得最高有哪几个依据呢？他在这几方面做得特别好：

首先，他的热身活动，非常巧妙地导入了新课。这种设计非常精巧，而且很快就点题了。在这 30 分钟的课中，可能会有好多老师，绕来绕去 10 分钟还没有绕到主题上。显然，你再往下绕，效果不会很好！

其次，在整个 30 分钟的课堂中，贾老师对节奏把握得非常好。笔者送给他12 个字：有张有弛，动静结合，文书有道。这 12 个字是什么意思呢？先说"张"，有时候，我们还是能看出有些紧张的气氛的；再看"弛"，有时候他会让学生在那里悠悠地做些讨论；"动"，该动就动；"静"，该想就想；"文"，我老师给你；"书"，你可以去做反思。我们的贾老师做得特别特别的好。

（南京师范大学　赵凯）

第四章

德育常规：主题班会与班级育人

题记：班会是班级育人的方式，是品德自我建构的平台。

一、班会是班级育人的基本方式

班级育人有三大基本途径：班集体建设、班级文化建设和班会课。在班级育人实践中，这三大途径也是三种基本的方式。

班会课，是班级生活和班集体活动的重要形式，是班级教育的主要途径和班级管理的有效手段。根据目的和内容的不同，班会可以是会，也可以是课，但更多情况下是一种教育活动。因此，班会课是根据促进学生和班级健康成长的要求和针对班级的实际需要而进行的班集体教育活动。

从小学到中学，基本每周都有一次班会课，每次 1 学时，固定安排在课表中，主要用于学校和班主任对学生进行思想、道德、心理教育等。从小学到高中毕业的 12 年间，每个学生都要接受 400 学时以上的班会课，可见班会课在中小学教育中的重要地位。

好的班会课是学生学习、生活、成长的加油站，是心灵的绿草地，是智慧的解码器，是成长的互联网，对中小学生的人生和健康成长有鼓舞、激励和引导作用。

但是，由于长期以来德育工作的不到位和对班主任工作重要性认识上的偏差，班会课在实施过程中仍然存在低效甚至是无效的问题。具体表现为：

（1）班会课可有可无，经常被挪作他用。班会课经常被班主任用作补课等其他用途，没有做到专课专用。

（2）班会课缺乏主题。班主任事先没准备，上台"信天游"，天南海北，东拉西扯，应付了事，没有起到主题班会和班级教育的作用。

（3）班会课成为班主任的"一言堂"。班主任在班会课中常常唱"独角戏"，没有吸引力，缺乏活动性，没有体现学生主体参与的积极性和发挥师生互动作用。

（4）主题班会形式单调、缺少新意。每周的班会课只是总结班级情况的常规例会，学生参与投入性不高。

班会课是班级工作的重要组成部分，是班级教育和班集体活动的一项不可或缺的内容。学生是班会课的主体，他们的共同参与是班会课生存发展的关键。因此，提高班会课的活动性、趣味性、愉悦性等，是班会课实现班级教育目的的重要保证。

我们认为，要提高班会课的实效性，必须处理好班会课设计与组织实施过程中的几个关系。

第一是班会课与班会活动的关系。是班会课还是班会活动？这是班会形式问题。

班会有三种形式："班会"——班级会议形式；"班会课"——班级上课形式；"班会活动"——班级活动形式。从性质上说，班会活动应该是班会最主要的形式，班会活动更能体现和实现班会的主体性、参与性和互动性原则与要求，但不少班主任在实践中常常把班会上成班会课。单纯的班会课往往很容易变成"一言堂"式的说理课或时事报告会。

一般来说，班会既是"课"，也是"活动"，它具备所有"课"的特点，但"活动性"是它的基色和主调。

作为"课"，班主任在实施主题班会时须遵循课堂教学规范，充分发挥教师的主导作用，凸显学生的主体地位；作为活动，要充分体现学生的参与性，但又不能演变为一种课堂表演。

那么，班会是"课"还是"活动"？什么时候是"课"，什么时候是"活动"？判断与选择的基本原则是：班会的形式取决于班会主题和内容的需要。

第二是班会的班主任主导与学生主体的关系。班会是在班主任组织、指导下师生共同参与的班级活动形式。班主任是班会的组织者、指导者，角色是导演，在班会中起主导作用；学生是班会的主体和参与者。

班主任在班会中的主导作用，不是包办和替代，而是协助和指引。主导是教育性的体现。主导者不能做旁观者，而要有"主导"行为，包括参与"课"的设计，在"课"上适时地进行总结、提炼等。"教师版班会"指由班主任包办、代替的"一言堂"式的主题班会，"学生版班会"指班主任袖手旁观的"放羊式"的班会。这两种都不是真正意义上的班会。

不同年级、不同班级的班会，班主任组织、指导的程度和主导作用大小可以不同。一般是班主任对低年级班会的组织、指导的程度和主导作用大于高年级的班会。班会从完全由班主任设计、组织到班主任协助学生设计、组织，再到指导学生自主设计、组织，是班主任"主导"行为和作用在不同年级和不同班级班会的体现和演进。

第三是班主任组织能力与资源整合的关系。成功的班会，不仅取决于班主任通今博古的学识修养、生动活泼的语言能力、明察秋毫的敏锐观察力和机智灵活的随机应变能力等多种能力，同时还取决于班主任善于多方协调的资源整合能力，如利用各种媒体资源的能力，发挥学科老师的智慧，利用家长、社会资源和学校领导资源的能力等。

二、主题班会是专题性班级教育活动

班会主要有三种类型：临时性班会、例行性班会和主题性班会。临时性班会一般因班级突发事件或特别社会时事而开展；例行性班会主要解决班级常规工作问题；主题班会以中心主题贯彻班会全过程，结构完整，目的明确，主题主要来源于学校教育对中小学生思想品德的要求和班级的实际需要，重点在于提高全班同学的思想道德认识，促进良好品德行为的发展。主题班会是一种更高层次的班会形式。

不同的形式和类型标志着班会的内容与性质有不同的侧重，主题班会的基本原则为"以主题为灵魂，以教育为目的；以学生为主体，以老师为指导"。主题班会是班级在班主任的指导下，围绕一个专题或针对一个问题而组织的班集体全体成员共同参加的教育活动。班主任对主题班会的设计、组织与实施，一般应了解和掌握主题班会的一些基本要素。

（一）主题班会的基本特征

1. 主题班会的思想性

主题班会首先要有主题，即要围绕一个专题或针对一个问题来设计和组织。主题是班会的灵魂，起着主导的作用。主题班会的主题不是泛泛而谈的主题，而是具有教育理念和教育意义的主题。因而，主题的实质是教育思想、理念的体现。

2. 主题班会的参与性

主题班会不仅仅是班主任的活动、学生的活动、班委会的活动，而且是班主任和全班学生这个班级共同体共同参与的活动。

3. 主题班会的主体性

学生是主题班会的主体——组织者、策划者、实施者、参与者、评价者，班主任只是指导者、促进者，起着引导的作用。

4. 主题班会的教育性

班会可以有不同的形式和内容，但目的都是让学生在班会这个"社会小课堂"中学习扮演各种人生角色，学会做人，学会成长，具有鲜明的教育性。教育性意味着主题班会是一种有目的、有计划、有准备的教育活动。

（二）主题班会的意义

（1）主题班会是学生成长的驿站，具有促进学生素质全面发展的意义。主题班会是班主任指导班级围绕"促进每一个学生素质全面发展"这个中心来组织实施的，作为一种有目的、有计划、有准备的教育活动，其内容包括思想、政治，情感、态度，理想、信念，人生观、价值观、世界观，道德、纪律、法律，学习、健康、劳动，人格、审美、青春期教育，集体主义、爱国主义、社会主义教育等各个方面的主题。全方位的教育活动，有利于促进学生的全面成长和素质的全面发展。

主题班会通常围绕一个专题或针对班级中存在的一个问题来组织，它能有效地解决学生一定时期存在的带有普遍性的问题。学生是主题班会的主体和参与者，主题班会主题的生成、方案的形成、实施的过程等有利于促进学生认识问题和自主解决问题能力的发展，有利于学生自我教育能力的提升，是学生自我学习与自我发展的课堂。主题班会是学生思想、情感交流沟通与人际互动的平台，是学生分享快乐、分担痛苦的场所，也是学生展示个性、体验丰富人生的舞台，有利于促进学生的成长。

（2）主题班会是班级活动和班级教育的主要途径，具有促进班主任专业能力发展和班级管理智慧的意义。主题班会是班主任组织管理班级和控制班级教育活动的有效手段，是班主任协调班级人际关系和培养学生的民主参与及自我教育意识的重要载体，是班主任展现个人智慧才华与人格魅力的"用武之地"和重要时机，因而也是促进班主任专业能力发展和专业成长的阶梯。

（3）主题班会是师生共同成长的平台。主题班会围绕一个专题来组织开展，这个过程是师生共同讨论和选择的过程；主题班会组织、实施过程是师生共同参与、互动交流过程；主题班会是班主任与学生相互了解，相互沟通，相互影响，相互教育的过程。这个过程，不仅是增进师生感情、加强沟通的最好机会和方式，也是促进师生共同成长的平台。

（三）主题班会的类型和形式

主题班会的类型和形式主要根据班会的目的和内容来确定。常见的主题班会

小活动 大德育

活动体验型主题班会的设计与实施

的类型和形式一般有：以感触—感动—感悟为心路历程的叙事式主题班会；以身心参与—感受—体验为特征的活动式主题班会；以心智交流—启迪—自我建构为内涵的对话式主题班会；德育与心理健康教育的目的、内容和形式有机整合的心育型主题班会。此外，还有素材式主题班会、对话式主题班会、案例式主题班会、体验式主题班会、感悟式主题班会、辅导式主题班会，以及时事性主题班会、学习性主题班会、读书性主题班会、交往性主题班会、生活性主题班会、感恩性主题班会、励志性主题班会、导行性主题班会等。

三、主题班会的设计、组织与实施

主题班会设计是为实现主题班会目标所作的设想和计划。主题班会设计是主题班会组织、实施的前提。

（一）主题班会设计的基本要求

主题正确，具有思想性、针对性和时代性；
内容丰富，符合学生年龄与身心发展特点；
形式新颖，富有创意和特色；
设计思路清晰，结构完整；
流程结构合理，步骤有逻辑关系，体现品德知情意行内化规律；
体现学生为主体、教师为主导，学生积极自主参与度高，活动性强和师生互动性强的特点。

（二）主题班会设计的基本要素

定主题。主题是班会的灵魂。班会主题的确定要体现"三性"。针对性——针对班级的时间问题；思想性——具有教育价值导向意义；时代性——形式富有时代特色和吸引力，学生喜欢参与，积极投入。

定内容。班会内容决定班会教育作用与效果，而班会主题则决定班会内容，班会内容决定班会流程。因此，要围绕班会主题制定和设计富有针对性、教育性和创新性的班会内容。

定形式。班会内容决定班会的形式。但是，班会能否受学生欢迎，学生是否积极投入，不仅取决于班会的主题和内容，还与班会的形式直接相关。班会形式关系到班会的效果及学生参与的积极性、热情和参与投入程度。因此，班会设计一方面要尽量做到内容与形式新颖而统一，另一方面要想方设法增强班会形式的生动性，符合学生的兴趣爱好。近年来我们尝试进行的"小故事大道理"式叙事型主题班会、"小活动大德育"式体验型主题班会等，效果十分明显。

（三）主题班会设计的基本原则

主题班会设计要体现思想性和教育性，主体性和参与性，时代性和针对性，活动性和互动性四大原则。

主题班会要明确体现思想性和教育性。针对中小学生崇拜偶像的普遍现象，如何设计一次具有教育意义的主题班会？青少年有崇拜偶像的心理，不同时代有不同时代的偶像。近年来流行"快男快女"现象，一夜成名的"快男快女"成为中小学生的新偶像。偶像能令人神往而产生积极向上的精神，偶像也能让人狂热而导致失去理性。有些学生甚至除了"快男快女"类的选秀节目外，对什么都不感兴趣。如何根据当前中小学生崇拜偶像的现象和心理特点，设计一次具有教育意义的主题班会或班集体活动，引导他们形成健康向上的偶像心理？在班主任专业能力大赛上，一位参赛班主任根据要求，针对当前中小学生盲目崇拜偶像的非主流文化现象，依据中小学生偶像崇拜的年龄心理特点，设计了"偶像——我崇拜，我学习，我超越"的主题班会。这一主题具有鲜明的教育理念，体现了班级教育的主流价值观念导向思想。偶像，让我们不由自主地去崇拜，有许多值得我们学习的地方。但是，盲目崇拜只能让我们沉迷，让我们停滞不前。因此，对偶像，我们要学会正确评价、有益选择和自觉超越。

主题班会要充分体现主体性和参与性。学生是班会的主体和共同参与者。不能只用班会课形式，或只是由班主任"唱独角戏"，或只听班主任"一边倒"的见解，挫伤学生的自主参与性、民主精神和开放、创新思维。有的班主任在班会课中谈论的话题，往往只有一种声音、一种认识，不容许有不同见解和多元的看法。例如，对当前中小学生十分热衷的星座话题，不少班主任只从星座是迷信现象的角度来谈，没有深入了解青少年热衷星座的心理特点和需要，因而没有真正起到主题班会教育的作用。

主题班会设计要自觉反映时代性和针对性。青少年是时代步伐的追随者，他们对时尚潮流具有"春江水暖鸭先知"的敏感，他们是流行文化的天生的弄潮儿。对于正处于社会化敏感时期的中小学生来说，班级是社会的缩影而非"孤岛"和世外桃源。因此，主题班会的主题、内容和形式必须具有时代精神，必须针对中小学生的关注点及其心灵的困扰之处，必须是中小学生感兴趣或热衷的话题，才能吸引中小学生积极参与，才能有旺盛的生命力。像关于"快男快女"、"偶像"、"追星"、"男女生交往"之类的主题，通常会很受学生的欢迎。

主题班会设计要重点体现活动性和互动性。主题班会的性质是主题性班会活动。活动是让中小学生身心愉悦和焕发活力的有效形式，是激发中小学生热情与智慧的催化剂。互动是班会活动的内在要求，是班会活动成功的基本条件和有效体现。

（四）主题班会设计的基本内容

主题班会设计的基本内容一般包括三个方面：

第一，确定或生成班会主题。

主题是班会的灵魂，选择和确定一个学生喜欢而又具有时代意义和教育价值的好的主题是开好班会的前提和关键。主题的形成、选择和确定主要来源于以下几个方面：计划性系列主题——满足促进学生身心健康发展的需要及学校教育尤其是德育的要求；针对性现实主题——学生在学习、生活、交往中的具体问题；时代性教育主题——传统节日、公民生活和社会时事等具有教育意义的内容。

主题形成与确定一般经历这样的过程：班主任充分发挥作为班级组织和指导者的作用，用心观察、深入了解和掌握学生的思想动态；调动和发挥学生的主动性、积极性与主体精神，发动学生广泛拟题，充分酝酿，博采众长，集思广益；然后召集班干部最后确定主题。由学生探索生成和在学生生活中形成的主题不仅具有生命力，更重要的是，它符合并真正体现着班会以学生为主体，学生共同参与的本意。

第二，形成主题班会活动方案。

主题班会活动方案的基本格式如下：

班会活动构想——主题班会设计思路与指导理念；

班会活动主题——体现主题班会活动理念与内容的标题；

班会活动目的——主题班会活动期望要达到的目标；

班会活动内容——主题班会活动过程内涵的组织结构；

班会活动形式——主题班会活动内容的呈现方式；

班会活动流程——主题班会活动过程的整体安排，包括开头、进行、结尾、延伸，主持人串词及班主任小结、拓展延伸、效果预测评估等；

班会活动准备——人员分工、材料准备、环境布置、设备准备等。

第三，制订班会活动实施计划与流程。

（1）主题班会开头的设计要给人新鲜感。

活动开头的设计有下面几种形式：第一种是主持人直接导入式，第二种是录像引导式，第三种是表演式，第四种是谜语游戏式。无论是哪一种形式，开头都应该注意不要太生硬，要有新颖性，给人眼前一亮的感觉。

（2）主题班会过程设计要有高潮呈现。

主题班会可以根据主题和内容的需要，设计程序时有一到两个活动高潮，以掀起学生的活动热情或深刻感悟，通过活动高潮产生最佳教育效果。活动高潮通常可以通过以情感人的情景叙事或音乐、图片等引发。

（3）主题班会结尾要自然并具有教育延伸意义。

主题班会结尾要与主题各个环节形成一体，首尾相互呼应。切忌虎头蛇尾、草草收场、让人遗憾。活动的结尾，或巧妙点题，予人心领神会之感；或提出意想不到的问题，让人去沉思；或留有意境，余音绕梁，耐人寻味；或留下悬念，不断唤起学生探索的冲动。因此，虽然主题班会结束了，但活动的效果与意义依然在延续。

班级教育的内容或一个比较大的主题教育活动，不是一次主题班会就可以完成的。因此，不少主题班会要制订系列化的计划。主题班会计划制订一般依据学校德育要求。德育要求，包括个人与自然（社会、人生、集体、自己、他人）关系的行为规范等，都可以作为主题班会的主题。诸如：

人生态度系列——人对自然的态度（关爱地球、保护环境）；对社会的态度（提倡法治、道德、人类友爱、世界和平）；对人生的态度（信仰、理想、目标）；对生命的态度（生命意识、人生规划）；对自己的态度（悦纳自己、直面人生）；对他人的态度（真诚、善良，学会换位思考，己欲立而立人，己所不欲勿施于人）。

心理健康系列——认知、情感、行为心理保健；青春期心理保健；个性心理健康；走出心理怪圈。

学习方法与能力系列——学习方法与学习效率；多元智能与优势学习方式；他山之石可以攻玉；考试焦虑与心理调适。

人际交往系列——人际交往心理；男生如何看女生；女生如何看男生。

感恩主题系列——感恩于师长；感恩于他人；感恩于社会；感恩于父母（父爱如山，母爱如溪，细水长流情不断，点点滴滴润心田）。

人生规划系列——珍惜时间、善用时间；周程—学期—节令—学年—人生计划教育活动。

班集体建设系列——营造良好班风学风；学习型班级建设；班级特色文化建设。

（五）主题班会的组织与实施

主题班会的组织与实施过程，一般包括如下环节：

1. 动员、组织学生参与班会活动

班会课是以学生为主体的活动课，班主任要注意指导学生设计参与空间大、能吸引众多学生参与的活动环节。调动学生的参与意识，使学生在亲身参与活动的过程中受到感染触动，感悟道理，受到教育。

教育家陶行知先生说过："真教育是心心相印的活动，唯独从心里发出来的，才能打到心的深处。"只有充分发挥学生的主体作用，使学生真正成为班会课的参与者、组织者、支持者和受惠者，班会课才能成为"真教育"。只有让班会课成为学生喜欢和主动、自主组织并积极参加的班级活动，才能发挥班会课的教育功能，才能激发学生在班会课中的创意，促进学生健康成长。

2. 班会素材的准备与加工

主题班会素材的准备与加工有厚积薄发的意义，是主题班会取得成功的重要前提。

主题班会素材的准备，关键是平时要注意收集积累与班会主题相关的音乐、图片、格言、名人名言、伟人故事、经典故事、新闻等，以及学生的周记材料。这样，才能做到厚积薄发，需要时能随心所欲、信手拈来、得心应手、运用自如。

主题班会素材的加工整理有"四项基本原则"：让素材的故事情节更感人；使素材予人鲜活的美感；让素材能留下想象空间；给素材赋予画龙点睛的生命主题。

3. 主持人的选拔与训练

主持人开场要有新意，能吸引人，要设计出内容及形式多样化的开场。主持人的主持要有艺术性：善于调动现场情绪和营造气氛；具有互动与交流技巧；具有组织、沟通技巧；语言流畅，有节奏感和感染力。

第五章

品德自构："小活动"燃点"大智慧"

题记：活动激发体验，体验引发感悟，感悟促进品德自我建构。

一、小活动，大惊喜

2009年9月27日，全国中小学班主任主题班会比赛在广东南海举行，来自广东、北京、河北、上海等地的几十名代表同台角逐，南海九江中学教师贾高见凭"超越自我"主题班会夺得大赛一等奖，是全场唯一一位被评委给出满分的老师。

南京师范大学教授赵凯对这节班会课给予很高的评价，他说："南海九江中学的贾老师，我打了满分。这里有几个依据：①他的班会课设计精巧，整节班会课用四个小活动组织起来，非常有趣；②学生充分参加、体验、交流，最后得到发展，真正做到了以学生为主体；③贾老师40分钟的班会课，节奏把握得非常好。我送给他12个字：有张有弛，动静结合，文书有道；④贾老师的课'真'，他会为了一节班会课，在一个学生身上下功夫，还去采访学生的母亲。借助着40分钟的班会课，他使一个毫不知情的学生发生了真正的转变，关注了学生生命的成长。"

贾老师班会课成功的原因是：整节班会课是以四个精妙的小活动组织起来，学生在或紧张，或兴奋，或期待的氛围中积极参与，思考后得出感悟。这节班会课的成功不仅是贾老师的成功，也是小活动德育的魅力所在。小活动，带给了我们大惊喜。

二、分享体验，超越自我

"超越自我"的主题班会，分别由蒙眼跨越、拉力比赛、杯水放物及超级模仿 4 个小活动组成，精巧的引导和有趣的游戏妙趣横生，成功实现了班会目标，展示了小活动德育的魅力所在，下面就让我们一起来分享。

小活动 1：蒙眼跨障，导入主题

在讲台上摆三个障碍物，给一分钟时间让一个学生记忆和试行跨越，之后蒙上学生的双眼，悄悄移走障碍物，让学生跨越。蒙眼学生并不知障碍物已移走，所以还是小心翼翼地跨越，因为障碍仍存于心。教师引导学生只有跨越自己内心设置的障碍，才能健康成长，才能超越自我，引出"超越自我"的主题。

小活动 2：拉力比赛，改变认知

每组选派一个代表，两人一组进行拉力比赛，把对方拉过来则为获胜。为了赢得比赛，每位代表都努力想把对手拉到自己一方，结果虽然有同学胜出，但代表们都很辛苦，而且比分均不高。教师引导：除此种竞争方式外，还有其他方式实现两者共赢吗？学生得出结论：合作。同学间互助合作，会取得更大的进步。这告诉我们要想超越自我，就要在观念上突破障碍。

小活动 3：杯水放物，打破设限

把一个水杯装满水，看它还能容纳多少枚回形针？分组进行，第一组放完，第二组放，依此完成，哪个小组让水杯里的水溢出，则游戏失败。因害怕放过多的回形针会导致水溢出，所以多数小组都选择放很少的回形针，且越来越少。第一组放 30 枚，第二组放 10 枚，第三组只放 1 枚。在同学们惊讶的目光中，教师将剩下的 159 枚回形针全部放入（利用水面张力的原理，一个 500 毫升的水杯还能放至少 200 枚回形针，杯口越大，能放的回形针越多）。当水里放入 200 枚回形针时，学生后悔不已，发表感想：已被装满水的水杯里，竟然还能放那么多回形针！因为害怕实验失败，所以不敢尝试，联想到平时常常因为害怕失败，没有勇气尝试，失去了很多机会，感悟到以后要学会自信，敢于挑战自我。

小活动 4：超级模仿，超越自我

一组 3 人，甲、乙、丙，甲做各种表情和声音，乙和丙模仿。为了帮助莹莹超越自我，教师特邀请谭清同学参与活动，谭清按事先安排，选了他最好的两个同学——莹莹和芷桥一起参加，用朋友的信任来减轻莹莹的心理负担。

莹莹曾因唱歌走调被同学嘲笑过，再也不敢在大家面前唱歌了。运用心理学中"登门槛效应"原理，前两步安排一些快乐模仿调节气氛，让莹莹从心理上得到放松，然后再安排高歌一声和唱歌一首，让她逐渐放开自我，在同学面前开口唱歌，实现自我的超越。

莹莹超越自我后，教师肯定莹莹的超越，送上莹莹妈妈的祝愿，并激发和引导大家一起努力，做一个追求幸福、追求快乐、超越自我的人。

就这样，通过四个小活动，把一节"超越自我"的班会课完美地展现出来，达到了预期的效果。

三、价值观念与现实的意义

小活动德育一出现就受到师生的肯定，取得了良好的效果。分析原因发现，小活动德育的优点是通过活动营造合作、互动、有趣的德育课堂氛围，既强调学生在活动中的经历、参与，又强调参与者共同生成活动的结果，用活动中的德育资源教育学生。这种模式之所以受到肯定还在于：以活动的方式开展德育的做法，体现了"以人为本"的教育理念和"以学生发展为主题"的教育思想。

1. 体现以人为本的教育理念

德育长期以来采取灌输式教育，以教师为中心，将道德要求以说教方式灌输给学生，不仅效率低，也难满足学生的现实需要。由于社会的发展和多元的价值观，对学生构成影响的社会因素越来越多，德育的关键是提高吸引力和针对性。

小活动德育运用体验式学习法，树立以学生为本的教育主体观，从学生主体地位出发来强调教育的内容，以满足学生的需要。教师不再是简单的灌输者，而是正确、有效地组织学生参与活动、自我内化、自主发展的引导者和参与者，教师和学生一起分享、探究、展示观点，在思想碰撞中促进学生成长。

2. 符合道德教育的发展规律

人的道德成长要经历由改变认知到规范行为，由他律到自律的过程，然后内化成为自己的道德水平。传统的道德灌输，更注重在知识层面改变学生的认知，告诉学生是非对错，在规定行为规范方面明显欠缺，不能有效地引导学生做到知行合一。小活动德育重视经历和体验过程，依靠学生的内在动力，充分开发潜能，让学生通过体验、交流、碰撞、选择、确认来改变认知、规范行为。有了活动过程中的体验做基础，情感、态度、价值观的教育才能真正促成学生的发展。学生的认知在活动体验的基础上及时得到内化，体现了教和学的统一，认知和情感的统一，体验和内化的统一，有利于知、情、意、行的统一，符合德育发展规律。

3. 关注"动态生成"，用"身边的德育"育人

小活动德育借助具有贴近生活、接近实际、贴近参与者特点的活动，营造富有吸引力的情景，以激发兴趣的方式，引导学生自主参与，产生多维互动。及时关注活动过程中的"生成资源"及体验感悟，发掘"生成资源"的德育价值，利用"身边的德育"教育学生。这种方式更易被学生接受，从而获得德育效果的最大值。

4. 体现人文关怀，关注学生精神生命质量

尊重生命，尊重受教育个体，共同构建对自己、对他人及对世界的态度和认识。小活动德育中生成的德育资源，实际上是学生最真实的想法，更容易让我们看到学生精神生命质量的高低，从而更加有针对性地引导和教育学生。教师不仅是课堂的组织者、德育的实施者，更应是学生精神的引导者，而小活动德育无疑提供了一个引导学生精神生命的平台和空间。

以活动的方式开展德育，用活动体验点亮学生智慧的做法，符合道德发展的规律，体现了德育的针对性和有效性，促进了学生精神生命质量的提升。

在此特别说明，小活动德育的活动和普通的户外拓展活动相比，有共性也有不同。一般这样界定：小活动指不需要过多的设施、宏大的场面，在班会课条件下，就能开展的对学生有一定教育意义的活动。课堂中所引入的小活动，一般要具有以下基本特征：①安全性；②教育性；③针对性；④操作性。

小活动德育既能满足学生接受教育和成长的需要，真正体现以学生为主体，以促进学生的发展为目的，又能满足教育者实施教育的需要；不仅体现了以人为本的教育理念，又符合青少年的道德发展规律，意义非凡。

第六章

基本思路：活动体验型主题班会的"三问"

一、为什么探讨活动体验型主题班会

探讨活动体验型主题班会的目的很明确，就是：给班主任开展班级活动提供一种新思路、新武器——体验式活动，引导班主任学会将体验式活动引入班级管理和班级文化建设中，从而为班主任的班级活动和班级文化建设服务，为学生的健康成长服务，为提高德育的有效性服务，实现"小活动，大德育"的教育目标。

国人讲求"道"、"术"之辩，因此有人将体验式活动在班级建设中的使用称为"术"。我们认为，对"术"的研究和探索正是基于对"道"的理解与追求，基于"道"引领指导下的有效之"术"。高效之"术"有利于"道"的实现，而体验感悟之后的感悟分享、价值澄清、选择内化则恰恰是由教育之"术"到教育之"道"的升华，是教育之"道"的最佳体现。

正是基于这种认识，就形式而言，我们在班级建设中引入体验式活动，但不局限于体验式活动，不迷信于体验式活动，而是将体验式活动作为一种主要形式，和视频、图片、讨论等多种形式结合起来建设班级；就环节而言，活动体验是德育的起点，是引发感悟的载体，之后的感悟分享环节、价值澄清环节、选择内化环节是德育的延续和升华，从而构成一个相对完整的教育过程；就目的而言，体验式活动作为学生喜闻乐见的一种手段，激发学生的兴趣和全身心参与，是提高德育有效性的铺垫性工作，活动的目的最终落脚于学生的价值澄清和精神生命质量的提升，落脚于德育目标的达成。

我们试图针对班级不同阶段的特征或特定教育目标的达成，结合我们在体验式活动开展的相关原则、具体活动、环节安排、内化延续提升等班级文化建设方面的思考，有针对性地介绍我们在班级建设中开展体验式活动的实践和效果，从而引导班主任学会将体验式活动引入班级管理和班级文化建设之中，以班级文化的"场"滋润每一个学生的精神生命成长，实现"小活动，大德育"的教育目标。综合可知，系统的探索思路体现在：遵循活动之"法"，体验活动之"趣"，拓展活动之"悟"，明晰教育之"理"，凸显活动的育人价值。系统的教育思路是"每一个学生个体的精神生命在班级活动中相互'敞现'，在真诚的交往中'交流'和'辨析'精神生活内容，并在此过程中获得主动发展的动力和能力，'提升'精神生命质量"[①]。

如果说班级建设的系列活动如同一个班级文化的"场"，春风化雨般地存在于每一位班级成员的生命发展之中，滋润着每一个个体的精神生命成长，那么"小活动，大德育"无疑是这种建设追求的一个有效载体，它和班级建设文化的多维活动立体呼应，使德育工作焕发出一种自在之美、灵动之美。

（一）关注学生真实的成长需要

随着社会的迅猛发展，在物质快速增长的同时，学生的成长环境也变得越来越恶劣。遗憾的是，面对社会冲击带来的巨大挑战，很多德育工作者仍旧"通过简单强制的方式向受教育者传递社会认可的思想观点、政治信条、道德和行为规范，试图使受教育者无可选择地接受这些观点和价值规范"[②]。这种不尊重学生感受、不研究学生需要的态度和方式注定了德育低效甚至无效的结局。

人本主义心理学家马斯洛在需求层次论中指出，在人的五种基本需要中，高级需要包括尊重的需要和自我实现的需要，具体为自我尊重、对他人尊重、被他人尊重、对知识的渴望等。这一理论告诉我们，学生在成长过程中需要被尊重，教育者应该把学生当做有思想、有感受、有主动学习能力的人予以尊重，而不是把他们当做知识的容器。无独有偶，主体性德育思想认为，没有学生自觉自愿的参与，就不可能有真正道德的发生。如此，吸引学生自觉自愿地参与德育活动，成为提高德育有效性最基础也是最核心的环节。找到学生喜欢的、能够引起学生兴趣的德育媒介则成为需要。

体验式活动"通过活动营造合作、互动、有趣的德育课堂，既强调学生在活动过程中的经历、参与，又强调参与者共同生成活动的结果，用活动中的德育资源教育学生"，引发了学生极大的兴趣。对此，邓婉泳同学说："以往，我是非常讨厌班会课的，每次当老师在讲台上滔滔不绝地讲着那些'永远正确的废话'时，我们都选择看小说或者做作业。我不想制止她（指班主任，笔者注），我只是同情她，她那么声嘶力竭地讲着，却没有一个同学听讲，好可怜。但是现在，我忍不住开始喜欢班会课了，因为现在的班会课有很多活动可以参与，好像课堂

① 李伟胜.班级管理.华东师范大学出版社，2010.8.
② 张保明.论德育灌输.华中师范大学出版社，2001.

是一个舞台，一个乐园，在这里我很疯，也很真。"① 可见，体验式活动以其形式的新颖、活动的有趣、过程的活泼、感悟的内发、价值选择的自愿等一系列优势引起了学生很大的兴趣。更重要的是，活动中充分体现了教育者对教育对象即活动参与者的尊重，这尊重也换来了活动参与者对体验式活动的高度认可。近三年的班级实践和在全级开展的调查问卷表明，同学们对体验式活动的兴趣很大，参与性很高。

教师是学生发展可能性的发现者和创造者，教师利用自己的智慧和心灵，了解、感受和辨析学生生活中的各种现象，从中发现和创造新的发展可能性。② 因此，在学生积极参与活动的同时，作为组织者的教师必须清醒地认识到两个问题：第一，学生需要≠成长需要；第二，学生的说法≠学生真实的想法。

1. 学生需要≠成长需要

以"趣味性"吸引学生自觉自愿地参与德育活动是开展德育的前提而非目标，我们不应把"学生喜欢的"或"学生需要"当做是学生的"成长需要"，因为学生自发的需要不一定能引导学生的发展，这是因为，生长中的个体具有相当强的原始享乐本能和自我中心本能。而且，社会环境多元，不良价值取向会通过各种渠道对青少年产生影响。成长中的学生，独立选择发展取向的能力不强，发展不会在无引导下自动产生。因此，"当我们将'成长需要'等同于'需要'时，'成长'可能被淡化"③。比如，调查发现学生最喜欢的科目是体育和心理健康，最不喜欢的科目是数学和英语，相当一部分同学建议每周的体育课和心理健康课增加到 3 节，而数学课和英语课则尽量减少。这虽然是"学生喜欢的"、"学生需要"，但是这种需要并不属于他们的"成长需要"，因为这种需要不利于他们的健康成长。因此，活动在突出趣味性的同时，不能流于为趣味性而趣味性的低级娱乐。教育者在关注学生"成长需要"的同时不应该放纵学生的不合理需要，而应该以引发学生全身心地参与为基础，通过体验之后的一系列配套活动来"满足学生进一步发展的需要，而且，使发展在发展主体的建构性活动过程中展开"④。当然，为了确保学生的需要是合理的"成长需要"，这里需要教师对"成长需要"的关注和对学生成长的方向性引导。

2. 学生的说法≠学生真实的想法

作为班主任，我们深知学生在很多情况下不一定会在教师和同学面前说出自

① 梁刚慧. 用活动体验点亮学生智慧. 人民教育，2010（3）.

② 李伟胜. 班级管理. 华东师范大学出版社，2010. 22.

③ 李晓文. 教育，要从学生的成长需要出发——形成于"新基础教育"改革实践的感悟. 人民教育，2010（11）.

④ 李晓文. 教育，要从学生的成长需要出发——形成于"新基础教育"改革实践的感悟. 人民教育，2010（11）.

己真实的想法，而用一些"永远正确的废话"代替。面对这种情况，体验式活动更容易创造一种相对宽松、民主、平等、相互尊重的课堂氛围，这种氛围有助于学生说出自己的真实想法，有利于我们辨别学生精神生命质量的高低，有助于我们更有针对性地引导和教育学生，关注学生精神生命质量的提升。从这个角度讲，体验式活动无疑为我们提供了一个了解学生精神生命质量、引领学生精神生命发展的平台和空间。

在这些思考的基础上，我们发现，关注学生真实的成长需要实质是在尊重学生的基础上对学生的长远发展甚至一生的发展负责。要做到这一点，就一定要做到尊重学生在德育成长中的主体性地位并发挥好学生的主体性作用，在活动策划过程、活动参与过程、感悟交流过程、观点辨析过程、价值澄清过程、选择内化过程等一系列过程中尊重学生的主体性地位与作用，辅以教师的方向性引导。而正是在这一系列专注、忙碌、愉悦的参与过程中，学生的主体意识、民主意识、自主意识、沟通意识、尊重意识、协调意识等逐渐增强，从而逐渐促进学生学会掌握个人成长中的主动权，克服当下"用昨天的知识，教今天的孩子过明天的生活"的无奈，实现发展学生、成就学生、为学生一生的发展负责，乃至为祖国的未来培养脊梁的教育理想。而这一切目标可能实现的前提，是教育者要关注学生真实的成长需要并引导学生的精神生命成长，体验式活动无疑为这种关注提供了路径与可能。

（二）更新教育者教育理念和教育手段的需要

传统上，教师教育学生的主要思路有三种：动之以情，晓之以理，约之以法。北京教育科学研究院基础教育研究所的教育专家王晓春老师指出：动之以情，即"爱的教育"，只在那些感情缺失、情感饥渴的学生教育中效果明显，对于大部分并不缺少爱的学生来说往往没有效果；晓之以理，即所谓的"说教"、"认知疗法"，只能解决认知问题，只对不明白道理的学生有效，对知行不一的学生往往无效；约之以法，即所谓的"管"，这种行为主义教育观（行为主义认为所谓教育就是规范和训练人的行为，管住人的行为就促进了人的发展）把教育降低成了表面的外部行为训练，忽视学生的心灵，这种办法只对那些有规则意识，有法制观念，有一定的自控能力或者胆小、不敢乱说乱动的孩子有效。[①]

在指出三种教育思路的局限性并肯定它们的存在价值的同时，王晓春老师指出：这三种教育思路都是以教育者自我为中心，从教育者的主观愿望出发而不是从学生的实际情况出发。[②]

---

① 王晓春. 给教师一件"新武器"——教育诊疗. 中国轻工业出版社，2009. 2~4.
② 王晓春. 给教师一件"新武器"——教育诊疗. 中国轻工业出版社，2009. 4.

建构主义理论认为，学习不是由别人简单地把知识传递给自己，而是自己建构知识的过程。换言之，学习是一个积极的自我建构过程，学习者是学习的主体，是知识意义的主动建构者，每个学习者都必须根据自己已有的知识经验对建构的对象作出解释，在此基础上获得新知。德育过程虽与知识的获得有不同，却也有共通之处。德育是一种教育影响活动，教育影响具有多元性、互动性；德育是促进学生品德形成发展的重要方法，德育中要看到成长主体的主体性、成长性；德育是成长主体在教育影响作用下的品德自我建构过程，因此德育过程具有自主性、内生性。广泛存在的知行不一的事实也有力地证明：社会要求学生所具有的能力和道德素养不是通过教师的"教"就能形成的，而是学习者在亲身经历、体验发现、辨析澄清、选择内化这一过程中积累起来的。因此，跳出教育者以自我为中心的窠臼，确立以学生为中心的教育思路就显得尤为重要。

学生在教育中的中心地位最少应该体现在几个方面：活动过程积极参与，教育引申积极思考，教育拓展积极行动，做到身动（过程参与）—心动（思考感悟）—行动（知行合一）的统一。体验式活动以其活泼的形式引发学生全程参与、亲身感悟、交流辨析、价值澄清、选择内化，充分体现了学生在教育中的中心地位。对此，小活动德育重视经历和体验过程，依靠学生的内在动力，充分开发其潜能，让学生通过体验、交流、碰撞、选择、确认来改变认知，规范行为。有了活动过程中的体验做基础，情感、态度、价值观的教育才更有可能取得实效；有了体验基础上的系统内化，情感、态度、价值观的教育才更能真正促进学生的发展。学生的认知在活动体验的基础上及时得到内化，体现了教与学的统一、认知与情感的统一、体验与内化的统一，有利于知、情、意、行的统一。

教育的最高境界就是学生的自我教育、自主发展，体验式活动恰恰为学生的自我教育提供了平台，因此，可以说体验式活动是教育者促进学生自主教育的一种有效手段。

此外，从"重要他人"的角度来讲，一个人成长中不同阶段的重要他人是不同的。一般情况下，婴儿期的重要他人主要是父母，小学阶段的重要他人一般是老师，中学阶段尤其是高中阶段的重要他人一般是同学、朋辈。高中阶段如果在教育中能够发挥学生相互之间的积极影响，其效果将是难以估量的。体验式活动不仅关注活动中个人的体验，更关注个人主观体验后的同学交流、辨析过程。这个同学之间互相交流辩驳的过程即是价值澄清的过程、朋辈教育的过程，充分做到了尊重生命，尊重受教育个体，共同构建对自己、对他人及对世界的态度和认识。

在这些思考的基础上，我们发现，更新教育者的教育理念和教育手段，实质上是变以教师为中心的教育为以学生为中心的教育，充分发挥体验式活动的优势，促进学生的自我教育和学生之间的朋辈教育。

（三）优质班级文化建设的需要

我们通常喜欢把班级称为"精神家园"、"生活乐园"，可见，把班级建设成师生心目中的精神家园和生活乐园是众多班主任追求的境界。所谓精神家园、生活乐园，就是使班级成为师生共同生活、共同学习、共同维护、共同为之奋斗的精神目标。在这里，师生们能够一起创造快乐、享受学习、提升精神生命质量。班级能否真正成为学生的精神家园和生活乐园，很大程度上取决于班级对每个同学的吸引力和每个同学对班级的认同度与归属感。"教育不仅要从学生的问题中去觉察学生成长的需要，而且必须超出问题的视野，去预设、策划能促进学生发展的实践活动，构建起让学生潜能发挥的校园文化生态系统，促进学生积极主动地发展。"① 因此，围绕着把班级建设成精神家园和生活乐园的目标，一个优秀的班主任往往会超越管理而从文化建设的角度来建设班集体，以高质量的班级活动构建班级文化生态系统，增强每个同学对班级的认同度、归属感。

遗憾的是，很多班主任都忙于处理事务性工作而无暇顾及文化建设，这无疑是舍本求末、得不偿失。从某种程度上来讲，班级建设的最有效途径是文化建设，班级管理的最高境界是文化熏陶，育人于无形之中。关于这一点，著名的"扁鹊三兄弟"的故事也许能给我们一些启发：

扁鹊三兄弟从医，魏文王问名医扁鹊说："你们家兄弟三人，都精于医术，到底哪一位最好呢？"

扁鹊答说："大哥最好，二哥次之，我最差。"

文王再问："那么为什么你最出名呢？"

扁鹊答说："我大哥治病，是治病于病情发作之前。由于一般人不知道他事先能铲除病因，所以他的名气无法传出去，只有我们家的人才知道。我二哥治病，是治病于病情初起之时。一般人以为他只能治轻微的小病，所以他的名气只及于本乡里。而我扁鹊治病，是治病于病情严重之时。一般人都看到我在经脉上穿针管来放血、在皮肤上敷药等大手术，所以以为我的医术高明，名气因此响遍全国。"

文王连连点头说："你说得好极了。"

医生和班主任一样，其工作都是为了促进人的健康发展，区别只是一个更多关注身体，一个更多关注精神。从医术上来说，事后控制不如事中控制，事中控制不如事前控制。最高明的班主任莫过于像扁鹊大哥那样能够"治病于病情发作

---

① 李晓文．教育，要从学生的成长需要出发——形成于"新基础教育"改革实践的感悟．人民教育，2010（11）．

之前"，把问题消灭于萌芽状态。要做到这一点，班主任就应该坚持以优质班级文化养班级、养学生。对此，苏联教育家马卡连柯指出："教育了集体，团结了集体，加强了集体，以后，集体本身就能成为很大的教育力量。"体验式活动以其活泼的形式等诸多优势成为班主任建设优质班级文化的有效载体之一。

体：亲身经验、领悟；验：检查、察看效果。《现代汉语词典》理解为：体验是通过实践来认识周围的事物，也作亲身经历解释。顾名思义，体验强调的是亲自参与过程中对事物的较深刻认识，这种认识源于自身感悟而非他人灌输。活：生动，机灵，有生气；动：动态，可变（引申为发展），非静止。顾名思义，活动强调的是全身心参与中的发展和成长，形式是参与，目的是成长。综合而言，体验式活动注重通过学生全身心的活动参与来使其形成较深刻的认识，从而促进学生的发展和成长。在各种活动中，学生才能正确认识个人与他人、个人与集体、个人与社会的关系，培养集体主义精神和个人对自己、对他人、对社会的责任感、使命感；也是这些活动为每一个同学提供了表达自我、展示自我的机会，为每一个同学提供了更优质、更丰富的交往活动，使他们在交往中培养健康的、丰富的感情和良好的处理人际关系的能力。

因此，体验式活动的开展有助于建设优质班级文化。

二、什么是活动体验型主题班会

如上解析，"体验"强调的是亲自参与过程中对事物的较深刻认识，这种认识源于自身感悟而非他人灌输；"活动"强调的是全身心参与中的发展和成长，形式是参与，目的是成长。需要指出的是，体验式活动中的"活动"不是指学生按其原生的本能进行的自发行为，而是根据一定的教育目的，由教师有意识地设计、组织而引发的体验感悟性活动。

与一般的拓展性活动不同，课堂上的体验式活动通常短小精悍，所以又称"小活动"，能够在课堂上、校园内有限的时间、空间、条件（人力、物力、财力）下组织开展。把体验式活动引入教育，意在通过活动体验，解决当前德育中学生体验不足的困境，让学生在体验、感悟中成长，从而深层次地改变学生的认知，为进一步改变学生的行为奠定坚实的基础。因此，"体验式活动"的核心是"活动体验"，目的是促进学生发展，提高德育的实效性和针对性。与普通的培训拓展活动不同，"小活动"更侧重于教师的组织引导过程和学生的参与体验过程、交流辨析过程、感悟提升过程，最终凸显"小活动"的教育价值。

因此，本文所说的"体验式活动"是在学校教育教学环境下进行的，它有别于个人自发的、个性的体验活动，也区别于校外教育组织的以户外活动为主的体验活动。作为一种新型教育方式，它注重"自主、参与、选择"地学。但我们深知，由于受学生的生理心理发展规律等因素的制约，体验式活动离不开教师的"引导和组织"，以避免"体验式活动"沦为自由活动，也避免将体验沦为目的而忽视了对活动的教育价值的挖掘。所以，"体验式活动"需要在教师的引导与组织下进行，教师的主要职责是创设一种有利于学生进行体验式学习的情境和途径。

为了有效地开展活动并充分挖掘其教育价值，一般一场体验式活动分为以下几个环节：

（一）活动的选择与准备

想要达成的教育目标不同，所需要开展的活动也就不同。因此，班主任要根据不同时期、不同情况的需要，选择利于达成该教育目标的活动，并进行活动前的准备。如：班集体刚刚组建时，为了帮助同学们快速认识新同学，可以选择"抛球交友"、"学生相互介绍"等游戏；为了培养同学们的团队精神，可以选择"吸豆竞走"、"梦想长城"等活动；为了培养同学们的感恩意识，可以选择"甜心运动"、"'爱有多深'问卷调查"等活动（详细活动见本书的"资源篇"）。班主任需要根据活动需要准备适当的道具、课件、场地等，以助于活动的有利开展。

（二）活动的参与及投入

体验式活动的主体是学生，班主任是班级活动的准备者、组织者和指导者。因此，班主任在活动过程中要想办法积极鼓励学生充分地参与活动过程。对于人数较多的班级，可以以小组为单位开展活动，由小组选取代表参与活动，虽然有些同学不能亲自参与，但是还是会为小组的表现而呐喊助威，虽然身体没有参与，但是精神上已经高度投入了。

（三）感悟分享与价值澄清

从这一部分开始，班主任要充分挖掘学生在活动中的感悟，凸显体验式活动的教育价值。活动中，班主任可以以问题引导的形式引导学生分享个人感悟，引导学生敞现他们的真实生活以及真实的成长体验。"感悟"本身是中性词，对同一个活动可能同学们给出的看法不一，有褒有贬，甚至可能会有一些不正确的观点呈现出来，而这些感悟恰好构成了教育中最真实，也最宝贵的教育资源。借此，教师可以以学生敞现出来的真实感悟为教育资源，让同学们联系现实展开更深入的思考和讨论，这势必会引发学生更深层的思考。因此，感悟分享的过程实际上是价值呈现的过程，交流辨析的过程实际上是价值澄清的过程，也是开发思维、培养独立性的过程。这些过程不仅有利于学生正确价值观的树立，更有利于培养学生的思辨意识和独立判断能力，有利于学生的长远发展。如在"请你做评委"的活动中，很多同学认识到"很多时候我们没有胜出，不是因为我们不优秀，而是因为我们不足够优秀"，由此确立了班级追求"卓越"的奋斗目标。但是，也有同学提出"也许尽我们一生的努力也很难成为最优秀的一个，那我们的努力还有什么意义？"这也许是很多教育者不希望看到的答案，但这恰恰是学生心中最真实的想法，也是他们成长中发自内心的困惑。针对这种看法，我们继续让同学们展开讨论，在激烈的辩驳中，逐渐形成了统一的认识：也许，这个世界上注定会有人比我们更强，我们永远不可能成为最优秀的一个，但是我们不能因此就放弃奔跑、放弃成长，因为只有奔跑才能促进我们更好地成长，才能实现人生的价值；就算怎么努力都无法超越别人，那也一定要超越昨天的自己。无独有偶，在"二人三足"宿舍拓展活动中，有些同学反映用来绑腿的绳子太细了，勒得脚脖子疼，建议下次换粗一些的绳子。我们在活动后专门针对这个问题展开了讨论，最后大家得出的结论是：绳子不仅是活动道具，更是磨砺工具，如果我们连这一点疼都受不了，我们还谈什么苦其心志劳其筋骨？

（四）选择内化与延伸升华

分享、辨析中的师生、生生之间的群体交往和思想交流最终应能促进学生的发展，这就意味着学生面对已经得到辨析的精神世界能够作出明智的选择。换言之，一次成功的活动会带给学生一些比较深刻的感悟和正确的认识，甚至能使学生斗志昂扬、热情高涨地朝着正确的方向努力。但是，班主任必须清醒地认识到，激情是不可靠的，甚至在辨析中达到的比较深刻的理性认知也是不可靠的，因为"成长中的个体具有相当强的原始享乐本能和自我中心本能"。教育本就不是一件一劳永逸的工作，作为班主任我们既要重视活动的效果，又不能迷信活动的效果。为了确保德育效果的长效性，我们应该在活动结束后，以一些后续的德育行为继续引导学生的激情和理性，如组织学生进行"每日惜时宣言"，建设"学习型宿舍"，成立"班级幸福工程"，开展"每周反思"等等，用一系列延伸性活动引导学生将认知转化为行动，做到德育教育的知行合一。

由此可见，活动的选择与准备是基础；活动的参与与组织是引发体验的过程，是德育的起点，是引发感悟的载体；感悟分享环节、价值澄清环节、选择内化环节是德育的延续和升华。活动最终落脚于学生的价值澄清和精神生命质量的提升，落脚于德育目标的达成。

三、怎样组织活动体验型主题班会

将每一次班级活动有序地组织起来，就形成了班级建设的系列活动，而班级文化就是在这一系列的班级活动中逐渐形成和发展起来的，并逐渐形成自己特有的风格。因此，班级的每一次活动既是一个独立的活动单位，同时又是班级系列活动中的一个点，支撑着班级文化的形成与发展。这里就要求我们在组织班级活动时要有规划、有系统，要有明晰的活动思路，而不能盲目进行。要想实现班级活动的系列化，可以从以下几个方面思考和组织活动体验型主题班会。

（一）把活动与班情（班级阶段特征）相结合，根据班情确定活动主题

根据学生的学段特征以及每个学段不同时期的特点，围绕班级实际问题来设置班级活动，这既为活动的开展提供了发挥其独特作用的舞台，也为其开展提供了时间和空间上的可能性。因此，我们不能想到什么活动就开展什么活动，而是要把班级活动与班级当前发展的需要结合起来，在活动的同时实现班级目标，使活动更具教育意义。

以高一新组建的班级为例，此时的班级刚刚组建，整体呈现以下几个特点：①个体之间陌生——缺少熟悉感；②班级刚刚组建——缺少认同、归属感；③学生来自各初中——缺少常规统一。在这种班情下，班级建设需要沿着两条主线开展：①增强同学之间的熟悉度和对新集体的归属感；②将常规的规范教育与班级发展结合起来开展工作。在第一条主线下，我们先后开展了"我们的心家"、"一次握手，一生朋友"、"二人三足接力赛"、"聆听心灵的颤动——四班带给我的幸福和感动"、"中秋佳节，人月两圆"等活动。这些活动不仅让同学们快速熟悉了起来，而且有效建立起了和谐的人际关系，增强了同学们对新班级的认同感和归属感。在第二条主线下，我们先后开展了"策划优秀"、"遵守习惯，形成良好行为习惯"、"优秀，是一种习惯"、"感悟团队"等活动。这些活动不仅规范了同学们的行为，更激发了同学们一起努力建设优秀班级的热情。

（二）把活动与学生成长需要相结合，根据学生成长需要确定发展主题

第一，要根据学生的阶段心理特征选择适合学生的活动。按照发展心理学的观点，个体的心理发展过程是阶段性的，它会在每一个阶段表现出不同的特点。以少年期为例，少年期这个阶段是一个充满矛盾的过程，反抗性和依赖性、闭锁性和开放性、自卑和高傲、否定童年和眷恋童年等是这个阶段比较突出的几对矛

盾。作为引导学生发展的教育者，我们的活动就必须去关注这些矛盾，依据学生本阶段的心理特点来设计班级活动。

第二，要根据学生不同的年龄段选择适合学生的活动。比如对于小学低年级的同学而言，"老鹰捉小鸡"就是很好的活动，但是这个活动如果放到高中，尤其是放到重点高中，可能很多学生会认为"很白痴"，起不到相应的教育意义。同样，对于小学生适用的"猜猜30秒"到高中则应该更有针对性地变为"猜猜90秒"，甚至变成"猜猜120秒"，这样才能带给学生比较大的冲击，引发学生比较深入的思考。

第三，要根据学生的成长需要确定发展主题。活动的最终目的是引导学生成长，因此，在设计活动时必须考虑的因素之一是满足学生的成长需要。比如，中考、高考甚至一些大考前，学生往往心理压力较大，导致焦躁不安、不知所措，这种情况下，帮助学生摆正心态、积极应考就成为学生的成长需求。再如，针对被老师委屈的李志恒事件，我们班确定了"委屈中的成长因素"的发展主题，让同学们尤其是当事人李志恒在委屈中寻找能够促进个人成长的发展因素，李志恒同学给出了很让人惊喜的认识。①对基本事实的判断：我很清楚这件事的事实是我受到了委屈。②对原因的思辨性分析：为什么老师会轻易作出这种判断？这源于我平日的不良表现给老师留下了不良印象，因此，这种委屈虽是意料之外，但也算是情理之中，我应该改善自己。③推己及人的胸怀：如果说老师想当然的思路委屈了我，那我平时有没有因为自己的想当然而委屈甚至伤害了别人？④自我激励的能力：作为一个成长中的男人，如果连这点委屈都承受不了，那我还能成就什么大事？这一个小小的活动呈现了很多学生成长的需要：对事件作出客观判断的能力，反省自我及对事情原因进行思辨性思考和归纳的能力，推己及人的胸怀，自我激励的能力等。只有真正超越现象关注到学生的成长需要，才能真正将德育落到实处，真正提高德育的针对性和有效性。

（三）注意活动的系统性和完整性

系统性，是指在班级建设的整体部署中开展班级活动，这主要包括两方面的含义：其一，从横向看，每一次的班级活动与班级建设的整体状态协调，共同构成班级建设的文化场；其二，从纵向看，每一次的班级活动之间具有前后相继的内在联系。①

完整性，是指每一次活动的选择与准备，活动的组织与参与，活动的感悟分享与价值澄清，活动的选择确认与内化升华共同构成一个相对完整而独立的系

① 陆桂英. 建设民主集体，共创阳光人生. 华东师范大学出版社，2007.32～33.

统，以期充分挖掘和实现活动的最大价值。

班级活动的系统性和完整性，实质上是以更加长远的目光来把握整个班级发展的大趋势，并认真分析各个阶段需要完成的不同任务，在此基础上按照班级和学生发展的不同阶段的不同需求来设置班级活动，从而实现活动的组织性、高效性，减少活动的随意性、盲目性。

比如高一年级的时候，在班级组建之初，作为班主任的重要任务之一是加强常规教育，其次是班级文化的初步建设；高二班主任就应该侧重于学生的学法指导和班级文化建设，在高一班级文化初步形成的基础上，我提出了"创造更有尊严的生活"的总目标，在此总目标下，引导学生主动学习、规范自我、自觉创造班级文化；高三班主任则应该侧重于引导学生主动构建知识框架，学会对知识的融会贯通，同时班主任应加强对学生的心理辅导和思想激励。各个阶段由于基本特征、面临的基本任务不同，所以需求也各不同，需要开展的班级活动也就不同。班主任需要根据不同阶段的需要，设计系列活动，实现活动的整体性和系统性。

中 编

实操篇

第七章

真情实感：活动体验型主题班会设计

班会通常分为临时性班会、例行班会和主题班会三种类型。临时性班会一般因班级突发事件或特别社会时事而开展，如针对班级突发的安全事件、失窃事件开展的班会，针对汶川大地震、日本核泄漏的班会活动等；例行班会主要解决班级常规工作问题，如上周班情总结、本周班级活动策划等；主题班会是班级在班主任的指导下，围绕一个专题或针对一个问题而组织的班集体全体成员共同参与的教育活动，如针对考前备考的学法指导，针对考试失利时的心理辅导，针对学生心理障碍的思想激励等，选定一个"点"（即主题）并围绕这个点进行深入的分析与思考，最终对学生的发展作出引导或给出建议。虽然不同类型的班会"以主题为灵魂，以教育为目的，以学生为主题，以老师为指导"的基本原则不变，但不可否认的是，主题班会以明确的主题贯穿班会课全过程，结构完整，目的明确，重点放在提高全体同学的思想道德认识上，是种更高层次的班会类型。[①]

依据班会采用的形式，又可以将班会分为讨论型、叙事型、展示型、体验型等形式。活动体验型主题班会属于主题班会中的一种，与其他形式的主题班会一样，都是在教师的指导下，围绕一个专题或针对一个问题而组织的班集体全体成员共同参与的教育活动；不同的是，这种主题班会更强调学生在班会过程中的体验、感悟、分享、辨析，从而促使学生对一个主题达到较深入的理解。

一、活动体验型主题班会设计过程

（一）发现问题，确定目标，选择主题

班级，作为教育性社会活动场所，置身其中的教师和学生都是独立的生命个体，都是具有主动性、发展能动性的独特的生命个体。班级中的学生尚未成熟，

---

① 韩东才等．班主任基本功——班级管理的基本技能．暨南大学出版社，2009. 48.

更未定型，他们的身上存在着各种发展的可能性，充满了不确定性和不稳定性，因此需要教育者不断地用生命去唤醒和引导。因此，教育者实施教育影响的前提是直面学生的生命，发现学生生命中的发展需求和发展可能，从而确定发展主题。

同样，活动体验型主题班会的第一个环节也是分析学生生命成长中存在的问题，确定当前需要解决的主要问题，并根据这一问题选择发展主题。例如，针对高一学生上课发言不积极、上课迟到、晚睡聊天、玩手机等一系列不良习惯，可以开展"好习惯，好人生"的主题班会；针对高二学生不太热心班务、不太关心班级发展的精神状态，可以开展"班级荣辱，我的责任"的主题班会；针对高三学生学习方法不当、考试成绩不佳的现实状态，可以开展"他山之石——学习方法研讨"、"反省、改进、超越"等主题班会。

（二）构建思路，形成对班会课的整体思考

选定主题后，为了更好地实现教育目标，班主任需要思考的第二个问题是以什么思路来构建整节班会课。虽然不同类型的主题班会可以采用不同的构建思路，但总体而言，一节班会课可以由"提出问题（现象呈现）——分析问题（分析原因、影响）——解决问题（认知提升、方法介绍）——内化行动（知行合一）"四个环节构成。仍旧以"好习惯，好人生"的主题班会为例：在提出问题环节，可以以图片、录像、小品、活动等形式呈现同学们生活中的不良习惯；在分析问题环节，可以分析这些不良习惯的形成原因和不良影响；在解决问题环节，可以提供一些改变不良习惯的具体方法，如"不良习惯纠正卡"等；最后，在内化行动方面，以"每日三省吾身"、"每周不良习惯大盘点"、"好习惯之星"等活动引导学生养成良好的行为习惯。

（三）选择活动，确定承载教育思想的合适载体

想要达成的教育目标不同，所需要开展的活动也就不同。因此，班主任要根据不同时期、不同班情的需要，选择利于达成该教育目标的活动，并进行活动前的准备。如：班集体刚刚组建时，为了帮助同学们快速认识新同学，可以选择"抛球交友"、"串串相连"等游戏；为了培养同学们的团队精神，可以选择"吸豆竞走"、"梦想长城"等活动；为了培养同学们的感恩意识，可以选择"甜心运动"、"'爱有多深'问卷调查"等活动（详细活动见本书的"资源篇"）。

在此，需要指出的是，除了根据教育目标选择活动外，活动的选择还需要考虑以下几个因素：

第一，选择活动要针对学生的年龄特点。比如对于小学低年级的同学而言，

"老鹰捉小鸡"是个很好的活动，但是这个活动如果放到高中，就会显得索然无味。而对于小学生适用的"猜猜 30 秒"到高中则应该变形为"猜猜 90 秒"才更有针对性。

第二，选择活动要针对学生的身心特点。中学生大多积极向上，争强好胜，因此可以多设计一些带有竞赛性的活动，比如"词语接龙"、"谜语竞猜"等比赛性较强的活动；艺术生喜欢表现自己，渴望更多展示自己的舞台，可以设计"超级模仿秀"等展示性更强的活动。

第三，选择活动要坚持创新适用原则。现有的体验式活动虽然不少，但是真正适用于学校教育的并不多，这就要求我们学会创造性地使用体验式活动。如"猜猜 30 秒"是源于日本小学生的一个小游戏，当时的情况是考虑到小学生自我控制能力差，随便闯红绿灯会造成危险，为了让学生学会等待，才创造了"猜猜 30 秒"的小游戏。由于我面对的是高中生，在使用时我把它改造成了"猜猜 90 秒"的游戏。第一个环节是让同学们闭上眼睛猜测 90 秒的长度，当他们感觉 90 秒到了的时候起立，这个游戏很多同学在 65 秒的时候就起来了，不容易等到 90 秒，他们感觉 90 秒的时间很漫长；第二个环节是让同学们把自己刚才的感受用完整的句子写下来，看谁写得又完整又流畅字数又多，在他们奋笔疾书的时候，教师提醒 90 秒时间到请大家停笔，很多同学只把自己的意思写了一点点，意犹未尽，这时候他们的感觉是 90 秒很短。两种完全不同的感受对学生造成了很大的冲击，这个时候谈感受，得出结论：虽然时间长短是一样的，但是做不同的事情你会感觉时间流逝的速度是不同的，时间是长还是短，取决于你做什么。一个小学生的游戏经过改造，变成了一个容易操作又发人深省的促人珍惜时间、合理利用时间的精彩游戏。可见，创新游戏的有效利用，能够帮助我们更好地实现教育目标，创造出更多的教育精彩和教育智慧。

（四）活动准备，确保活动顺利开展的前提

不同的活动需要不同的准备，如"梦想长城"活动需要的是比较宽阔的场地和几张小凳子，同时需要提前选择工作人员并对其进行简单培训；"黄金搬运工"需要准备"黄金"（即黄豆）和吸管；"千纸鹤"活动则需要一张张方形的便笺纸。为了确保活动的顺利进行，对活动开展所需的场地、器材及道具进行提前准备是非常必要的。

（五）活动过程与注意事项

活动的每一个实施步骤都应该有目的、规划与预测，预测可能出现的问题及准备相应的解决方法，并指明注意事项，以提醒自己和学生注意，特别是具有挑战性的或者有风险性的活动，应该做好一切应急准备，确保活动的安全开展。

二、活动体验型主题班会设计内容

主题班会设计的基本内容一般包括三个方面：一是班会主题的选定；二是活动方案的确定；三是主题班会计划的制订。

（一）主题的确定或生成

主题是班会的灵魂，不管是什么类型的主题班会，都必须有一个明确的主题，选择和确定一个合适的主题是班会课成功的前提与关键。主题的形成、选择和确定主要来源于以下几个方面：计划性系列主题——符合学校教育尤其是德育的要求；针对性现实主题——针对班级阶段特征及学生身心发展的需要；时代性教育主题——传统节日、公民生活和社会时事等具有教育意义的内容。

1. 计划性系列主题——符合学校教育尤其是德育的要求

班主任工作中不得不面对的问题之一就是应对上级布置的各种各样的德育任务或日常检查，这些事务性安排占用了班主任大量的时间和精力，也严重冲击着班级建设的总体思路。作为班主任，我们无力改变现状，但是我们至少能改变我们思考问题的角度：学校为什么会有那么多的德育任务或日常检查？不也是为了提升班主任的工作能力吗？不也是为了促进学生的健康发展吗？这样，我们就不会带着抵触情绪将学校和上级教育行政部门的部署与班级活动的开展对立起来，而是看到两者目的的相同之处：都是为了促进学生的健康发展。在此基础上，我们才会积极思考如何把班级活动与学校常规工作结合起来，我们才能够积极地、创造性地完成学校德育的要求。如，去年我们突然得知本校一名女同学身患白血病，学校在发动教师为该生捐款的同时也积极鼓励学生进行捐款。这样，班主任面临的德育任务就是召集学生进行募捐，但是如何才能将白血病、捐款和学生健康成长结合在一起呢？如何将白血病、募捐转化成为利于学生成长的班级活动呢？在此思想的指导下，我们确定了以"宿命与抗争"为主题的班会，并开展了相关活动：①认识白血病——白血病的起因、症状；②生活中的智慧——白血病的预防；③坚强与抗争——白血病患者的感人故事；④掌握生命的主动权——自愿捐款，并积极到街头募捐。最终，全校师生共募捐善款近 30 万元。就这样，一个个活动的开展不仅高效完成了学校布置的任务，更拓展了学校要求，有效地促进了学生的成长。

2. 针对性现实主题——针对班级阶段特征及学生身心健康发展的需要

针对班级阶段特征及学生身心健康发展的需要设置班会主题，既为活动的开展提供了时间和空间上的可能性，更为提高活动的针对性和有效性提供了可能。因此，班会主题的选择除了要有计划性，更需要遵循针对性原则，不能想到什么主题就开展什么主题，而是要把班级活动与班级当前发展的需要结合起来，与学生身心健康发展的需要结合起来，使活动更具针对性和实效性。

针对以班级阶段特征为主线的主题，我们可以以高一新组建的班级为例进行分析。此时的班级刚刚组建，整体呈现以下几个特点：①个体之间陌生——缺少熟悉感；②班级刚刚组建——缺少认同、归属感；③学生来自各初中——缺少常规统一。在这种班情下，班级建设需要沿着两条主线开展：①增强同学之间的熟悉度和对新集体的归属感；②将常规的规范教育与班级发展结合起来开展工作。在第一条主线下，我们先后开展了"我们的心家"、"一次握手，一生朋友"、"二人三足接力赛"、"聆听心灵的颤动——四班带给我的幸福和感动"、"中秋佳节，人月两圆"等活动。这些活动不仅让同学们快速熟悉了起来，而且有效建立起了和谐的人际关系，增强了同学们对新班级的认同感和归属感。在第二条主线下，我们先后开展了"策划优秀"、"遵守习惯，形成良好行为习惯"、"优秀，是一种习惯"、"感悟团队"等活动。这些活动不仅规范了同学们的行为，更激发了同学们一起努力建设优秀班级的共同愿望。

作为一种常用的教育手段，主题班会的最终目的是引导学生成长，因此，在设计活动主题时必须考虑的因素之一是满足学生的成长需要。比如，中考、高考甚至一些大考前，学生往往心理压力较大，导致焦躁不安、不知所措，这种情况下，帮助学生摆正心态、积极应考就成为学生的成长需求。再如，针对被老师委屈的李志恒事件，我们班确定了"委屈中的成长因素"的发展主题，让同学们尤其是当事人李志恒在委屈中寻找能够促进个人成长的发展因素，李志恒同学给出了很让人惊喜的认识。①对基本事实的判断：我很清楚这件事的事实是我受到了委屈。②对原因的思辨性分析：为什么老师会轻易作出这种判断？这源于我平日的不良表现给老师留下了不良印象，因此，这种委屈虽是意料之外，但也算是情理之中。我只有改进自己的行为才能改变我在老师、同学心目中留下的不良印象。③推己及人的胸怀：如果说老师想当然的思路委屈了我，那我平时有没有因为自己的想当然而委屈甚至伤害了别人？④自我激励的能力：作为一个成长中的男人，如果连这点委屈都承受不了，那我还能成就什么大事？这一"委屈中的成长因素"的主题活动呈现了很多学生成长的能力需要：对事件作出客观判断的能力，反省自我及对事情原因进行思辨性思考和归纳的能力，推己及人的胸怀，自我激励的能力等。只有真正超越现象关注到学生的成长需要，才能真正将德育落到实处，真正提高德育的针对性和有效性。

3. 时代性教育主题——传统节日、公民生活和社会时事等具有教育意义的内容五千年的悠久历史孕育出了博大精深的中华文化，作为教育者，传承民族文化、培养民族尊严感和民族责任感是责任也是使命。传统节日是中华文化的载体之一，每一个传统节日都寄托着中华儿女的希望和祝愿。公民生活与社会时事更与同学们的成长息息相关，直接影响着同学们价值观的选择和形成。挖掘传统节日、公民生活和社会时事的教育价值不仅有助于我们完成文化传承等使命，也有助于学生的健康成长。

就传统节日而言，国家已经规定清明节等节日为法定假日，但是，我们必须明确地认识到清明节放假的目的并不是单纯为了休息，更重要的是为了通过追忆先人来唤起我们对民族文化的认同。这样，我们就要引导学生在追忆先人的同时，积极学习先人的良好品德，心怀感恩，从而将中华民族的传统美德根植于心。针对"清明节"这一传统节日，我设计了"感恩与超越"的班会主题，通过"家族中的骄傲"、"我身边的骄傲"、"我能创造的骄傲"等环节，将对先人的怀念、感恩与身边的人和事结合起来，在一个个鲜活的故事中让同学们发现亲情、体味亲情，并引导学生由被动感恩走向主动感恩，由传承走向发展和超越。

就社会时事而言，中日关系是很多教育者无法回避的古老、沉重而常新的话题，因为几乎每过一段时间就会有一个或大或小的摩擦将两国的关系冰冻，将两国国民的民族敌对情绪引爆。针对中日关系，可以根据需要设计不同主题的班会课，如培养学生自尊心和自豪感的"祖国，我为您骄傲"，可以以"数据对比"环节突出抗战时期中日之间巨大的国力差距和战争准备方面的差距；以"铮铮铁骨"环节突出抗战中不怕牺牲的英雄与平民；以"民族腾飞"环节突出今天中国取得的巨大成绩；以"我与祖国"环节引导学生用实际行动为祖国的腾飞和民族的发展作出贡献；最后以一句"国旗下，龙的传人，沸腾你的热血吧！"的呼喊，带给我们长长久久的心灵震撼！

就公民生活而言，人们生活中的一言一行都体现着个人素养和社会精神文明建设的成果，也影响着学生的成长环境。在实践中，围绕"做一个有道德的人"这一大主题，针对校园里和社会上有关现象和问题进行分析和评议。为了弘扬正气，引导学生争做合格现代公民，使爱国爱乡、遵纪守法、诚实守信、知书达理、文明礼仪成为大家的自觉行为，我们开展了题为"道德的砝码"、"小事不小，文明不远"、"解读诚信"、"文明，在你我身边"等主题班会，取得了很好的效果。

选择一个准确的、有针对性的班会主题能有效激发学生的兴趣，振奋学生的精神，有利于达成预期的教育效果。当然，班会主题的选择一般是宜小不宜大，小切口、大延伸更容易避免空洞、笼统的弊病，有利于学生接受、参与和理解。

1. 活动程序设计

（1）主题班会开头的设计要给人新鲜感。

活动体验型主题班会的导入一般可以采用表演、谜语、游戏、竞赛等形式，这些形式的共同点是比较新颖，体验性、参与性比较强，往往能给人眼前一亮的感觉，能较快地吸引学生参与到班会中来。需要指出的是，开头的导入部分应短小精悍、容易操作，不宜拖泥带水、拖沓冗繁。

如在"养成良好行为习惯"的班会课上，笔者以一则"叉手"的小游戏作为班会课开头的导入：

①全体注意，按照要求操作；

②请大家自然地双手交叉握在一起，连续做 10 次，最后一次，保持交叉状态；

③请注意看看自己的拇指和各个手指是怎样交叉的，是左手大拇指在上还是右手大拇指在上；

④你每次手指交叉姿势一样吗？说明了什么？

通过这个活动，同学们认识到"习惯"的概念：在一定条件下完成某项活动的需要或自动化的行为模式。习惯可以通过有意识地练习形成，也可以是无意识地多次重复或只经历一次就形成；习惯一经养成，若遭到破坏会产生不愉快或不安的感觉。从而引出：习惯是人的行为倾向，是稳定的、自动化的行为。它渗透到我们生活的方方面面，虽然有时候我们并没有注意到，但是它们随时随地地影响着我们。但"习惯"是一个中性词，有好习惯，也有坏习惯。我们要努力养成好习惯，改正坏习惯。

而在以"感悟亲情"为主题的班会课上，笔者采用了问卷调查的方式激发学生兴趣：

师：同学们，今天我来做一个关于"爱有多深"的问卷调查，请同学们帮个忙，选出你们心中真实的答案。

一听这话，教室里轻微地议论开了，本来安静的学生一下活跃起来。然后教师用 PPT 投影显示问题：

第一题：他很爱她。她细细的瓜子脸，弯弯的蛾眉，面色白皙，美丽动人。可是有一天，她不幸遇上了车祸，痊愈后，脸上留下几道大大的丑陋疤痕。你觉得，他会一如既往地爱她吗？

A. 他一定会　　　　　　B. 他一定不会　　　　　　C. 他可能会

调查结果：选 A 的同学占 20%　　　选 B 的同学占 30%　　　选 C 的同学

占 50%。

第二题：她很爱他。他是商界的精英，儒雅沉稳，敢打敢拼。忽然有一天，他破产了。你觉得，她还会像以前一样爱他吗？

A．她一定会　　　　　B．她一定不会　　　　　C．她可能会

调查结果：选 A 的同学占 36%　　选 B 的同学占 22%　　选 C 的同学占 42%

第三题：他是她的父亲，他很爱她。她细细的瓜子脸，弯弯的蛾眉，面色白皙，美丽动人。可是有一天，她不幸遇上了车祸，痊愈后，脸上留下几道大大的丑陋疤痕。你觉得，他会一如既往地爱她吗？

A．他一定会　　　　　B．他一定不会　　　　　C．他可能会

调查结果：选 A 的同学占 100%　　选 B 的同学占 0%　　选 C 的同学占 0%

第四题：她是他的妈妈，她很爱他。他是商界的精英，儒雅沉稳，敢打敢拼。忽然有一天，他破产了。你觉得，她还会像以前一样爱他吗？

A．她一定会　　　　　B．她一定不会　　　　　C．她可能会

调查结果：选 A 的同学占 98%　　选 B 的同学占 2%　　选 C 的同学占 0%

几乎完全相同的题目，只是二者关系改变了一下，同学们就选出了完全不同的答案。近乎百分之百的答案让同学们认识到了父母之爱的无条件性和伟大，不仅极大地激发了学生兴趣，更深深地打动了学生。在第四题中，唯一一个选 B"她一定不会"的梁毓同学的答案带给了大家困惑，只见梁毓同学郑重地说："如果我破产了，我的妈妈一定不会像以前一样爱我，因为她一定会比以前更爱我！"他的答案赢得了同学们热烈的掌声，很多同学也开始说："是啊，我妈妈/爸爸一定会比以前更爱我！"

教师小结并过渡："这个世界上，有一种爱，亘古绵长，无私无求；不因季节更替，不因名利浮沉，这就是父母对儿女的爱啊！同学们，今天就让我们一起来感悟亲情，感悟来自我们身边最深沉而又最无私的爱！"由此引入班会主题。（此故事来自网络，笔者将故事设计成了体验式活动。）

不难发现，这两个体验式活动虽然参与形式不尽相同（活动体验式的参与和问卷调查式的参与），但是都短小精悍、容易操作，费时不多却都达到了相同的目标：激发学生兴趣，引发了学生的全体参与，并有效导入了班会课。

（2）主题班会过程设计要有高潮呈现。

为了更好地实现教育目标，在设计主题班会程序时一般要有一到两个活动把班会推向高潮，借此激发学生更高的热情或更深刻的感悟，从而取得更好的教育效果。体验式班会课的活动高潮可以通过比较富有挑战性或具有强烈对比性的体

验式活动引发。

如在以"生命的存款"为主题的关于"珍惜时间"的班会课上，为了更强烈地激发同学们对时间利用价值的思考，我们一起进行了"猜猜 90 秒"的活动：

第一环节：

①所有学生闭上眼睛，老师发出开始的指令，学生开始在心里默默计时；当学生感觉时间够 90 秒的时候站起来并睁开眼睛，记住自己所用的时间，但是不能说话，不能指示其他同学。

②当所有同学都起立后，给出结果：有些同学 60 秒左右就起来了，大多数同学在 75 秒时起来了，很少有同学坚持到 85 秒。

这一环节带给同学们很多感想，小 A 同学的想法比较有代表性：原来短短 90 秒的时间竟是如此漫长，第一次如此清晰地数自己心跳的频率，第一次如此清醒地感受到时间从身边一秒一秒地流逝。

第二环节：

①以小组为单位，全班分成 6 组，每组 8 人，将学过的文言诗词补充完整；

②以知识抢答的方式进行，最先举手的小组获得答题权，答对一题加 10 分，错一题扣 10 分，总分最多的小组获胜；

③活动开始时同步开始计时，到 90 秒的时候突然指出时间到，同学们注意力集中在小组竞争之中，根本没想到 90 秒过得如此之快，大家在"太快了"、"不可能"的震撼中结束游戏。

这一环节带给同学们极大的震撼，小 B 感慨地说："同样是 90 秒，做不同的事情，感觉时间走过的速度完全不同，第一次的 90 秒大家什么都不做，感觉特别漫长，能感受到时间一秒一秒在流逝，特别心疼；第二次的 90 秒大家都处于竞争的兴奋中，感觉时间过得特别快，当然自己也感觉很充实。"小 C 指出："不管我们做什么，时间总是在飞速流逝。不同的是，如果我们只是静静发呆或者说笑打闹，那么时间流逝了我们却没有任何收获；如果我们充分利用时间好好学习，时间虽然流逝了，但是我们会感觉很踏实，因为我们收获了知识。所以，我们以后要更加充分、合理地利用时间，不能让时间白白流逝。"

就这样，没有名言警句的引用，没有痛心疾首的说教，一个"猜猜 90 秒"的小活动以具有强烈对比的体验引发了同学们的深刻感悟，将班会课推向了高潮，让同学们感受到了时光的流逝和珍惜时间的重要性。发言学生的句句肺腑之言更在同学之间引起了广泛的共鸣，表达了同学们要珍惜大好时光努力学习的决心，很好地达到了教育目的。

再如，在以"感悟团队"为主题的班会课上，为了将班会推向高潮，笔者用了一个极有挑战性的体验式活动"梦想长城"（该活动改编自中央电视台《开

学第一课》节目中的"梦想长城"）：

①将 8 张椅子围圈放（请相关同学完成场地布置）；

②每个小组选出两名代表，男生一组，女生一组，8 位队友脚按顺时针方向围圈坐在凳子上，将自己的头（提醒：不是肩膀，因为仅仅用头和腿的力量挑战更大）靠在后面一个队友的腿上，同时用自己的腿支撑起前一位队友的头；

③8 名工作人员按指示撤走凳子，看看每组能坚持多久；

④提醒：撑不住的时候要先把手放在地上，然后才放下身子，以免摔倒。

各小组经过激烈讨论，终于选出了队友。

首先，男生 8 名代表按照要求围成了一圈。在撤去椅子前，笔者逐个采访，问他们自己觉得能坚持多久。8 名男生代表给出的最长时间是 35 秒。随后，在确保各位同学都准备好的情况下，工作人员撤掉椅子，全体同学一起为他们数数：1、2、3、4……

虽然 8 名男生的腿和头都在打战，但是他们仍旧紧握双手、闭着眼睛坚持着，直到坚持到 50 秒才放弃。

然后，女生 8 名代表按照要求围成了一圈。在撤去椅子前，笔者逐个采访，问她们自己觉得能坚持多久。8 名女生代表给出的最长时间是 36 秒。随后，在确保各位同学都准备好的情况下，工作人员撤掉椅子，全体同学一起为她们数数：1、2、3、4……

虽然 8 名女生的腿和头都在打战，但是她们也紧握双手坚持着，直到坚持到 60 秒才倒下。

两队的坚持不仅让他们赢得了挑战，更赢得了同学们热烈的掌声和感叹声。

活动结束后，同学们分享感受：

采访 1：采访参加挑战的队员，刚才你在参加比赛的时候，请问你的注意力是放在腿上还是头上？

生 1：我的注意力主要在腿上，因为我一定要撑住我前面的人不能让他掉下去。

延续采访：那你不怕自己的头会掉下来吗？

生 1：不怕，因为我相信我后面的队友不会把我摔下来的。我们每个人都必须信任队友，这样才能挑战成功。

师：是啊，在团队中，当我们朝着同一个目标努力的时候，除了咬定目标不放松外，很重要的一点是我们一定要彼此支持、互相信任，这样我们才能实现目标。

采访 2：采访参加挑战的队友，刚才参加比赛的时候，我看到到后来你紧闭双眼、紧握双手，我感到你坚持得很辛苦，当时你在想什么？为什么那么辛苦还要坚持?

生1：当时我在想，一定要坚持、坚持，整个团队的挑战不能因为我一个人的放弃而失败。

延续采访：为什么你认为整个团队的挑战会因为你一个人的放弃而失败？

生1：当然了，团队是由我们每一个人共同组成的，我们任何一个人出现问题都会给团队带来不可想象的后果，所以，我们每一个人都要坚持。

小结：同学们，他们真是为我们上了很好的一课，他们用实际行动告诉我们：团队是靠每一个人撑起来的，作为团队的一员，我们要互相信任，而且我们中的每一个人都要积极发挥自己的力量，这样才能建设一个优秀的团队！

就这样，一个非常具有挑战性的、扣人心弦的"梦想长城"活动将整个班会推向了高潮，吸引了学生全身心的参与并获得深刻的感悟，很好地实现了教育目的。

（3）主题班会结尾要自然并具有延伸意义。

主题班会结尾要与主题各个环节形成一体，首尾相互呼应，切忌虎头蛇尾、草草收场、让人遗憾。同时，作为班会的结尾，一般应对整节班会的主题进行提升，使班会具有延伸意义。

如，在"善小当为，恶小莫为"的班会课上，班主任陈达标老师在结尾时给出了一些很实用又很有指导意义的建议：

①加强学习，不断增强鉴别善恶的能力。

一个人鉴别善恶的能力，是随着年龄的增长、知识的增加和社会阅历的丰富而不断提高的。青少年正处在善恶观逐步形成的重要时期，只有加强学习，才能增强鉴别善恶的能力。

②善小当为，在一点一滴中践行正确的善恶观、价值观。

一个人的素质不仅体现在语言上，更体现在一点一滴的行动中。好事虽小，当从一点一滴做起，因为正是在这一点一滴中践行着正确的价值观和社会主义荣辱观。恶事虽小，一件也不要去做，因为再小的恶也是对自身、对他人、对社会文明的极大破坏。

③要严于解剖自己，努力提高个人道德修养。

鲁迅先生说过："我的确时时解剖别人，然而更多的是更无情地解剖我自己。"凡是道德修养高深的人，都是勇于自我批评，严于解剖自己的人。只有勇敢地自我剖析、自我否定的人，才能实现自我超越，提高个人道德修养。

④善小当为，温暖身心，滋润心灵。

同学们，我们活着不仅需要身体的饱暖，更需要精神的温暖。是啊，我们在寻求一种温暖，但温暖来自谁呢？"己所不欲，勿施于人"，同样，"己所欲，施于人"，这温暖来自你，来自我，来自他，来自我们每一个人。只要我们努力给予身边的人更多的关怀，相信我们的明天会更好！就让我们一起，努力为善，一起创造一个温暖身心、滋润心灵的美好世界吧！

再如，在"君子厚德，容载万物"的班会课上，班主任周玲老师给出了这样的总结：

同学们，在这节主题班会活动中，大家"欣赏了"我们国人在国外的部分"精彩"嘴脸，学习了我国一些有着高尚社会公德的范例，列举了一些日常生活中的缺乏公德的例子，也欣赏了一些值得我们学习的好人好事……

在公德方面，我们班做得很好。比如：我们班的自习课纪律很好，每位同学都在认真学习；教室卫生整洁，经常有同学主动清洁、倒垃圾；我们班的师生关系、同学关系比较和谐，大家都合作愉快等等。这些都是日常生活中点点滴滴的小事，所有这些做法，看似简单，但体现了道德建设的真谛，就是从行为养成入手。公德本身并不是空泛的，而是具体的。具体的事情，似乎只是微不足道的小事，却展现着一个班、一个学校的学生的总体素质，展现着一个城市市民的总体素质，展现着一个国家公民的道德水平。要做一个文明学生，遵守学校的规章制度，从我做起，从身边小事做起。养成良好的行为习惯，让我们成为文明礼貌、助人为乐、爱护公物、保护环境的好公民，让我们的社会更加和谐、更加美丽。

将道德修养与身边的小事结合在一起，将个人行为与国民素质结合在一起，是对整节课的延伸，更是对整节主题班会的提升。

（4）班会结束后的教育延续要有反思性、指导性、可操作性。

一次成功的班会课会带给学生一些比较深刻的感悟和正确的认识，甚至能使学生斗志昂扬、热情高涨。但是，班主任必须清醒地认识到，激情是不可靠的，甚至在辨析中达到的比较深刻的理性认知也是不可靠的，因为"生长中的个体具有相当强的原始享乐本能和自我中心本能"。作为班主任我们既要重视班会的效果，又不能迷信班会的效果。为了确保德育效果的长效性，我们应该在班会结束后以一些后续的德育行为继续引导学生的激情和理性。如针对主题为"生命的存款"的学习促进型班会，可以组织学生进行"每日惜时宣言"、"今日规划"、"一日盘点"等延续性活动；针对"创造更有尊严的生活——宿舍建设"的团队建设型主题班会，可以组织学生进行"学习型、研究型宿舍建设"的目标策划、自我监控与调节、自我评价与补救的活动；针对"创造更有尊严的生活——班级文化建设"的班级建设型主题班会，可以组织学生成立"班级幸福工程"、"班级十大人物评选"、"草根金句"等延续性活动。用一系列延伸性活动引导学生将认知转化为行动，做到德育教育的知行合一。

由此可见，不管什么形式的班会课都只是一种教育手段，班会课最终要落脚于学生的价值澄清和精神生命质量的提升，落脚于德育目标的达成。

（三）计划的制订

选题确定后，班主任应和班委或全班同学共同制订班级活动计划，这样做，一是保证班会活动的顺利进行，二是为班会活动的开展积累宝贵的经验，三是在师生共同参与的过程中培养学生对班级的责任感和归属感。

活动计划一般主要包括：活动目标，活动地点、时间、对象，活动的内容与形式，活动准备与具体分工，活动实施过程与注意事项，活动总结与反思。

1. 活动目标

班主任在组织班级活动时，应先明确活动的具体目标，明确的目标是制订活动计划和评价标准的依据。

2. 活动时间、地点、对象

时间、地点、对象是班级活动开展的基本构成要素。一般主题班会活动是以班级为单位，地点在教室、操场、心理活动室等，对象为学生。

3. 活动的内容与形式

班主任无论组织什么主题的班会活动，都应该根据内容选择那些最能达到活动目标的活动形式，以收到更好的教育效果。选择活动形式的主要依据有三点：一是活动内容更便于以何种形式呈现；二是本班学生的年龄特点和班情；三是班主任自身的特长和优势。

4. 活动准备与具体分工

为确保活动的顺利进行，对活动所需的场地、器材及工具设备必须做到周密思考、提前准备。班会活动中的人员分工，一般情况下主要由班委负责，班主任协调，具体可根据班情确定。

5. 活动实施过程与注意事项

在活动过程中的每一步实施中，都要有目的、规划并预测可能出现的问题及准备相应的解决方法，对学生指明注意事项以引起学生注意。特别是具有竞争性和风险性的活动，更应提前做好一切应急准备，确保活动的安全进行。

6. 活动总结与反思

反思是很好的发展方式，主题班会活动开展之后，对活动的反思、总结是我们应该完成的一项基本程序。通过反思，可以使活动的教育效果得以加强，从而使以后的活动得以优化，活动的拓展也可以使教育得以延续和深化。[1]

---

① 韩东才等. 班主任基本功——班级管理的基本技能. 2009. 86～87.

（四）系列化班会的制定

将每一次主题班会活动有序地组织起来，就形成了班级建设的系列班会，而班级文化就是在这一系列的班级活动中逐渐形成和发展起来的，并逐渐形成自己特有的风格。因此，每一次主题班会既是一个独立的活动单位，同时又是班级系列班会中的一个点，支撑着班级文化的形成与发展。这就要求我们在组织班级活动时要有规划、有系统，要有明晰的活动思路，而不能盲目进行。这就要求我们在设计班会课时做到系统性和整体性。

系统性，是指在班级建设的整体部署中开展班级活动，包括两方面的含义：其一，从横向看，每一次的班级活动与班级建设的整体状态协调；其二，从纵向看，每一次的班级活动之间具有前后相继的内在联系。[①]

整体性，是指每一次活动的选择与准备，活动的组织与参与，活动的感悟分享与价值澄清，活动的选择确定与内化升华共同构成一个相对完整而独立的系统。

班级活动的整体性和系统性，实质上是以更加长远的目光来把握整个班级发展的大趋势，并认真分析各个阶段需要完成的不同任务，在此基础上根据班级和学生发展的不同阶段的不同需求来设置班级活动，从而实现活动的系统、有序，减少活动的随意性、盲目性。

比如高一年级的时候，在班级组建之初，作为班主任的重要任务之一是加强常规教育，其次是班级文化的初步建设；高二时班主任就应该侧重于学生的学法指导和系列班级文化建设，在高一班级文化初步建设的基础上，笔者提出了"创造更有尊严的生活"的总目标，在此总目标下，引导学生主动学习、规范自我、自觉参与创建班级文化；高三班主任则应该侧重于引导学生主动构建知识框架，学会对知识的融会贯通，同时班主任应加强对学生的心理辅导和思想激励。所以说，各个阶段基本特征、面临的基本任务不同，需求也各不同，需要开展的班级活动也就不同。班主任需要根据不同阶段的需要，设计系列活动，实现活动的整体性和系统性。

根据主题班会不同的主题和作用，我们拟将活动体验型主题班会内容进行整体系列设计，并分成五种类型分别陈述：价值引领类、思想激励类、社会适应类、团队合作类、学习促进类。其中价值引领类重在以更高层次的精神境界引导学生，提升学生的精神生命质量；思想激励类重在对学生的思想激励，引导学生打破设限、超越自我；社会适应类重在引导学生正确地认识自己、认识他人，学

① 陆桂英.建设民主集体，共创阳光人生.华东师范大学出版社，2007.32～33.

会人际交往和沟通的一些基本技巧，促进学生更好地适应和融入社会；团队合作类重在引导学生学会团队合作，在团队合作中互相支撑、共同进步；学习促进类重在对学生学习心理、学习效率、学习方法等学习品质的培养。

三、活动体验型主题班会设计原则

（一）活动教育原则

活动是让学生身心愉悦和焕发活力的有效形式，是激发中小学生热情与智慧的催化剂。"小活动，大德育"，开展小活动的目的是让学生通过参与来获得有益的生命体验，形成关于生活与生命的积极的态度和情感，促进学生精神生命质量的提高和学生的健康发展。因此，活动的出发点是"参与体验"，落脚点则在于"教育提升"。教育目的实现与否直接决定了班会活动的效果乃至成败，因此，活动教育原则是我们组织班级活动应该遵循的最基本的原则。

偶像崇拜——当今学生和教育者都绕不开的一个话题。恰当的偶像崇拜可以激发学生积极向上的精神，不当的偶像崇拜则可能导致严重的甚至灾难性的后果。所以，必须引导学生认识到，对偶像的崇拜不能局限于他们表面的风光，而要看到偶像自身在成长路上为了梦想坚持不懈的精神、百折不挠的执着等多种优良品质。对偶像，我们要学会正确评价、有益选择和自觉超越，从而以偶像为目标和动力，促进自身更好地成长。在实践中，针对学生偶像崇拜的现象，笔者设计了"偶像大比拼"的班会课，包括"唱响偶像（歌曲）"、"挖掘偶像（精神）"、"践行偶像（行动）"、"超越偶像（理想规划）"四个环节。这一设计具有鲜明的教育理念，体现了班级教育的主流价值导向。

感恩，一个永恒的话题。非常欣慰也非常遗憾的是，一提到感恩，同学们不自觉地就想到父母、老师、亲人等，感恩的原因很简单：因为他们爱我们，为我们付出了很多。对父母、老师、亲人的感恩无疑是正确而且必要的，但是我们不难发现这其中存在的问题：①学生感恩的对象很狭窄，只是和他们有着密切关系的人；②学生感恩的态度很被动，因为别人给予了我们，所以我们需要感恩；③学生感恩的行动很单薄，不少人认为写封信、发条短信、努力学习就是对父母最好的回报了，而极少考虑自己还有没有能力做得更多更好；④学生感恩的目的具有功利性，认为自己的一张贺卡、一句感谢就足以感谢父母的养育之恩、师长的教育之情，就可以心安理得地享受他人对自己的爱和付出。为了促进学生真正学会感恩，我们设计了"感恩——我体验、我分享、我反思、我行动"的主题班会。在"我体验"环节，采用角色体验的方式，让学生分别以"父母"的身份进行"24 小时生命守护"活动，以学生保护一个鸡蛋 24 小时不受伤害的体验来感悟父母要一辈子保护孩子不受伤害的艰辛；以"门卫"为角色进行"安全守护"活动，以学生明确门卫职责、履行门卫职责、保护校园安全的生命体验来感悟我们身边的普通人为了让学生拥有一个安全的环境而进行的默默无闻的付出……有了充分的生命体验之后，班会课接着以"我分享"、"我反思"、"我行动"等环节引导学生在分享生命感悟、反省自我行动之后，用更加实际的行动主动地感恩父母、老师、校工、社会，达到了很好的教育效果。

通过以上两个案例不难发现，要坚持活动教育原则，就必须善于挖掘活动中蕴涵的教育元素，借助学生有益的生命体验帮助他们形成关于生活与生命的积极的态度和情感，促进学生精神生命质量的提高和学生的健康发展。关于活动中教育元素的挖掘，我们以"老鹰捉小鸡"的游戏为例进行一个简单分析：

（1）为什么母鸡会不顾生命危险来保护小鸡？它不怕死吗？（母亲爱孩子，胜过自己的生命）母鸡跑来跑去地保护小鸡很伟大也很辛苦，小鸡应该怎么对待辛苦保护它们的母鸡呢？——感恩意识的培养

（2）虽然有妈妈的保护，但是还是有些不幸的小鸡被老鹰抓走吃掉了，想到这些我觉得母鸡一定很心疼，被吃掉的小鸡一定会很后悔。那么为什么有的小鸡会被老鹰抓走？（因为自己跑得不够快）这告诉我们什么呢？（要想生存不能只靠妈妈的保护，更要提高自己的能力，让自己跑得更快点）——自我独立意识和竞争意识的培养

（3）看到有的小鸡被老鹰抓走吃掉，你觉得这些小鸡可怜吗？为什么？（因为被吃掉了，不能活着了，当然可怜）所以我们平时应该怎样做呢？（珍爱生命，好好活着）——生命教育，安全教育

（4）你最喜欢游戏中的什么角色，最讨厌游戏中的什么角色？（答案分别是母鸡和老鹰）为什么？（因为母鸡很爱自己的孩子，老鹰是坏蛋，总想着吃小鸡，给别人带来了危险和伤害）这告诉我们什么？（如果我们想要获得别人的喜欢，就要去爱别人，去帮助、保护别人，而不是像老鹰一样去伤害别人）——善恶意识的培养

…………

至此，我们发现，平时司空见惯的老鹰捉小鸡的游戏中竟然蕴涵了如此多的教育元素（当然其中肯定还有很多是笔者没有想到的），如果我们不去挖掘，游戏就仅仅是游戏；只要我们去挖掘，游戏就是教育资源，而且是学生积极参与乐于接受的教育资源。从这个角度而言，游戏不只是游戏更是教育，善于发现游戏的教育功能，对教育会起到事半功倍的效果。这就要求我们不仅要在设计活动的时候考虑活动的教育价值，更要在操作活动的时候发掘活动中的教育价值。

综上，挖掘活动中的教育因素是活动设计和操作中很重要的一环，活动教育原则是我们组织班级活动应该遵循的最基本的原则。

（二）主体参与原则

活动体验型主题班会是以学生为主体的班会活动，班主任在设计班会时应设计参与空间大、能够吸引较多学生参与的活动环节，调动学生积极参与，使学生在参与过程中受到感染、触动，感悟道理，受到教育。因此，活动体验型主题班会的主体应该是班级里的全体成员，班主任只是这整体中的重要一员，班主任在班会活动中起组织和指导作用，但真正的主体应该是学生。因此，设计活动和开展活动时一定要考虑学生的主体地位，争取每个学生都能全身心地参与班级活动，避免少数人在动在忙，大多数人成为"看客"、置身其外的不良局面。为了实现学生的主体地位，笔者认为可以从以下几个方面来开展工作：

（1）活动设计要面向全体学生，充分调动并培养学生参与活动的积极性和主动性。设计活动前教师一定要考虑：这个活动的参与度有多高，会不会出现几个人忙碌而大部分人无聊的情景？

（2）活动过程中教师要想办法积极鼓励学生的参与和投入。为了吸引更多学生的注意力，可以将全班学生分成几个小组，以组内合作和组间竞赛等形式开展活动。虽然有些同学不能亲自参与活动，但他们会为本组同学呐喊助威，这样一来，虽然身体上没有参与，但是精神上已经是高度投入了。

（3）教育过程要以学生为主，充分发挥学生的自我教育和朋辈教育的作用。体验式活动在吸引学生参与活动之后，班主任要积极组织学生进行感悟分享，及时关注感悟分享中的生成性教育资源，发掘生成性教育资源的德育价值，利用学生"自己的德育"、"身边的德育"教育学生，这样更易于被学生接受，从而获得德育效果的最大值。

（三）情感体验原则

班级活动的主体是学生，体验式活动尤其需要体验主体——学生的积极参与。在活动体验过程中，我们强调学生用自己的身体去亲身经历，用自己的心灵去感悟、理解知识，从而激发学生的生命活力。班主任只是班级活动的准备者、组织者和指导者。因此，班主任在活动过程中要想办法积极鼓励学生充分地参与活动过程，强化学生的情感体验，引导学生的认知交流和辨析。如同刚刚所讲，对于人数较多的班级，可以将全班学生分成几个小组，以组内合作和组间竞赛等形式参与活动。虽然有些同学不能亲自参与活动，但他们会为本组同学呐喊助威，这样一来，虽然身体上没有参与，但是精神上已经是高度投入了。只有这种

身体和精神的投入，才能有效激发学生情感体验的产生。

在强化学生情感体验的同时，班主任要关注学生的情感体验，充分挖掘学生在活动中的感悟，挖掘感悟中的教育因素。活动中，班主任可以以问题引导的形式引导学生分享个人感悟，让学生主动敞现他们的真实生活以及真实的成长体验。"感悟"本身是中性词，对同一个活动可能同学们给出的看法不一，有褒有贬，甚至可能会有一些不正确的观点呈现出来，而这些感悟恰好构成了教育中最真实，也最宝贵的教育资源。

（四）认知升华原则

在关注学生情感体验的基础上，班主任要清醒地认识到，"感悟"本身是中性词，对同一个活动可能同学们给出的看法不一，有褒有贬，甚至可能会有一些错误价值观的呈现。针对这种情况，教师可以以学生敞现出来的感悟为教育资源，让同学们联系现实展开更深入的思考和讨论，这势必会引发学生更深层的思考，这个深入交流的过程我们称为"辨析"。因此辩论的过程实际上就是价值澄清的过程，也是开发思维、培养独立性的过程，这不仅有利于学生正确价值观的树立，更有利于培养学生的思辨意识和独立判断能力，有利于学生的长远发展，这就是我们所说的认知升华原则。如在"请你做评委"的活动中，很多同学认识到"很多时候我们没有胜出，不是因为我们不优秀，而是因为我们不足够优秀"，由此确立了班级追求"卓越"的奋斗目标。但是，也有同学提出"也许尽我们一生的努力也很难成为最优秀的一个，那我们的努力还有什么意义？"这也许是很多教育者不希望看到的答案，但这恰恰是学生心中最真实的想法，也是他们成长中发自内心的困惑。针对这种看法，笔者组织同学们开展更深入的讨论，在激烈的辩驳中，逐渐形成了统一的认识：也许，这个世界上注定会有人比我们更强，我们永远不可能成为最优秀的一个，但是我们不能因此就放弃奔跑、放弃成长，因为只有奔跑才能促进我们更好地成长，才能实现人生的价值；就算怎么努力都无法超越别人，那也一定要超越昨天的自己。无独有偶，在"二人三足"宿舍拓展活动中，有些同学反映用来绑腿的绳子太细了，勒得脚脖子疼，建议下次换粗一些的绳子。我们在活动后专门针对这个问题展开了讨论，最后大家得出的结论是：绳子不仅是活动道具，更是磨砺工具，如果我们连这一点疼都受不了，我们还谈什么苦其心志劳其筋骨呢？

（五）确保安全原则

教育的目的为了是促进人的发展，因此教育开展的前提是生命的存在和健康发展，生命关怀、生命安全应当是班主任心中最基本也是最重要的一条教育原则。可喜的是随着社会的发展，人们的安全意识和生命意识也随之逐渐提升，安全教育、生命教育成为今天我们开展德育的重点内容之一。作为教育者，我们要想办法促进学生的发展，更要想办法保障学生的人身安全，这就要求我们在安全有保障的前提下开展教育活动。因此，体验型主题班会设计的第一重要原则就是确保安全原则。

"不倒翁"活动在培养学生的团结、互信方面无疑是一个很好的游戏。可是当一个人闭着眼睛从桌子上朝下仰摔时内心无疑会产生恐惧和不安全感，当学生的每一次仰摔都有同学和朋友稳稳地接住他，为他提供保护时，这无疑可以在确保安全的同时培养他们的团结精神和信任感。面对"不倒翁"这种既是很好的教育资源又存在一定的不安全因素的活动，我们不能因噎废食，也不能为了资源不顾安全。因此，使用此活动时，就需要考虑安全问题或者对活动本身进行安全改造：①可以将海绵垫铺在地上，确保万一学生摔倒了不会摔伤；②改变游戏规则，让学生由桌子上闭眼向下仰摔改成在讲台等稍微低一点点的地方，降低高度以确保安全；③训练周围负责接人的同学的接人技巧等。

当然，这只是举例说明，为了确保活动的安全性，在设计活动时就要对活动的安全性进行论证：这项活动要在室内进行还是在室外进行？活动场地存不存在安全隐患？活动过程中哪些方面可能出现不安全因素？活动所需要的基本安全保障设施是否到位？只有从活动设计的源头和活动开展之前的准备、开展过程中的关注等各方面一起关注安全问题，活动的安全性才更有保障。

第八章

心灵导航：价值引领类主题班会的设计与实施

一、价值引领类活动概述

"学校教育的关怀，意味着信任、意味着介入、意味着唤醒、意味着促进，意味着通过学校教育，使学生成长得更好。"① 班级活动的重要作用之一是通过班级活动唤醒学生积极向上的生命状态，促进每一个生命个体更加主动、自觉、健康地成长。人的成长最核心的体现是精神生命的成长和精神境界的提升，人正是通过对更高层次精神境界的追求才体现出更强大的生命力和价值。

但是，现实情况却是，伴随着物质生活的极大丰富，人的精神世界日渐荒芜和冷漠。除了种种社会原因之外，我们的教育和教育工作者也有着不可推卸的责任，因为不得不承认的是，我们当前的教育过于注重知识的传授而忽视了对学生精神成长的引导。当成绩成为衡量一个人进步与否最重要甚至唯一重要的标准时，当我们仅仅强调成绩而长期忽略以优质文化和高境界的精神食粮哺育学生时，自私、冷漠、以自我为中心、唯成绩论等一系列问题的出现是自然而且必然的结果。"种瓜得瓜，种豆得豆"的道理很浅显，此时却突然让人感觉尴尬。

价值引领类主题班会正是针对当前学生的自私、冷漠、以自我为中心等一系列现实问题，以培养学生积极健康的精神面貌为目标而开展的班级活动，旨在以活动促进学生的精神生命发展，提升学生的精神生命质量，引导学生成为关注他人、关注社会、勇于承担社会责任的人。如"做幸福的使者"通过"感恩生活，我们拥有着幸福"、"体他生活，我们创造着幸福"、"坚守正气，我们维护着幸福"、"身体力行，我们演绎着幸福"四个环节，不仅告诉学生拥有和创造幸福的方法，更引导学生身体力行地做幸福的使者，幸福自己、幸福他人、和谐社会。"让别人因我的存在而感到幸福"的班会课首先让学生通过亲身体验的方式

---

① 李家成. 生命关怀：当代中国学校教育价值取向探. 教育科学出版社，2006. 130.

感受与他人交往的乐趣和温暖，然后引导学生学会理解、沟通、合作，最后让学生明白在给予他人幸福的同时，自己也会收获幸福。"创意生活，精彩无限"班会课则从思维创新的角度激发学生的创新意识，引导学生用创新型思维体验更加精彩的生活，增加学生在生活中的乐趣和成长中的成就感。这些关注学生精神境界、促进学生精神成长的活动我们统称为价值引领类班级活动。

二、价值引领类活动课例

课例1：做幸福的使者

🎯 **活动目的**

（1）让学生感到来自身边的温暖和幸福，激发学生给予他人温暖和幸福的美好愿望；

（2）引导学生学会给予他人幸福，同时引导学生学会维护自己身边的幸福；

（3）引导学生身体力行地做幸福的使者，幸福自己，幸福他人，和谐社会。

📋 **活动准备**

（1）每个学生3颗糖果并预留一些备用；

（2）按照性别分组，同性别者一组，每组6~8人（具体根据班级人数而定）；

（3）把班级所有同学的名字放进"神袋"（即口袋或纸箱）备用。

◀ **活动场地**

教室，教室前面或教室中间预留一定空间。

🔄 **活动过程**

（一）活动导入，激发愿望

活动：传递

1. 活动过程

（1）请同学们伸出手，给你隔壁的同学一次温暖的握手；

（2）请张开双臂，给你隔壁的同学一个温暖的拥抱；

（3）全班同学一起参与活动，气氛开始活跃起来。

2．感悟分享

和同学握手和拥抱的时候，你有什么感觉？

学生：有种很温暖的感觉，肌肤相连，心灵相通。

3．教师小结

当我们在传递温暖的时候，我们就在扮演着"使者"的角色——传递温暖的使者，传递幸福的使者。今天，就让我们一起感受幸福、传递幸福、做幸福的使者。导入主题：做幸福的使者。

过渡：做幸福的使者，首先自己应该是一个幸福的人，然后要有能力把幸福传递给别人。怎样才能成功地做到自己幸福也让别人感到幸福呢？让我们看看下面这些游戏能带给我们什么启发。

（二）活动体验，感悟幸福

活动：甜心运动

1．活动过程

（1）每人分 3 颗糖，把糖送给你想要感谢的人，要求在送糖时说出你感谢他/她的原因。

（2）糖可以送给组内同学，也可以送给组外同学，要求活动结束后手中的所有糖果必须都来自于别人的赠予。

（3）全班同学一起参与送糖活动（提醒：在送糖之前，班主任可以先做一下示范。第一是让学生感到我们身边处处是值得我们感谢的人；第二是示范给学生应该如何向他人表示感谢。然后让大家集体行动，把自己的糖送给想要感谢的人，几分钟后，糖果送完）。

（4）采访学生：你的糖都送给了谁？分享一下你的感谢。

2．感悟分享

（采访 3 ~ 5 个学生分享他们的感受，如果时间允许，可以采访更多）

（1）刚才送糖对别人表示感谢的时候，你有什么感受？

（2）刚才有人送糖给你表示感谢的时候，你有什么感受？

学生：感谢别人的时候，再次想起他人曾经对自己的帮助，心里仍旧充满了感激和温暖、幸福的感觉；被人感谢的时候，就想到，其实我没帮他什么啊，当时也只不过是举手之劳而已。原来举手之劳的帮助也可以让人感觉那么幸福和温暖。以后我应该更多地帮助别人，让别人因我的存在而感到幸福。

3．教师小结

在大家送糖的过程中，我突然有一种很强烈的感觉，感觉房间里有一种东西在弥漫……原来我们身边有如此多值得我们感谢的人、事，这些感动和温暖，让我们感到幸福。这让我感觉到，我们的身边从不缺少幸福，只是缺少一双善于发现幸福的眼睛和一颗感恩的心。幸福，在于发现，源于感恩。

【幸福一滴】感恩生活，我们拥有着幸福。

活动：人生百味

1. 活动过程

（1）自愿产生16个同学参与活动，每8个人一组（具体情况根据人数而定，要求人数一定是4的倍数，为了效果和便于控场，人数不宜太多或者太少）；

（2）每组4人分成两个小组，一小组在内圈，面朝外；另一小组在外圈，面朝内，围成两个内外圈；

（3）检查，确保每两个同学面对面；

（4）活动规则：教师每拍一次手，外圈学生向右转动一个人的位置，要求每组做不同的表情（表情分两种：A组充满善意的微笑；B组怒视对方，发出"哼"的一声并把脸转向右边，不看对方的脸。为了确保效果，如果时间允许，此处建议分别进行，不同步）；

（5）活动开始，学生体验。结果预设：A组同学越来越开心，B组学生越来越不开心，甚至有些女生开始想哭了。

2. 感悟分享

（每组采访2名同学分享感受，如果时间允许，可以采访更多）

（1）当你一次次看到不同的人给你的都是微笑的时候，你有什么感受？

（2）当你一次次看到不同的人都对你怒目而视的时候，你有什么感受？

学生：看到别人给自己微笑，会感觉很开心很温暖，慢慢地心情越来越阳光；看到一个个的人对我怒目而视，刚开始还感觉挺好玩的，慢慢地感觉心里特别难受，有种想哭的感觉，为什么我们要这样对待对方呢？为什么我们不能友好相处呢？

3. 教师小结

中国有句古话叫"己所不欲，勿施于人"，我想对大家说，还有一句话叫"己所欲，施于人"。我们想要别人微笑着对待我们，那我们首先要微笑着对待别人；我们想要别人考虑我们的内心感受和需要，那我们首先要考虑他人的内心感受和需要，即体贴他人。

【幸福一滴】体验生活，我们创造着幸福。

讨论：火眼金睛

（1）小组讨论：生活中总有些不文明行为在破坏着我们的幸福，如何做才能保证我们的幸福？

（2）总结分享（此处引导学生做到先列举具体的不文明行为和现象，再给出具体的解决策略）：

学生：我们生活中有很多不文明的行为在破坏着我们的幸福，比如午睡、晚睡的时候有同学讲话，破坏了安静的睡眠环境；比如教室清洁偶尔有同学做得不到位，没有为同学们提供一个干净整洁的班级环境等。对于这些情况，我们小组认为，首先我们要做到独善其身，自己做好自己；在此基础上，在有能力的情况下我们再努力做到兼济天下，用实际行为制止那些带来破坏的人和事。

（3）教师小结：

说得真好！我们首先要做到独善其身，然后在有能力的情况下努力做到兼济天下。这告诉我们，幸福需要我们自我约束，同时如果有人破坏我们的幸福生活，需要我们有正气、有勇气甚至有智慧地挺身而出，捍卫我们的幸福。

【幸福一滴】坚守正气，我们维护着幸福。

（三）我思我行，演绎幸福

1. 讨论分享

（1）以小组为单位，选择我们身边的一类人，谈谈我们怎么做会带给他们幸福；

（2）参考选项：同学　　老师　　家人

陌生人　　舍友　　校工

（3）小组讨论，5分钟后分享（给出不同的身份选择，目的是扩大同学们的思维范围，引导学生尽己所能带给身边的人幸福，包括那些默默为我们付出的普通人）；

（4）分享（略）。

2. 教师小结

同学们刚才都给出了带给他人幸福的一些具体思路和方法，如果我们能够把这些思考付诸实践，我相信我们一定有能力带给他人幸福，有能力扮演好"幸福使者"的角色！

【幸福一滴】身体力行，我们演绎着幸福。

（四）活动拓展，延续幸福

活动：国王与天使

【活动规则】

（1）把班级所有同学的名字放在"神袋"里，每一位天使（即同学）轮流从"神袋"里抽出一个名字，这个名字所对应的人就是你的国王。

（2）在抽到纸条的天使后面写上自己的名字后交回给主持人，如果抽到自己则可以重新抽取。

（3）天使要在后面的时间里默默地为国王服务，不能让国王发现自己是谁。

（4）天使的服务要尽量丰富多彩、形式多样。比如：一杯茶、一个小礼物，共同学习，真诚陪伴等。

（5）一个星期后，全班分享作为幸福的使者的幸福。

【本课总结】

当我们以感恩之心感悟生活，我们拥有了幸福；

当我们以体他之心予人幸福，我们创造了幸福；

当我们勇于自律并坚守正气，我们维护了幸福；

同学们，让我们身体力行，做幸福的使者，幸福自己，幸福他人，和谐社会！

课例2：创新思维，精彩无限

活动理念

中学阶段是学生思维发展的关键阶段，这一时期的学生具有巨大的创新潜能，只有珍惜学生的创新潜能、利用和开发学生的创新潜能，才能使学生更好地认识到自身的智慧和能力，提升学生的自信心。同时，将创新能力和日常生活联系起来，能够丰富学生生活，让学生更好地感受到生活的乐趣和美好。

活动目的

（1）通过体验活动，让学生意识到创新的重要性和必要性，激发学生的创新欲望；

（2）通过不同类型的活动，与学生一起探索创新的基本方法和思路；

（3）培养学生发散思维、灵活变通的思维习惯，培养学生创新生活、享受创新的创新精神。

活动准备

（1）多媒体课件；

（2）和班级人数相等的长度相同的绳子，回形针一盒，报纸一张，苹果若干（确保每个小组能分到2个）；

（3）分组：每组6~8人，每组准备一支铅笔（外木内铅，带橡皮擦）；

（4）和小组数目等同的秒表数，并培训学生学会使用秒表计时。

活动过程

（一）游戏导入，激发创新意识

游戏：打结

1．游戏规则

（1）每人发一条绳子，双手分别拿着绳子的两端，打一个结；

（2）要求：双手不能离开绳子，也不能把自己的手捆在绳子里；

（3）请打结成功的同学上台示范。

2．讨论分享

这个游戏给了我们什么启发？

学生：刚开始感觉很难，认为几乎不可能实现，这种情况迫使我们不得不打破常规思维，不断尝试。终于，我们按照规则圆满完成了任务。创新思维，真的挺好玩！

3．教师小结

从活动中可以看到，要解决问题，有时候我们需要学会打破常规，创新思维，这能给我们带来更加精彩的结果。导入主题：创新思维，精彩无限。

过渡：需要指出的是，创新思维不是天生的，而是需要经过后期训练的。下面我们就一起来进行一些创新思维的训练吧！

（二）活动体验，训练创新思维

头脑风暴：回形针的用途——思维的广度、流畅度训练

1．活动规则

（1）以小组竞赛的形式进行，要求各小组尽可能多地找到回形针的使用方法，由小组代表进行汇报；

（2）不用考虑答案绝对的合理性，找到的用途越多越好（活动目的：利用"头脑风暴法"激荡思维，拓宽学生思维的广度，找到的方法越多说明学生的思维广度越宽，思维越流畅）。

2．感悟分享

学生：想不到一个小小的回形针竟然能有那么多种用法！而且简单改造回形针之后会有更多更精彩的方法！这让我感觉很惊讶、很振奋！

3．教师小结

想不到一个小小的回形针竟然能有那么多种用法！而这些用法中的大部分都是我们平时没有想过或者根本想不到的。这一方面说明回形针真的很有用，更重

要的是说明同学们的思维很开阔，没有被回形针的常规用法束缚自己的思维。这也告诉我们，我们的思维越开阔，受到的局限越少，我们能找到的方法就越多。

铅笔精神——思维的多角度训练

1. 活动规则

（1）每组准备一支铅笔（内心外木，带橡皮擦）；

（2）小组商讨，寻找铅笔身上值得我们学习的精神；

（3）要求发现的铅笔精神是积极向上的，对精神的解析是合理的。

2. 参考答案

（1）敬畏。铅笔的第一个特性是：尽管你能做很多大事，但你千万不能忘记那是因为一直都有一只手在引导着你。我们管那只手叫"上帝"。所以，做人要像铅笔一样，有敬畏之心。

（2）忍耐。铅笔的第二个特性是：有时我们不得不停下来，用铅笔刀削一削它。这样虽然会使铅笔经受痛苦，但是削过之后，它会变得更加尖利。所以，你也必须学会忍受痛苦和悲伤，因为它们能使你成为一个更优秀的人。

（3）宽容和自我改正。铅笔的第三个特性是：它总是允许我们使用橡皮擦擦掉错误。铅笔最可贵的是允许我们使用橡皮擦擦掉它自己辛苦写出来的东西。能够勇敢地纠正自己的错误，这是很多人不具备的品质。

（4）关注内心成长。铅笔的第四个特性是：真正有用的不是外表漂亮的笔杆，而是里面的铅芯。所以要注重你的内心世界。

（5）为自己负责。铅笔的第五个特性是：无论如何，它总是会留下自己的印迹。同样的道理，在人生旅途中，你所做的任何事也都会留下印迹。所以，今后无论你做什么，都要先考虑清楚后果。

（6）不固执。铅笔能够听从手的引导，善于听从别人意见，作出正确的判断，这是成功的基础。

（7）感谢自己的敌人。尽管小刀是铅笔的天敌，但铅笔知道这是让自己展现才智的唯一帮手。痛苦的削尖过程、艰难困苦的磨炼能让你的心智、品行、道德等日臻成熟和完善。当你画出优美的图画时，感谢小刀吧！

3. 教师小结

从不同的角度思考问题，我们会得到很多不同的答案，虽然角度不同，但答案一样精彩。

苹果中的五角星——思维的新颖性训练

1. 活动规则

每组发一个苹果，看哪组能最快在苹果中发现五角星（思路参考：平时的竖

放横切的切法是看不到五角星的，但是将苹果拦腰切开就可以看到五角星）。

2. 学生展示

3. 教师小结

日常的习惯、常识、思维模式会制约我们的做法，突破既有的习惯和思维模式，以全新的思路去思考问题，往往能够促进我们的思维创新。

（三）实战演习，培养创新能力

活动：传递苹果——看你有多快

1. 活动规则

（1）每组分配一个苹果；

（2）游戏过程中苹果要从发起者的手里发出，最后按顺序回到发起者的手里，要求在传递过程中每个人都必须接触苹果，所需时间最少的小组获胜；

（3）苹果掉在地上一次则额外增加 10 秒并从头开始。

2. 活动过程

（1）游戏开始时，大部分组都不约而同地一个接一个地传递，记下三组的成绩，例如分别为 17 秒、18 秒和 20 秒；

（2）教师引导："有没有更好的办法让时间变得更短些？还能不能更快？目前最快的组不怕被人追上来吗？你们还能不能再快一些？"

（3）各个小组想尽办法使时间缩短，最终最快的方式有几种。比如：组员围成一圈，每人伸出一只手也围成一个圈，小组长手持苹果在圈上划行一圈，不足 1 秒就能完成游戏。

3. 感悟分享

（1）看看开始时的 20 秒，看看现在的不足 1 秒，请问，当你看到这些的时候，是一种什么感觉？

（2）游戏过程中，别的组比你们组快的时候，你有什么感想？（创新的动力包含了竞争和需要）

（3）创新是否意味着可以突破一切框架呢？（当有些小组在做游戏的时候没有按照规则去做，却取得了更快的成绩时抛出这个问题）

（四）创新生活，精彩无限

1. 小组讨论

想一想，生活中有哪些方面是可以创新的？如何利用"创新"的精神使我们的生活更加精彩？

2. 全班分享

【本课总结】

同学们，这节课我们通过几个活动体验了什么是创新，创新的一些基本思路，更联系生活，以创新思维创造更加精彩的生活。希望同学们在合适的时候能够打破常规，通过创新使自己的生活更精彩。创新生活，精彩无限，愿我们都能享受更加精彩、更加高品质的生活！

三、价值引领类活动注意事项

1. 注意价值引领的内隐性和动态生成性

价值引领类班会课往往目标明确、立意高远，因此对学生的要求也比较"高"。正因为这样，很多教师在组织此类活动课时容易陷于"道德宣传"、"唱高调"的"假大空"的泥淖，这种脱离现实氛围和缺乏学生感悟的道德灌输容易引起学生的心理排斥，往往效果不佳。因此，为了避免这一现象的发生，笔者认为，此类活动中的道德教育、精神引导最好内隐于活动中，在活动过程中让学生参与、感悟、分享，利用学生自身的体验、感悟，让学生在交流辨析的过程中形成正确的价值观、人生观，从而在潜移默化中影响学生的道德认知，提升学生的精神境界。因此，除了专题班会课之外，提升学生的精神境界还需要班主任从以下几个方面开展配套工作。

首先，教师应积极提升自身修养，言传身教地影响学生。所谓身教胜于言传，教师要想让学生学会尊重他人，自己就要在日常教育活动中尽量做到尊重学生，如在活动前确定主题时征求学生意见，活动过程中尊重学生的参与权和言论自由权等；教师要想让学生全身心地投入班会课，自己首先要全身心地进入角色，让自己的人格力量伴随着活动的每一个步骤和细节，从而让学生产生全身心参与的心理倾向。

其次，教师应注重良好班级文化的创设，以优质文化熏陶学生。优质的班级文化能使学生在有意无意中受到影响，不知不觉中得到提升。如在班级中开展"感动班级十大人物"评选活动，同学们为了获得提名，会在有意无意中为集体作贡献或以更高的标准要求自己，从而在不知不觉中提升了自己的精神境界。

最后，教师应在各种活动中关注活动的动态生成，在动态生成中提升学生。活动需要预设，但是不需要面面俱到的预设，而只需要方向性的预设。活动中必须为生成留足空间，只有这样，学生才有更多的时间和空间参与体验、交流感悟，这样活动才更加具有针对性，更能满足学生的真实需求。因此，教师在价值引领类活动中要尽量创设情景或选择合适的活动，让学生在情景、活动中通过自身的感受，萌发帮助他人、让他人因我的存在而感到温暖、让社会因我的存在而更加美好的精神追求。如在"红丝带——关爱与保护"的活动中，让学生通过体验"少数人保护，多数人打击"和"多数人保护，少数人打击"的不同感受，

小活动 大德育
活动体验型主题班会的设计与实施

可以激发他们积极参与、保护艾滋病患者的感情；通过"盲人旅途"活动，让学生体验盲人的不便，激发他们为弱者提供帮助的情感需求。此时，助人为乐、关怀他人的精神追求不再是一种外在的道德宣传，而是源于学生内在生成基础上的动态生成，这种自然生成无疑更易于被学生接受，更易于引导学生成长。

2. 注意精神评价的引导性和长远视角

一场班级活动的效果评价应该包括即时效果评价和长远效果评价，而后者更能真实地反映活动对学生精神世界的影响程度。因此，在价值引领类活动效果评价上，要注意精神评价的引导性和长远视角。

首先，课堂上的感悟分享和价值澄清有助于学生形成良好的价值观。一场价值引领类活动的成功之处在于能够激发学生勇敢地敞现自己的观点，并对学生敞现的正确或不完全正确甚至完全不正确的观点作出引导或给出建议。在此，建议教师给予学生充分呈现个人观点的机会，组织学生对不正确的价值观展开讨论，以价值讨论实现价值澄清。然后，教师在大家讨论的基础上，结合个人感受给出正向的价值引导。

其次，对个别学生不成熟的价值观在价值引导的同时应采取包容态度，以发展的眼光看待学生。本类活动中，难免有一些学生会呈现出一些片面的、不成熟的想法甚至是一些错误的价值观，对此，教师应持理解、宽容的态度，并对学生不成熟的价值观进行正确引导，以发展的眼光看待学生的成长。我们应清醒地认识到：学生的道德结构还不稳定，学生此时所呈现出来的道德水准和精神面貌往往只是暂时的，会随着学生的成长而逐渐成熟。教师以发展的、期待的眼光来看待学生会更有利于学生的精神成长。

因此，在活动中，教师对那些思想偏激、言行极端的学生要尽量以一种正确的价值观去引导，要注意精神评价的引导性和长远视角。

3. 注意精神引领在具体情境下的指导性

道德原则能够引起人的道德共鸣，但是往往无法为人们提供具体情境下的具体指导。如基本原则"诚实"、"信任"、"公平"、"团结"、"创新"等都只是一些抽象的概念，必须针对具体的情境才能得到更好的解释，而具体情境中的道德评价却因人而异、因情境而异。如我们倡导"团结"，但是没有原则、没有以正义为前提的团结恰恰是错误的。黑社会也很团结，但是他们的团结中缺少了原则和正义，因而变得邪恶。如我们倡导"诚实"，但生活中"善意的谎言"屡见不鲜，这种谎言往往和一个人的诚信、道德没太大冲突。如我们倡导"创新"，但是当有些人只顾及创新而不遵守游戏规则时，我们必须告诉学生：创新并不意味着可以突破一切框架，尤其是不能突破道德的底线，不能突破法律的框架。

因此，活动中我们应注意精神引领在具体情境下的指导性，如同在"红丝

带——关爱与保护"（即关爱艾滋病患者）的主题活动中，我们应明确告诉学生哪些行为属于高危行为，哪些行为属于安全行为。

高危行为包括：与艾滋病病毒感染者共用刮胡刀；用未经消毒的器械文身；与艾滋病病毒感染者共用牙刷；输来路不明的血液或血液制品；与多个性伙伴发生不使用安全套的性行为；艾滋病病毒感染者哺乳等。归结起来包括：①通过血液途径的高危行为，包括静脉注射吸毒，与他人共用注射器，使用未经检测的血液或血制品；②通过性途径的高危行为，包括无保护性行为，多个性伙伴等；③通过母婴途径的高危行为，包括艾滋病病毒阳性的女性怀孕、生育、哺乳，都可能引起孩子的艾滋病病毒感染。

安全行为包括：与艾滋病病毒感染者拥抱握手；与艾滋病病毒感染者共用马桶；与艾滋病病毒感染者共用床单、被褥；与艾滋病病毒感染者共用餐具；与艾滋病病毒感染者一起游泳；与艾滋病病毒感染者一起运动；被叮咬过艾滋病患者的蚊子叮咬。[1]

教师针对不同情境的危险程度，教会学生根据不同的情境作出不同的判断和选择，不仅不是对艾滋病患者的歧视，恰恰是对他们、对自己、对社会负责的表现。

4. 结尾时注意认知升华的引领性

一节班会课有了导入时的心灵震撼，有了体验中的感悟分享，有了高潮时的情绪激昂，又有了具体情境中的方法指导，在此万事俱备的情境下，笔者虽然不建议大声呼喊式的"道德宣传"，但结尾时班主任高屋建瓴的总结性发言往往能起到画龙点睛、提升气氛和触动心灵的作用。因此，一次主题班会，要在学生心目中留下久远而清晰的印象，除了把握过程中的学生参与和气氛营造之外，最后一个环节的班主任总结则应把这种气氛推向高潮，并进一步结合主题、升华主题。这就要求班主任的发言要力求情感真切，酣畅而富于感染力。将情感融入主题班会这个场景气氛的同时，强化对主题的深刻理解，引导学生有更高境界的精神追求。

---

① 选自石门中学狮山校区王慧芳老师的班会课课件。

第九章

德性内生：思想激励类主题班会的设计与实施

一、思想激励类活动概述

激励，就是通过外力激发人的动机和需求，调动人的积极性和创造性，使其朝着所期望的目标努力追求的持续的心理过程。

激励不仅是一种教育手段，更是一种建立在以人为本基础上的教育思想。因为想得到肯定、赞美、赏识、表扬和奖励是人们的普遍心理，学生更是如此。此外，当今社会竞争越来越大，学生在成长中面临的挑战和遭遇的挫折也越来越多，激励教育也就显得越发重要。优秀的学生需要激励，以使其更加优秀；遭遇挫折的学生需要激励，以助其战胜挫折，重新充满斗志地前行；自卑者需要激励，以帮助其重树信心，超越自我。更重要的是，我们每一个人都需要学会自我激励和自我心理调适，一方面鼓励自己为理想努力奋斗，另一方面提高自己的心理抗挫能力和环境适应能力。

思想激励类主题班会正是以激励学生超越自卑、跨越挫折、追求成功为目标的班级活动，旨在通过激发学生的动机来调动学生的积极性和主动性，使其朝着所期望的目标努力奋斗，从而在各方面取得更好的成绩、更大的进步。如"超越自我"主题班会就是针对学生曾经的心理障碍进行疏导，从各个方面对学生进行激励，最终实现学生的自我超越；"DIY 我的目标"主题班会则是引导学生在明确自己的生涯愿景之后，学会如何为自己铺设一条通往理想生涯的路径。告诉学生我们不可能一步登天，只有披荆斩棘、凿石为阶，才能步步为营、拾级而上，一步一个脚印走出自己的路来。因此，我们要善于把最终的大目标分解成一个个短期的小目标，越是具体明确就越是能够达成自己的职业理想。如果说"超越自我"侧重于在思想上激励学生打破自我设限，激发学生的斗志，那么"DIY 我的目标"则将思想激励和方法指导相结合，教会学生寻找更好地实现目标的途径。

二、思想激励类活动课例

课例1：超越自我

活动背景

随着社会的进步，人们的物质生活质量得到显著提高，但是与此不对等的是人们的精神生活质量并没有得到很好的改善。在工作中我们发现很多学生一遇到挫折就否定自己，缺乏面对挫折、挑战自我的勇气；也有些同学因为基础比较差就自暴自弃、不求上进、得过且过，以致很多人一想到"90后"就想到了堕落、不思进取。今天，作为教育者，我们面对的压力不是物质的匮乏，而是精神动力的缺失。人的身体需要温暖，人的精神更需要滋润。作为教师，不仅要关注学生的身体健康，更要关注学生的精神健康。给学生以精神滋润，点亮学生积极向上的精神状态，帮助学生走出困境。

活动目的

（1）引导学生认识到心中存在的一些障碍；

（2）从不同方面引导学生突破障碍，激励他们奋发向上；

（3）帮助学生走出过去的阴影，从精神上超越自我，以更好的状态投入学习和生活。

活动准备

（1）障碍物、眼罩、回形针、粉笔；

（2）提前安排好莹莹最好的同学——谭清和芷桥，要求她们在莹莹不知情的情况下，私下陪莹莹练好一首专业歌曲；

（3）私下约见莹莹的妈妈，让她说一些激励女儿的话，并录下来。

活动过程

（一）蒙眼跨障，引入主题

1. 蒙眼跨障，引人入胜

在讲台摆上3个障碍物，给一分钟的时间让一个学生试行跨越，之后蒙上学生的眼睛，悄悄移走障碍物，让学生跨越。蒙着眼睛的学生并不知道障碍物已经移走，所以还是小心翼翼地跨越"障碍"。

2．学生讨论，达成共识

当初障碍物是存在的，但是后来不存在了。当时障碍物明明已经消失了，当他/她跨越的时候，他感觉障碍物存在不存在？（存在）障碍物存在于哪里？（存在于他的心里）

3．教师点拨，引出主题

对，障碍物存在于自己的心里。这就告诉我们：我们成长的路上会遇到很多障碍，有些是看得见摸得着的，这些障碍并不可怕。可怕的是，明明障碍不存在，而我们自己却在心里为自己设置了一个个障碍。只有跨越这些自己内心设置的障碍，才有利于我们的成长，才利于我们超越自我，做一个更好的自己。由此引出：超越自我。

过渡：应该从哪些方面来超越自我呢？为了解决这个问题，让我们进入下一个小活动。

（二）活动：拉力比赛，改变认知

1．拉力比赛，引人入胜

（1）游戏规则：每组选派一个代表，两人一组进行拉力比赛，把对方拉到自己一方一次记10分，时间35秒，最终得分最多的小组获胜。

（2）活动过程：各位代表为了赢得比赛都不遗余力地努力把对手拉到自己一方，结果虽然有同学胜出，但是各位代表都很辛苦，而且得分普遍不高。

2．采访学生，引发思考

采访一位同学：刚才为什么那么大力地拉对方？（为了赢得比赛）现在有什么感觉？（感觉很累，虽然没有赢，但是自己已经努力了）除了"把对方拉过来，战胜对方"的方法之外，还有没有更轻松、更快捷、更高效的方法呢？请大家讨论一下。

3．教师点拨，改变认知

同学们，平时我们在生活、学习中，往往因为过度强调人和人之间的竞争而把自己弄得很辛苦。那么我们想，除了这种通过竞争打败对手的方式，有没有别的更好的方式实现两者的共赢呢？（合作）非常好，是合作！比如刚才的拉力比赛，如果两者采取合作的态度，我轻轻一拉，你跳过来；你轻轻一拉，我跳过去。我们想一想，有没有违反游戏规则？（没有）如果这样的话，两个人是不是很容易得到高分，很容易胜出？这个游戏告诉我们什么？

学生总结：学习和生活中同学们之间不仅需要竞争，更需要合作。如果我们能将战胜对方的观念转变为合作、双赢的观念的话，也许我们就更容易超越自我。比如我们班一些同学的英语不太好但是数学相当不错，而别的同学可能是数学不太好而英语不错，如果他们能够合作共赢、互相帮助，一定会取得更大的进步。这就告诉我们：要想超越自我，需要在观念上突破障碍。

（三）杯水放物，打破设限

1. 实验规则

在一个水杯中倒满水，倒满水的水杯还能容纳多少枚回形针？以小组为单位，第一组放完第二组放，依次完成，哪个小组导致水杯里的水溢出，则游戏失败。

2. 实验过程

水杯里的水已经满了，因为害怕放过多的回形针导致水溢出，所以很多小组都选择放很少的回形针，而且越来越少。以一次实验为例，第一组放了30枚，第二组放了10枚，第三组则仅仅放了一枚回形针，之后教师将剩下的回形针全部放入。根据实验，利用水的张力原理，一个500毫升的水杯还能放至少200枚回形针。当教师放入200枚回形针时，学生惊讶地张开了嘴巴，后悔不已。此时让学生谈自己的感受。

3. 学生反思，打破自我设限

感想：一杯原本就已经满了的水，原来还能放200枚回形针。但是我们因为害怕实验失败，都不敢勇敢地去尝试放更多的回形针。这让我想到平常因为害怕失败，因为不自信，失去了很多的机会。以后我要更加自信一些，勇敢地挑战自己。

（四）超级模仿，超越自我

1. 活动规则和人选

一组3人，甲、乙、丙；甲做各种表情及发出各种声音，乙和丙先后模仿甲的各种表情及声音。

为了帮助莹莹超越自我，我装作无意地邀请谭清同学来参与活动，并说明："由于这次游戏的特殊性，所以我想找三个比较要好的同学来完成这个游戏。那么首先我选定了谭清，我们希望谭清能够找到两个和她不错的同学一起完成，OK？"

谭清按照事先的安排选了她最好的两个朋友——莹莹和芷桥一起来参与这个活动。我利用朋友之间的信任来降低莹莹的戒心，使她能够轻松地参与活动。

2. 挑战过程和效果

A. 傻笑之后指着同学捧腹大笑

B. 手舞足蹈之后回眸一笑

C. 高歌一声

D. 每人一句，唱歌一首

莹莹因为之前唱歌走调被同学们嘲笑过，所以不敢在大家面前开口唱歌，对唱歌比较敏感。因此前两步都是一些搞笑动作的模仿，通过动作模仿来调节气氛，大家都玩得很开心，让莹莹从心理上得到放松。然后才有第三步的高歌一声和第四步的唱歌一首，让她在不知不觉中逐渐放开自己，最后在同学们面前高歌一曲，实现了自我的超越，达到了预期的效果。

3. 殷殷母爱，画龙点睛

在莹莹超越自我之后，老师点评：今天的三个同学表现得都很好，但是我觉得表现最好的是莹莹。为什么老师说她的表现最好？我们知道莹莹在各方面都很好，只有唱歌不好。莹莹因为曾经唱歌出错被人嘲笑而不敢在众人面前唱歌，作为一个声乐生不敢开口唱歌，这是多么难受的一件事啊！因为这个，老师和莹莹的父母都非常担忧。其实，在前天晚上，我见了莹莹的妈妈。莹莹的妈妈对她的女儿说了这么一段话，请大家看一下。（播放视频，出现莹莹妈妈的视频）

莹莹妈妈：莹莹，妈妈来到学校就是想了解一下你的情况。一年前你告诉妈妈，因为自己唱歌走调而不敢再开口唱歌，妈妈听了心里很难受，妈妈知道你受委屈了。你知道吗？你难受妈妈更难受。在妈妈心目中你一直是一个懂事勇敢的孩子，你知道吗？妈妈看到你第一次为妈妈做饭搞卫生，妈妈感觉很幸福。因为我的女儿长大了！懂事了！当妈妈知道你考到艺术高中，妈妈感到很骄傲，因为我的女儿很能干！（哽咽）莹莹，你一直都是妈妈的骄傲，以前是，现在是，妈妈相信你将来也是！唱歌唱错一次不怕，妈妈怕的是你以后再也不敢唱歌。你各个方面都能做得很好，妈妈相信只要你敢开口唱歌，就能唱得很好。爸爸妈妈都相信你能行！我的女儿，加油吧，妈妈在家做好酱油鸡等你开心回来！（视频结束）

（莹莹泪流满面，大家对她掌声鼓励）

老师：今天我为莹莹感到非常骄傲，为什么这么说呢？因为莹莹虽然之前感到自卑，但今天，莹莹已经实现了她的超越，让我们给她最热烈的掌声！

4. 教师总结和提升

莹莹实现了超越，我们为她感到骄傲。但超越是一个目的，更是一个过程。在莹莹以后的成长过程中，仍会遇到非常多的障碍和困难，再面对这些障碍和困难的时候，我们希望她所学会的不仅仅是针对某一件事的超越自我，而是学会一种超越自我的积极的心态和方法。而对于我们每个人来说，也需要学会一种能够超越自我的更加积极的心态和方法。同学们，莹莹实现了超越，老师相信她会继续超越。而我们也期待她、他、我和你，我们大家都能实现更多的超越。同学们，超越自我是一个非常幸福、非常快乐的过程，那么就让我们一起做一个追求幸福、追求快乐、超越自我的人！好，谢谢大家！本次班会到此结束，谢谢大家！

【课后反思】

学生是我们施教的对象，更是学习和发展的主体，我们的班会课必须以学生为本，以学生的发展为本。笔者认为所谓以学生为本、以学生的发展为本，其目的当然是要通过班会课来促进学生的健康成长，尤其是促进学生的精神健康成长。在"超越自我"一课的教学中，笔者认为做得成功的地方有几点：

(1) 选题准确，构思巧妙。本节课选择了"超越自我"作为主题，原本很虚的一个主题通过三个小活动和一个挑战自我的节目串联起来，情节紧凑，构思新颖，引起了学生的兴趣，促使学生积极参与，高度活跃。可以说是集活动和德育于一体的很好的一个课例。

(2) 人文关怀，关注学生精神成长，关注学生精神生命质量。这节课的立足点就是从精神层面提升学生的思想认识。不管是第一个小游戏的跨越心灵的障碍，还是第二、第三个小游戏的合作双赢和多方面超越，都能起到引导学生精神成长的作用。尤其是最后一个部分，让同学们勇敢地挑战自己、超越自己，并激励学生将决心付诸行动，力求做到知情意行的统一，无疑是比较成功的。此外，这节课最精彩的部分是莹莹的个案。因为作为教师，我们不仅要关注整个班级，更要关注每个个体的精神生命质量和精神成长。虽然要做很多工作，虽然很辛苦，但是看到学生的成长，就能感受到作为人师的幸福。

(3) 以学生为主体。虽然整节班会课是由笔者来主持的，但实际上笔者所扮演的角色只是把各个环节穿成一条线。从开始到最后，真正的主角是学生；从开始到最后，都是学生在体验。让学生在感悟，在理解，在思考，在得出感悟，在自我教育。这次班会课在以学生为主体，让学生成为自我教育的主体方面取得了成功。

要真正让学生把超越自我、做更好的自己的决心付诸行动，靠一两节的班会课是远远不够的，这还有待于平时老师和同学们的共同努力，还需要一系列的后续工作。

课例2：DIY 我的目标[①]
—— 我能"步步有目标"

活动理念

当明确了自己的生涯愿景之后，如何为自己铺设一条通往理想生涯的路径呢？我们不可能一步登天，只有披荆斩棘、凿石为阶，才能步步为营、拾级而

---

① 此课例由广东省佛山市南海艺术高级中学何翠珊老师提供。

上，一步一个脚印走出自己的路来。我们要善于把最终的大目标分解成一个一个短期的小目标，越是具体明确，就越是能够达成自己的最终理想。

本节活动课旨在帮助学生初步树立目标意识，让学生学会运用 SMART 原则，明确并分解自己的目标，最终充满信心地实现它。

🎯 活动目的

（1）了解与理解。

帮助学生了解关于目标的定义、设定原则（SMART 原则）和类别，并能认识到设定目标的意义。

（2）尝试与学会。

帮助学生运用 SMART 原则，设定合理的目标。

（3）体验与感悟。

帮助学生感悟到个人信念和自身能力是实现目标的重要条件。

💻 活动准备

（1）多媒体课件，背景音乐：《春野　山溪》；

（2）纸，笔，打气棒若干，吸管若干，重物；

（3）分组：每组 6~8 人，围圈坐好。

⏱ 活动过程

（一）团体热身阶段："向前走"活动

1. "向前走"活动

（1）教师说明活动规则：全班同学起立，听教师口令"向前走"，全班依照教师的要求朝着各自面对的方向向前走，直到教师喊停。

（2）注意事项：教师的口令有两次，第一次要求到达指定目的地（如黑板、讲台），第二次不指定目的地，任学生走。提示学生注意两次"向前走"的内心感受。

2. 全班讨论

（1）教师提问：两次不同的"向前走"给了你什么感受？为什么有的同学在第二次走的时候不断往回望，显得犹豫不决？

（2）全班分享：你的启发是什么？

（3）目的：使学生关注心理变化，即有目标与无目标的不同感受，引出本课主题。

（二）团体转换阶段：目标与人生

1. 出示哈佛大学的著名调查

哈佛大学有一个非常著名的关于目标对人生影响的跟踪调查，调查对象是一群智力、学历、环境等条件都差不多的年轻人。调查结果发现：27%的人没有目标，60%的人目标模糊，10%的人有清晰但比较短期的目标，3%的人有清晰且长期的目标。

综合25年的跟踪研究结果可知，他们的生活状况及分布现象十分有意思：

占3%的有清晰且长期目标者，25年来几乎都不曾更改过自己的人生目标。他们几乎都成了顶尖成功人士。

占10%的有清晰短期目标者，大都生活在社会的中上层，如医生、工程师等。

占60%的目标模糊者，几乎都生活在社会的中下层。

剩下27%的那些25年来都没有目标的人群，他们几乎都生活在社会的最底层。

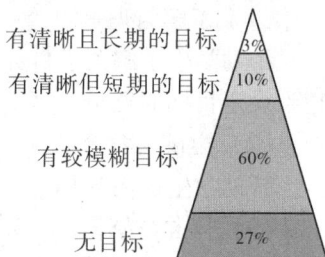

2. 分组讨论

你希望自己成为哪一种人？你的人生目标是什么？

3. 全班交流分享

4. 教师小结

（1）目标对人生有巨大的导向性作用。

（2）设定目标的5个原则——SMART原则：

Specific——具体的；

Measurable——可以计量的（是否达到是可以明确衡量的）；

Attainment——可以达到的；

Reasonable——合理的；

Time——有时间性的。

（3）目标分类。

长期目标：一个人10年、20年甚至一生为之奋斗的方向。

中期目标：一般可以3~5年，高中一般以"高考"为界。

短期目标：时间更短，1年/1月/1日。

（三）团体工作阶段：DIY我的目标

1. 搜索航标

（1）教师指导语：请同学们仔细思考，给自己设定一个时间，写出在这个

时间前要完成的三件重要事情，可以是学习、交友、旅游、练字、买衣服、读完某一本书或参加某方面活动等。

（2）假如你现在有特殊事情，必须在三件事中抹掉一项，你现在的心情如何？你会抹掉哪一项？

（3）现在又有特殊情况发生，你必须再抹掉一项，你的心情又如何呢？你又会作出怎样的决定呢？

（4）小组分享：你搜索到的目标是什么？为什么会作出这样的选择？

（5）全班分享：教师随机请学生分享。

2．拟定航线——制订计划（即各阶段的目标）

（1）教师朗读，学生欣赏周迅的故事《十年后我会怎么样》。

18 岁之前，我是个不知道自己想要什么的人，那时我每天就在浙江艺术学校里跟着同学唱唱歌，跳跳舞。偶尔有导演来找我拍戏，我就会很兴奋地去拍，无论多小的角色。

如果没有老师跟我的那次谈话，那么也许直到今天，仍然没有人知道周迅是谁。

那是 1993 年 5 月的一天，教我专业课的赵老师突然找我谈话："周迅，你能告诉我，你对于未来的打算吗？"

我愣住了。我不明白老师怎么突然问我如此严肃的问题，更不知道该怎么回答。

老师问我："现在的生活你满意吗？"我摇摇头。

老师笑了："不满意的话证明你还有救。你现在就想想，十年以后你会是什么样？"

老师的话音很轻，但是落在我心里变得很沉重。我脑海里顿时开始风起云涌。沉默许久，我看着老师的眼睛，忽然就很坚定地说："我希望十年以后自己成为最好的女演员，同时可以发行一张属于自己的音乐专辑。"

老师问我："你确定了吗？"

我慢慢地咬紧着嘴唇回答："是的！"而且拉了很长的音。

老师接着说："好，既然你确定了，我们就把这个目标倒着算回来。十年以后，你 28 岁，那时你是一个红透半边天的大明星，同时出了一张专辑。"

"那么你 27 岁的时候，除了接拍各种名导演的戏以外，一定还要有一个完整的音乐作品，可以拿给很多很多的唱片公司听，对不对？"

"25 岁的时候，在演艺事业上你就要不断进行学习和思考。另外在音乐方面一定要有很棒的作品开始录音了。"

DIY 我的目标 制作指南

第一步：搜索航标

· 仔细思考，给自己设定一个时间，写出这个时间前你要完成的三件重要事情

· _____的三件重要事情

· 我必须完成

1. _____

2. _____

3. _____

"23 岁就必须接受各种各样的培训和训练，包括音乐上和肢体上的。"

"20 岁的时候就要开始作曲、作词。在演戏方面就要接拍大一点的角色了。"

老师的话说得很轻松，但是我一阵恐惧。这样推下来，我应该马上着手为自己的理想做准备了，可是我现在却什么都不会，什么都没想过，仍然为小丫鬟小舞女之类的角色沾沾自喜。我觉得有一种强大的压力忽然朝自己袭来。

老师平静地笑着说："周迅，你是一棵好苗子，但是你对人生缺少规划，散漫而且混乱。我希望你能在空闲的时候，想想十年以后的自己，到底要过什么样的生活，到底要实现什么样的目标。如果你确定了目标，那么希望你从现在就开始做。"

一年以后，我从艺校毕业了，老师的话从那天开始一直刻在我的心底：想想十年后的自己。是的，当我意识到这是一个问题的时候，我发现我整个人都觉醒了。

从学校毕业后，我忙于接拍各种各样的影视剧。我始终记得，十年后我要做最成功的明星，所以对角色我开始很认真地筛选。后来我拍了《那时花开》，拍了《大明宫词》，我渐渐被大家接受，也慢慢地尝到了成功的快乐。

2003 年 4 月，恰好是老师和我谈话后的十周年，我不知道这是偶然还是必然，我居然真的拥有了属于自己的第一张专辑——《夏天》。

其实你和我一样。如果你能及时地问自己一句："十年后我会怎么样?"你会发现，你的人生就会在不知不觉中发生变化。时刻想着十年后的自己，你会一步步走近自己的目标。

(2) 教师提示学生根据自己的目标，运用故事中的目标倒定法，进行仿写。

我已经确定了目标是_____。现在我要把这个目标倒算回来。

如果_____ (时间)，我要_____，那么_____

(学生活动时播放背景音乐:《春野　山溪》)

(3) 全班分享：我的目标及计划。

(四) 团体结束阶段：如何达成目标

1. 活动：绝对挑战——超级打气棒

道具准备：打气棒若干，吸管若干，重物。

(1) 请一个学生示范，把放在桌面的打气棒吹胀。

(2) 如果我们要在打气棒上放上重物，它能够承受多少重量?

(3) 如果压在上面的是一辆汽车，它还能承受吗?

(4) 教师引导学生归纳：如何才能实现目标呢?

(5) 教师小结：

目标的实现跟目标的难度有关，目标的实现更是跟个人的信念和一定要达到目标的决心有关。此外，我们还要根据自己的实际情况和能力调整自己的目标。能力与信念，只有两者都具备，才有可能成功。

2．**本课总结：引导学生归纳**

（1）充分认识你自己；

（2）要有强烈的愿望；

（3）白纸黑字写下来；

（4）时时思考怎么做；

（5）要克服内心障碍；

（6）将行动坚持到底。

3．**交流与分享**

学生把完成的"DIY 我的目标"传给旁边的同学，让他写上一两句话并签名，这是同伴的鼓励，也是自己坚持向目标迈进的动力！

【活动反思】

根据马斯洛的需要层次理论可知，每个人的内心深处都有实现自我、追求成功的需要与愿望。在这一阶段，如果教师能够根据学生的性格特点、兴趣爱好、技能优势，帮助他们确定远大、明确、正确的人生目标，这样不仅能保证他们以良好的心态完成学业，更重要的是，对他们成年后以最佳技能贡献社会、实现自我价值具有深远的意义。

本节课以活动贯穿始终，大部分时间都交给学生体验交流和感悟，体现了心理健康教育的平等性、关爱性、参与性、体验性与实践性的结合。教师注意创设开放、和谐、健康的课堂氛围，让学生敢想敢写、畅所欲言并能及时作出反馈。课堂的高潮部分出现在"超级打气棒"的环节，当勇于挑战的同学真的吹起有厚厚书籍叠在上面的打气棒时，全场充满欢呼声、惊叹声、掌声，给学生的心灵以很大震动。

三、思想激励类活动注意事项

1．**教师要注意引导学生正确看待成功**

当下的思想激励教育浮躁而喧嚣，其根本原因是对"成功"的理解过于狭隘。很多人认为，作为学生只有成绩进入班级前列才算是成功，每次考试只有获得大幅度进步才算是成功；走向社会只有赚大钱、开靓车、做老板、做高官才算是成功。

中国网络电视台消息：据中国青少年研究中心的调查发现，有 83.6% 的中小学生父母要求自己的孩子要考进班级的前 15 名，这显然是一个不可能实现的愿望。所以，很多父母觉得自己孩子的表现总是不能让人满意，离成功的标准太远。这种思想不仅让孩子承受着巨大的压力，同时也让父母的心理背上了沉重的包袱。这种狭隘的成功观难免造成教育的功利和狭隘。因此，思想激励教育首先要正确看待成功。

什么是成功？在《每个孩子都可以成功》一书中，孙云晓对孩子的成功重新进行了定义，提出了"成功就是发展"、"成功就是选择"、"成功就是和谐"的现代成功理念。孙云晓指出，每个人在原有基础上获得发展就是成功，因为以分数和名次等所谓的统一标准评优劣，必定让多数人成为失败者。人是千差万别的，成长的基础与背景各不相同。所以成功就是发展，最大的成功是人能够可持续发展。成功就是选择，因为成功的道路有千万条，但对于个人而言仅有一条是最适合自己发展的路。对于一个奋斗的人来说，成功在于选择，而选择在于自知。成功者就是选择了最适合自己的路，失败者则是选择了最不适合自己的路。例如青年作家韩寒及泡泡网 CEO 李想，他们都没有选择千军万马过独木桥的高考之路，而是一个选择了适合自己的写作与赛车，另一个选择了适合自己的网络，最终都取得了人生的成功。成功就是和谐，幸福即成功，而和谐即幸福，一切失败可以归结为不和谐，一切成功也可归结为和谐。成功的非凡境界是三大和谐，即与人相处和谐，与社会相处和谐，与自然相处和谐。如果人生不和谐，那些即使考上名牌大学的学生也不一定成功，像中国政法大学某学生失恋后弑师的事件就是与人相处不和谐；西安音乐学院某学生开车撞人后再把受害人用刀捅死的事件就是与社会相处不和谐；清华学子硫酸泼熊及北大学生当众虐猫等事件就是与自然相处不和谐。这些事例说明：如果人生不和谐，即使表面上取得了别人眼中的"成功"，最终也会走向失败，甚至走向犯罪的深渊。

台湾作家林清玄则说：什么是成功的人？就是今天比昨天更有智慧的人，今天比昨天更慈悲的人，今天比昨天更懂得爱的人，今天比昨天更懂得宽容的人。这就是说，一个有精神追求的人，是天天要求进步的。

也许孙云晓老师和林清玄老师的成功观更应该成为我们教师、家长应持的成功观！正确认识成功不是为了鼓励大家不去追求成功，而是为了促进学生把追求成功的过程变成主动提升自我、发展自我、实现自我的过程，引导学生享受全方位的成长，享受成长中的喜悦和自我实现的快乐。

2. 注意激励目标的合理性和成长中的人文关怀

首先，要注意激励目标的针对性与合理性。学生是具有差异性的生命存在，因材施教是教育的基本原则。从权利的角度讲我们提倡人人平等，但是教师心中一定要清楚，由于个人素质、学习基础、家庭环境等各方面的差异，人和人在发展上的潜力是不对等的，每个人所能达成的目标也是不同的。因此，虽然目标对人的行为有导向和激励的功能，但同时，教师要明白，目标制定得越合理、吸引力越大，其导致的动机就越强。所以，在思想激励中要注意引导学生学会根据自身的基础和潜力设立合理的、可实现的目标，尤其是短期目标的制定要符合"最近发展区"原理，努力做到让孩子"跳一跳就能摘到桃子"。

其次，在实施激励教育时要争取给学生尽可能多的人文关怀，因为一次成功的思想激励活动不仅应该起到激励学生的作用，还应该起到方向引导和思想疏导的作用。学生是延续性的生命存在，不同的学生有着不同的生活与学习经历，这也决定了不同的学生在成长的过程中会面临不同的苦难，此时的他们不仅需要来自教师的思想激励，也需要成长过程中的生命关怀，需要教师对他们成长中的问题和困惑进行有针对性的指引与解决。

3. 教师应努力做到积极评价和具体指导相结合

首先，教师要做到积极评价。思想激励类活动需要通过活动树立学生的信心和斗志，因此对学生的优点，教师要及时给予肯定；对成绩不够突出或某方面有障碍的学生，教师应注意尽量为他们提供成功的机会，想方设法地挖掘他们的人格亮点和点滴进步，在必要的情况下不妨"小题大做"，让他们品尝成功的喜悦和被肯定的快乐，借此唤起他们的自尊心和自信心，激发他们奋发向上的斗志和勇气。

其次，教师要做到针对不同学生及其不同问题进行具体指导。虽然思想激励对人的行为有导向和激励的功能，但是思想激励的作用不是万能的，学生具备了成长的热情不等于他们具备了成长的能力。因此，教师除了要激发学生的斗志和勇气之外，同样重要的一环是帮助学生认清他们当下存在的问题，并尽量陪伴他们找到解决问题的方法。比如，同样是面对学习困难，有的学生存在的问题是基础差，学不会；有的学生是有基础，但不太聪明，难以有大幅度进步；有的学生则是人很聪明，但不够勤奋，努力程度不够。只有帮助学生找到他们存在的具体困难和制订具体解决方案，并帮助、跟踪学生的转变，才更有利于促进学生的成长。

4. 注意思想激励的延续性

俗话说，十年树木百年树人，培养人是一个漫长的工程。中学生正处在从幼稚走向成熟的过渡期，他们的生理迅速走向成熟，而心理的发展却相对滞后。这种生理和心理发展的不平衡性造成了中学生成长过程中的种种矛盾和冲突，表现出一种成熟前的动荡性、不稳定性。这种动荡性、不稳定性决定了一次思想激励活动在学生身上起作用的时间是有限的，如果想要学生长期保持高昂的斗志，就需要教师不断地以各种各样的思想激励活动来推动学生。因此，教师要注意对学生激励的延续性。

第十章

学会生存：社会适应类主题班会的设计与实施

一、社会适应类活动概述

马克思指出："人的本质并不是单个人所固有的抽象物。在其现实性上，它是一切社会关系的总和。"人既是自然人，同时又是社会人，人需要在生存和交往中明确自己的位置、实现自身的价值。因此，个人需要适应社会。个体要适应社会，就需要具备适应社会的能力。社会适应类活动就是在学生真正踏上社会、融入社会之前，引导学生逐渐生成适应社会的能力，明确自己的位置，懂得自己的需要必须切合社会的实际，自己的行为要符合社会的共同规范，并掌握独立处理社会生活中出现的问题的能力，以便达到个体与社会之间的平衡、和谐和统一的活动。社会适应类活动中应注重学生以下四个方面能力的培养：积极合理的自我认知、良好的个人习惯、较强的人际交往能力以及一定的社会实践能力。[①]

每一个个体都必须生活在社会群体中，形成良好的个人习惯对发展自我、适应社会有着重要的意义，可以说，养成良好的个人习惯是个体走进社会、融入社会的基石。课例"好习惯，好人生"就是以引导学生培养良好生活习惯、学习习惯为目的的班会课设计。同样，在日常生活与活动中，在学习、工作、劳动中，个体无时无刻不在与他人发生着联系，这就需要个体具备一定的人际交往能力。课例"沟通，从心开始"即是从沟通的重要性谈起，引导学生学会人际沟通的一些基本技巧，引导学生学会建立融洽和谐的人际关系。"认识自我，悦纳自我"则是让学生在认清自我的基础上，激发学生积极向上的斗志，最终通过努力提升自己来成就一个更加优秀的自己。

---

① 此部分参考赵志毅老师主编的《班级活动设计与组织》第117页，有修改。

二、社会适应类活动课例

课例1：好习惯，好人生

活动目的

（1）帮助学生了解好习惯和坏习惯的影响，意识到养成好习惯的重要性；
（2）帮助学生找到戒除不良习惯的方法，并作追踪管理。

活动准备

（1）提前打印"不良习惯治疗卡"；
（2）提醒学生带笔参加班会课。

活动场地

无要求。

【活动过程】

（一）活动导入，见识习惯

活动：叉手（1）

1. 活动过程

（1）全体注意，请大家半举双手，放于胸前；

（2）请全班同学跟随老师口令将双手交叉握在一起，连续做6次，最后一次，保持交叉状态；

（3）教师口令清晰地高举双手做示范。

2. 教师提问

请注意自己的手指是怎样交叉的，是左手大拇指在上还是右手大拇指在上？你每次手指交叉姿势一样吗？为什么？

学生：有的同学是左手大拇指在上，有的同学是右手大拇指在上，但是每次手指交叉的姿势都是一样的，因为习惯了这样叉手。

3. 教师小结

一个小小的叉手游戏让我们认识到，习惯无处不在，并经常在不经意间对我们产生着影响。同学们，"习惯"本身是一个中性词，也就是说，习惯有好习惯和坏习惯，养成一个好习惯可能让我们受益终身，养成一个坏习惯则可能让我们损失惨重。因此，本次活动我们的主题是：好习惯，好人生。也许有的同学会说："老师，习惯有那么大的影响吗？"关于这个问题，我们借助两个小故事来认识习惯的影响。

（二）故事分享，认识习惯

1. 小故事，大道理（1）

（1）故事呈现：

北京有一家外资企业招工，对学历、外语、身高、相貌的要求都很高，但薪酬挺高，所以很多人才都来应聘。过五关斩六将，终于到了最后一关：总经理面试。

一见面，总经理说有急事离开，让面试者等10分钟，他们很有礼貌地答应了。他们个个踌躇满志，得意非凡，闲不着就围着总经理的大写字台看，只见上面文件一摞，资料一摞，他们便互相传阅讨论着。

10分钟后，总经理回来了。他宣布面试已经结束，他们没有一个被录取。这些年轻人都很疑惑。

（2）讨论分享：

问题：各位同学，这些年轻人都很疑惑，请问你疑惑吗？为什么？

学生：不疑惑，因为他们没有经过他人同意就乱翻他人资料，这是很不好的习惯。

学生：没经过同意就翻看别人的资料会侵犯别人的隐私权，这是对别人的不尊重，所以他们都没有被录取。

2. 小故事，大道理（2）

（1）故事呈现：

20世纪60年代，苏联发射了第一艘载人宇宙飞船，当时挑选第一个上太空的人选时，几十个宇航员去参观他们要乘坐的飞船，进舱门的时候，只有加加林一个人把鞋脱了下来。他觉得这么贵重的一个舱，怎么能穿着鞋进去呢？

就加加林的这一个动作，让主设计师非常感动，他想：只有把这飞船交给一个如此爱惜它的人，我才放心。在他的推荐下，加加林成了人类第一个飞上太空的宇航员。

（2）讨论分享：

问题：你认为主设计师的决定有道理吗？为什么？

学生：有道理，因为脱鞋子这么一件小事实际上体现了一个人的修养。一个人的素质高低往往能在一些很细微的小事上体现出来，可以说小习惯体现了大修养。因此，主设计师的决定是英明的。

（3）教师小结：

是啊，小习惯，往往能够体现大修养，看来我们以后也要注意养成好的小习

惯才行。那同学们，"人无完人"这句话你们相信吗？（学生回答：信）那你们想不想改变不良习惯，养成好习惯呢？（学生回答：想）

过渡：从小到大，我们很多人都有过很多次想要改变不良习惯的努力，但是很多时候都前功尽弃了，这是为什么呢？也许下面这个小活动能够给我们一些启发。

（三）方法介绍，改变习惯

活动：叉手（2）

1．活动过程

（1）请大家恢复刚才的叉手状态（即按照习惯叉手的状态）；

（2）现在请大家重新叉手，要求手指交叉的顺序与之前顺序正好相反（例如本来左手拇指在上的改为右手拇指在上），连续做5次。

2．讨论分享

当姿势和刚才的姿势有所不同时，你有什么感受？这说明什么？

学生：感觉很不习惯，很不舒服。这说明当我们想要改变自己长期养成的习惯时，会不舒服、不适应。

3．教师小结

改变自己长期养成的习惯当然会伴随着不适，这也是我们以往很多次想要改变不良习惯却总是失败的原因。在意识到改变会伴随不适之后，我们是不是就无法改变不良习惯了呢？当然不是！只是，我们需要找到好的办法来帮助自己改正不良习惯。在此，老师向大家推荐一张卡片：不良习惯治疗卡。

不良习惯治疗卡

_____年_____月_____日

不良习惯：_____

怎样改进：_____

_____

_____

我邀请_____做我的评判人，提醒我要和坏习惯绝交。

一个星期后，我的表现怎样？

治疗结果：_____

评判人签名：_____

（1）给每个同学发放一张卡；

（2）学生自主完成卡片（为了提供参考，教师可以举例。如关于克服"做

事拖拉"的不良习惯，本人从以下三个方面去改进：第一，遇到事情马上去做；第二，如果不能马上去做，要在备忘本上记录下来，并明确完成时限；第三，如果不能按时完成，先做别的，下班后加班完成这份工作）；

（3）学生分享（在分享中，教师一方面要对学生提出的比较可行的措施给予积极回应，同时要对学生提出的不合理的做法给出建议，以确保改进措施的可行性）；

（4）教师小结：同学们刚才的分享不仅让我看到了你们改变不良习惯的决心，更让我看到了你们方法的可行性。有了坚定的决心，有了可行的方法，又有了外在的监督，我相信我们的同学一定能够改掉不良习惯，养成良好习惯。

（四）体验改变，确立信心

活动：叉手（3）

1. 活动规则

（1）现在请大家再次叉手，要求手指交叉的顺序和刚才改变后的顺序保持一致，连续10次；

（2）再次叉手，要求手指交叉的顺序和刚才改变后的顺序保持一致，连续10次；

（3）现在请大家再次叉手，连续10次。

2. 讨论分享

问题：请问大家现在感觉还和刚开始时一样不舒服吗？这说明什么？

学生：现在感觉好一些了，没有那种很强烈的不舒服的感觉了。这说明只要坚持，我们是可以改变习惯的。

3. 教师小结

刚开始改变习惯的时候总会伴随着不适的出现。但是，只要坚持下来，我们都能改变自己的不良习惯。同样，美国一则研究表明习惯是可以培养和改变的：

美国一项研究发现，养成一个习惯需要21天，就是说，一个习惯的形成，一定是一种行为能够持续一段时间，测算大致是21天。而且，不同的行为习惯形成的时间也不相同，有的需要30~40天。总之，时间越长习惯越牢。

【课堂总结】

通过这次班会，我们都认识到：良好习惯能帮助我们走向成功，使我们受益终身。播种行为，收获习惯；播种习惯，收获性格；播种性格，收获人生！好习惯成就人的一生，它是我们言行的导师，是描绘人生蓝图的五彩笔。同学们，让我们一起努力改掉坏习惯，培养好习惯，成就好人生！希望，三个星期后，我们的不良习惯治疗卡上收获的答案是肯定的！

课例2：沟通，从心开始

🎯 活动目的

（1）引导学生认识到人际沟通的重要性和必要性；

（2）传授给学生一些基本的人际沟通技巧，提高学生人际沟通方面的能力；

（3）培养学生理解和尊重他人的品质，培养学生和谐人格的形成。

活动准备

B5大小的纸张每人一张，从中间横折撕成两半，裁成正方形；每人一把小剪刀。

活动场地

无要求。

【活动过程】

（一）游戏导入，认识沟通的重要性

活动：撕纸游戏（1）

1. 游戏规则

请学生拿起一张纸，跟着教师的指示操作，要求不能向教师提出疑问，不能和别人交流，按照教师的指示自己独立完成。

教师指示：

（1）把这张纸上下对折；

（2）再把它左右对折；

（3）在对折好的纸的左上角剪掉一个直角边长为2厘米的等腰直角三角形；

（4）然后把这张纸左右对折；

（5）再上下对折；

（6）在右上角剪掉一个半径为2厘米的扇形。

现在请你把这张纸展开来看一下，它的形状是什么样的？

2. 讨论分享

学生展示自己所剪的图形，结果会发现大家的图形形状不一，各式各样。为什么相同的指示得到的结果却有如此大差异呢？

学生：单向沟通，又不能交流，虽然指示相同，但是每个人对指示的理解不同，所以结果也就不同。

3．教师小结

一个小小的游戏尚且因为理解不同和无法沟通而出现了这么多的结果，要是我们在人际交往中也如此，那后果将不堪设想。因此，人际交往需要我们具备理解和沟通的能力。导入新课：沟通，从心开始。

过渡：人际沟通是需要学习的，没有人天生就是沟通大师，每个人在与人沟通中都可能遇到这样那样的问题，这是非常正常的事情。关键是，我们要通过学习和思考来提高自己的沟通能力。世界著名成功学大师、心理学家卡耐基说："一个人的成功，15%靠专业知识，85%靠人际关系和处世技巧。"可见沟通能力的重要性。下面，就让我们一起来学习一下应该具备的沟通技巧。

（二）活动体验，探寻沟通的方法和技巧

活动：信任背摔——信任他人是人际沟通的基本原则

1．游戏规则

根据场地大小，组织学生两两对应站好，前面一排同学站在稍高点的地方，合起双臂抱于胸前，向后直躺；后面的同学距离前面的同学大约0.5米远，双臂前托，用力接住前面倒下的同学。交换位置，循环三次。

2．思考分享

可供思考的问题：第一次倒下的那一刻你害怕吗？你相信他/她会稳稳地托住你吗？第三次倒下的时候你还害怕吗？

学生分享：第一次倒下的时候，心里感觉很害怕，所以总是想确认对方有没有做好准备，甚至倒下去的时候身体都是弯曲的；第三次倒下去的时候就基本不害怕了，因为有了前两次的经验，感觉对方是可信的。

3．教师小结

刚才的小活动让我们感受到一个简单而实用的道理：人与人之间需要互相信任，能放心倒下去的人是信任别人的人，而接住别人的人是被人信任的人。这种信任是相互的，同时也是有前提的，那就是：要想得到他人的信任，首先我们要信任他人，主动地给予他们我们的信任。同样，人际交往的前提也是互相信任，这是人际沟通最基本的原则，也是最有效的技巧，所谓"日久见人心"即是如此。

活动：撕纸游戏（2）——双向沟通有助于人际沟通的顺利进行

1．游戏规则

请学生拿起一张纸，跟着教师的指示操作，这次可以向教师提出疑问，可以和别人交流。

教师指示：

（1）把这张纸上下对折；

（2）再把它左右对折；

（3）在对折好的纸的左上角剪掉一个直角边长为2厘米的等腰直角三角形；

（4）然后把这张纸左右对折；

（5）再上下对折；

（6）在右上角剪掉一个半径为2厘米的扇形。

现在请你把这张纸展开来看一下，它的形状是什么样的？

学生展示自己所剪的图形，结果会发现大家的图形基本一样。

2. 讨论分享

为什么第一次剪纸的结果很多不一样，而第二次剪纸的结果则很多都一样呢？

学生：因为第二次游戏时可以双向乃至多向沟通，尤其是当老师的指示不明确的时候，同学们能够及时主动地询问，以确保理解的正确性。

3. 教师小结

在容易产生误解的时候，主动沟通能更好地促进人际理解的顺利进行。

活动：传音接力——沟通时注意语言表达的准确性

1. 游戏规则

教师发给每组最前面的一位学生一张纸条，教师喊"一二三"，学生把纸条打开，看清以后以耳语的形式告诉下一位学生，一个接一个传下去，每个人只准说一遍，不能让别人听到，最后一位学生把听到的写在小卡片上交给教师。比一比哪组说得又对又快。

2. 游戏结果

老师给同学的是同一个内容（蚱蜢是虫，不能说成龙），经过耳语传递后却变得五花八门。

3. 教师小结

一方面，沟通时我们应尽量注意语言表达的准确性；另一方面，在可能的情况下应直接沟通，尽量减少信息传递过程中的误会。

活动：蒙眼工作——学着站在对方的角度去理解和思考

1. 活动规则

两名学生参加，其中一名学生蒙上眼睛完成黑板上的一些简单试题，另一名学生用语言指导和帮助他（身体不能直接接触），画好后请两名学生谈体会。

2. 感悟分享

我们只有充分体会到对方的感受才能更好地完成沟通。

3. 教师小结

己所不欲，勿施于人；同样，己所欲，施于人。我们希望别人能够站在我们的角度思考问题，我们也需要经常设身处地站在他人的角度，考虑他人的感受，这样能帮助我们更好地完成沟通。

（三）实践应用，人际沟通我能行

你有没有和哪位同学因为沟通不畅发生过误会？你有没有感觉在和父母沟通的时候存在困难或障碍？请你使用今天学会的技巧与他/她进行沟通吧！请大家把自己沟通的情况和存在的问题在周记中告诉老师（如果时间允许，留时间给学生在课堂上沟通；如果时间不允许，可以放到课后沟通，班主任要有后续跟进）。

【课堂总结】

这节课通过一系列的活动体验，我们掌握了相互信任、双向沟通、准确表达以及站在他人的立场思考问题四种人际沟通方法和技巧。下面，请大家在熟悉的歌声中，运用本节课学会的技巧，用表示友好的各种动作、语言（握手、微笑、问候、拥抱、点头等）来表达我们与老师、与同学主动交往的愿望，体验与人沟通带来的快乐！如果同学们以信任的态度加上合适的技巧去与人相处，一定会收获和谐的人际关系，收获温暖的友情！

三、社会适应类活动注意事项

1. 引导学生正确认识自己

良好社会适应的第一步是良好的自我认知和自我定位。因此，在社会适应类活动中，教师首先要引导学生正确地认识自己，形成良好的自我认知。良好的自我认知主要表现在三个方面：不自大、不自卑、积极客观。

引导学生做到不自大。很多学生在成长过程中习惯了以自我为中心，习惯了一家人围着自己一个人转，逐渐养成了以自我为中心、不顾及他人感受的不良习惯。因此，作为教师，要让学生明白我们每个人都是父母心中的宝贝，每个人都应该得到同样的保护和尊重，要想自己得到别人的认可和尊重，自己首先要学会认可和尊重别人，做到尊重基础上的平等交往和和谐相处。

引导学生做到不自卑。学生在成长过程中会呈现出一定的差异性，由于衡量标准的不同，学生呈现出的差异往往会被教师、家长和学生自身理解为"差距"，甚至有些学生会被贴上"差生"、"后进生"等标签，这极容易导致学生的不自信甚至是自卑心理。因此，作为教师，要引导学生认识到世界上没有两片完全相同的树叶，更没有两个完全相同的个人，人和人之间有差异是正常的。差异不等于差距，因为每个人都有自己的长处，不能用自己的短处和别人的长处相对比，而应该发现自己的优点和不足，客观评价自己，做到不自卑。

在做到不自大、不自卑的基础上，教师要尽量引导学生学会客观积极地评价自己，以培养学生积极的人生态度。有这么一个故事：

联合国前秘书长加利曾在战争千钧一发之际去伊拉克斡旋，实现了和平。他说，是中学老师的一课改变了他的思维模式。那节课上，老师先拿出一张白纸，中间有一个黑点。老师问同学们看见了什么，全班同学盯住白纸，齐声喊出：一个黑点。老师沮丧地说，这么大的白纸没看见，只盯住一个黑点，将来你的一生是非常不幸的。眼光集中在黑点上，黑点会越来越大，最后整个世界变黑了。整个教室寂静无声。在沉默中，老师又拿出一张黑纸，中间一个白点。老师又问看见了什么？同学们一齐喊道：一个白点。老师欣慰地笑了，说：太好了，无限美好的未来在等着你们。"即使全世界都认为伊拉克战争乌云密布，一触即发，而我却看见了一线和平的曙光。"

可见，积极认知给人带来希望和行动。毛泽东在《为人民服务》一文中这样写道："我们的同志在困难的时候要看到成绩，要看到光明，要提高我们的勇气。"这可以作为我们培养学生积极的人生态度的座右铭。

2. 顾及学生角色的转变和环境的改变

学生从跨入校门的第一天起，他的角色就由"孩子"变成了"小学生"，跨入中学，身份又由"小学生"变成了"初中生"；然后又变成"高中生"、"大学生"等，虽然他在很长一段时间内仍旧是孩子；同时，在参与各种班级活动时，学生会因活动性质、形式的不同而扮演不同的角色，如活动的组织者、参与者、管理者；在参与班级管理和班级建设时，他们的身份又可能是"班长"、"学习委员"、"纪律委员"等。这一系列角色的转变都可能给学生带来不适，因此在学生的角色或身份发生重大转变之际，教师设计组织班级活动时应充分考虑这一问题，有针对性地为学生提供指导和帮助。

首先，教师要引导学生熟悉新的环境和新的角色。脱离以前熟悉的环境进入一个新环境，学生往往会在感到新鲜的同时伴有一定的恐惧感和不确定感。为了快速消除学生的恐惧感和不确定感，教师一方面要向学生介绍新环境的基本情况和各种设施（如饭堂、宿舍、操场、厕所等所在的位置），一方面要以各种活动带动学生之间的交往，推动他们由陌生走向熟悉，以友谊的温暖消除他们离开家庭和朋友的孤独感，从而引导他们快速适应新环境。

其次，教师要给学生提供一个适应新环境、新角色的时间和空间。每个学段都有该学段的特征，每个学校都有自己的规章制度，而且不同学校之间的规章制度难免会存在一些差异。因此，学生在小学、初中阶段养成的各种习惯不一定适用于高中阶段的学习和生活。此时，教师要以宽容、理解的心态对待学生，以等待花开的心情为学生提供一个适应新环境、新角色的时间和空间，从而让学生得以更加从容地适应新环境、新角色。

最后，教师要引导学生知道应该做什么和怎么做。社会和学校对不同学段学生的要求是不同的，因此，教师有义务让学生知道本学段学校和社会对他们的要求，让他们知道自己应该做什么和可以怎么样，这样更有利于他们对新环境、新角色的适应。

3. 注意引导学生掌握适应社会、人际交往的相关技巧

适应社会离不开人际交往，人际交往离不开一些基本的交往技巧。因此，此类班级活动要让学生掌握人际交往的相关技巧。如在"沟通，从心开始"的班会课中，在认识到沟通的重要性之后，活动的重点就放在对沟通技巧方面的探讨上，最终给出一些沟通技巧的建议：信任他人是人际沟通的基本原则；双向沟通有助于人际沟通的顺利进行；沟通时注意语言表达的准确性；学会站在对方的角度去理解和思考等。

第十一章

共生共赢：团队合作类主题班会的设计与实施

一、团队合作类活动概述

1994 年，斯蒂芬·罗宾斯首次提出了"团队"的概念：为了实现某一目标而由相互协作的个体所组成的正式群体。在随后的十年里，关于"团队合作"的理念风靡全球。

团队合作指的是一群有能力、有信念的人在特定的团队中，为了一个共同的目标相互支持、合作、奋斗的过程。班级建设中的团队合作指全班同学为了一个共同的班级目标相互支持合作、共同奋斗的过程。班级中的团队合作精神不是伴随班级的组建自然产生的，而是在班级经营者有意地经营和打造之下才逐渐产生的。因此，团队合作类活动就是为了提高班级凝聚力、班级认同感、荣誉感和团队合作精神而组织的班级活动。

二、团队合作类活动课例

课例：优秀四班，你我共建

🖐 活动理念

每个班主任都要面对班级建设问题，尤其是接手新班级时更需要加强班级建设，增强同学们对班集体的认同感和归属感，从而让他们积极地为班集体建设献计献策、贡献力量。为了进一步深化、提升同学们对班集体建设的认识，激励同学们积极参与班级建设，我采用体验式活动的方式组织了"优秀四班，你我共建"的主题班会活动。

活动目的

（1）让同学们认识到团队合作的重要性和必要性；

（2）通过团队活动，让同学们意识到团队之间应该互相理解、互相支撑、朝着同一个目标努力；

（3）引导同学们为建设新班级献计献策，并贡献自己的力量，积极投身于班级建设之中。

活动准备

（1）制作班会课课件；

（2）活动道具准备：一叠纸、吸管、黄豆、塑料碗；

（3）安排学生做工作人员，布置班会场地。

活动场地

心理活动室，或者比较空旷的场地。

活动过程

（一）"撕纸"导入，感悟团队力量

1．活动过程

（1）老师的手里有一叠纸，请问怎样才能轻松地把它们撕破？

学生讨论，得出结论：一张一张撕，因为一张一张撕更容易撕破。

（2）老师的手里有一张纸，请问怎样才能增强这张纸的力量，使它变得更强大、更安全，不容易被撕破？

学生讨论，得出结论：加入一叠纸中，形成一个整体。

2．教师小结

一张纸的力量是弱小的，但是当一张张纸团结在一起组成了团队，他们的力量便开始强大起来，这就是团队的魅力。如同我们一个个同学走到一起，形成高一（4）班，只有我们把高一（4）班建设成了一个优秀的班集体，我们的力量才会强大起来。因此，今天我们班会活动的主题是"优秀四班，你我共建"。

【过渡】

我想我们每个同学都渴望生活在一个优秀的班集体中，那么应该怎样做才能建设一个优秀的班集体呢？为了解开这个谜团，让我们一起进入一场竞赛：搬运工。导入第二个环节。

（二）活动体验，感悟团队建设

竞赛：搬运工

1. 竞赛流程

（1）在场地两头放 8 张椅子，每张椅子上放一个碗，一侧的碗里有"金豆"（黄豆）若干。

（2）每组选 1 名代表参加比赛，用吸管吸着将"金豆"从一侧搬运到另一侧的碗里（不能用手）；60 秒内搬运"金豆"最多的两个小组获胜；搬运"金豆"最少的小组将获得无理由拒绝的"有氧健身运动机会"（男生每人 10 个俯卧撑，女生每人 10 个仰卧起坐）。

（3）全班共分 4 个男生小组，4 个女生小组，每场活动 4 个参赛小组各选 1 名代表出场，先男生小组后女生小组（在各小组选选手的同时，提前安排好的相关工作人员完成场地布置）。

（4）选手就位，活动开始。活动在选手们紧张的奔跑中开始，在同学们的加油声中进行，两分钟的比赛时间显得如此的紧张和精彩。

2. 感悟分享

问题 1：采访没有上场比赛的同学，刚刚你们组的代表在台上参加比赛的时候，你在忙什么？

生 1：我在忙着为他加油，又不敢大声喊出来，怕影响他的注意力。

生 2：我一直很紧张，当他顺利的时候，我为他高兴；当他遭遇困难的时候，我为他着急。好像比我自己上台比赛还紧张。

问题小结：虽然每个小组只有一个人上赛场，但是在他的背后我分明看到一个忠实可靠的团队在支持他。同学们，我真为你们感动，为你们的互相支持而感动。我想，这就是建设优秀集体所需要的第一个重要因素：成员之间要互相支持、鼓励，告诉他，你不是一个人在战斗，你的背后有一个非常坚实的团队在支持你！（热烈的掌声）

问题 2：采访参加比赛的同学，你听到队友的感受，现在你有什么感受？

生 1：从他们的加油声中我听到了支持，获得了力量，让我更加努力地参与竞赛。

生 2：虽然我一个人代表整个组上"战场"，但是我一点儿都不害怕，因为有他们的支持。（热烈的掌声）

问题小结：是啊，来自队友的支持让我们不孤独、不害怕，让我们勇敢地参与挑战。

问题 3：采访获得"有氧健身运动机会"的小组成员，你们的小组代表在比赛中为你们"赢得"了有氧健身运动的机会，会不会对这个结果不满意？

生1：不，我们能接受这个结果，因为他已经尽力了，尽力了就好，不用太在乎结果。

生2：我们能承受这个结果，因为大家是一个团队，成功是大家的，失败也是大家的，我们要一起承担。（同学们报以热烈的掌声）

（之后，搬运"金豆"最少的男生小组完成了每人10个俯卧撑，女生小组完成了每人10个仰卧起坐。完成"有氧健身运动"后，每个同学仍旧坚持不后悔，很让人感动。）

问题4：采访搬运"金豆"最少的两个小组的参赛代表，问他们有什么感想，如果下次还有这种比赛，你们还敢参与吗？

生1：感觉很幸福，在这样的一个团队中，成功和失败大家都共同承担，只要尽力了，就没有人会责怪我。所以，虽然我没有为小组赢得比赛，但是我知道我尽力了，以后如果还有这种比赛，我仍旧会积极参加。

生2：虽然我没有赢得比赛，但是我们小组的成员还是一个个给了我拥抱和鼓励，让我感到很幸福，让我觉得我的努力是值得的。

教师小结：

同学们，刚才你们带给了我很多很多的幸福和感动，当我听到"成功是大家的，失败也是大家的"时，当我听到"只要尽力了，就没有人责怪"时，我真为你们感到骄傲。你们用实际行动告诉我：既然大家是一个团队，就应该共享成功的喜悦、共担失败的后果。

【过渡】

团队成员除了需要互相支持和团结一致共同承担责任外，还需要具备什么精神呢？让我们继续感悟团队，一起挑战"梦想长城"。导入第三个环节。

挑战：梦想长城

1. 挑战流程

（1）将8张椅子围圈放（请相关同学完成场地布置）；

（2）每个小组选出两名代表，然后男生一组，女生一组，8位队友脚朝顺时针方向围圈坐在凳子上，将自己的头（提醒：不是肩膀，因为仅仅用头和腿的力量挑战性更大）靠在后面一个队友的腿上，同时用自己的腿支撑起前一位队友的头；

（3）8名工作人员按指示撤走凳子，看看每组能坚持多久；

（4）提醒：撑不住的时候要先把手放在地上，然后才放下身子，以免摔倒。

2. 活动过程

（1）各小组经过激烈讨论，终于选出了代表。

（2）首先，男生 8 名代表按照要求围成了一圈。在撤去椅子前，我逐个采访，问他们自己觉得能坚持多久。8 名男生代表给出的最长时间是 35 秒。随后，在确保各位同学都准备好的情况下，工作人员撤掉椅子，全体同学一起为他们数数：1、2、3、4……

虽然 8 名男生的腿和头都在打战，但是他们仍旧紧握双手、闭着眼睛坚持着，直到 50 秒才放弃。

（3）然后，女生 8 名代表按照要求围成了一圈。在撤去椅子前，我逐个采访，问她们自己觉得能坚持多久。8 名女生代表给出的最长时间是 36 秒。随后，在确保各位同学都准备好的情况下，工作人员撤掉椅子，全体同学一起为她们数数：1、2、3、4……

虽然 8 名女生的腿和头都在打战，但是她们也紧握双手坚持着，直到 62 秒才放弃。

两队的坚持不仅让他们赢得了挑战，更赢来了同学们热烈的掌声和感叹声。

3. 采访学生，分享感受

问题 1：采访参加挑战的队员，刚才你在参加比赛的时候，请问你的注意力是放在腿上还是头上？

生 1：我的注意力主要在腿上，因为我一定要撑住我前面的人不能让他掉下去。

延续采访：那你不怕自己的头会掉下去吗？

生 1：不怕，因为我相信我后面的队友不会把我摔下来的。我们每个人都必须信任队友，这样才能挑战成功。

问题小结：是啊，在团队中，当我们朝着同一个目标努力的时候，除了咬定目标不放松外，很重要的一点是我们一定要彼此支持、互相信任，这样我们才能实现目标。

问题 2：采访参加挑战的队友，刚才参加比赛的时候，我看到到后来你紧闭双眼、紧握双手，我感到你坚持得很辛苦，当时你在想什么？为什么那么辛苦还要坚持？

生 1：当时我在想，一定要坚持再坚持，整个团队的挑战不能因为我一个人的放弃而失败。

延续采访：为什么你认为你一个人放弃了整个团队的挑战就失败了？

生 1：当然了，团队是由我们每一个人组成的，我们任何一个人出现问题都会给团队带来不可想象的后果，所以，我们每一个人都要坚持。

问题小结：同学们，他们真是为我们上了很好的一课，他们用实际行动告诉我们：团队是靠每一个人撑起来的，作为团队的一员，我们要互相信任，而且我们中的每一个人都要积极发挥自己的力量，这样才能建设一个优秀的团队！

【过渡】

同学们，作为四班的一员，你们想把我们班建设成一个怎样的团队呢？怎样才能把我们班建设成你们理想中的团队呢？导入第四个环节。

（三）群策群力，共建优秀班集体

（1）呈现我们的目标：把四班建设成一个"自主、快乐、和谐、成功"的优秀班集体！

（2）我的思考：为了实现目标，你打算用哪些行动来把班级建设成一个"自主、快乐、和谐、成功"的优秀班集体？

（3）共建班级行动表：

班级目标	"自主、快乐、和谐、成功"的优秀班集体
我的态度	
我的行动	1. 2. 3. ……
阶段效果 自我检阅	
我的誓言	

【班会总结】

生活、学习在一个优秀的班集体是我们每一个人的愿望，建设一个优秀的班集体需要我们每一个人的努力！当我们积极地互相支持，当我们不埋怨、共担责任，当我们齐心协力，每一个人都尽心尽力为团队努力时，我想，优秀四班，离我们已不太遥远！同学们，让我们一起努力，共同把四班建设成一个"自主、快乐、和谐、成功"的优秀班集体！

三、团队合作类活动注意事项

1. 应尽量做到班级成员之间统一思想、目标一致

既然班级建设中的团队合作是指全班同学为了一个共同的目标相互支持合作、共同奋斗的过程，那么全班拥有一个共同的目标就显得尤为重要。因此，在

开展班级活动时努力做到成员之间统一思想、目标一致也就显得尤为重要。对此，可以从以下几个方面来开展工作：

第一，班级成员之间充分讨论，呈现不同观点，并争取达成共同认可的总目标。对于同一个问题难免会有各种不同的观点。在团队建设之初，班主任要引导学生充分讨论，呈现不同的观点，在此基础上引导学生考虑各种观点的利弊，争取达成班级成员共同认可的总目标，以此总目标引领各个阶段班级活动的开展。

第二，在具体活动中班主任要鼓励不同观点之间的良性"冲突"。对于班主任而言，要避免被团队内部虚伪的和谐氛围所误导，要采取种种措施，努力引导和鼓励适当的、有建设性的良性"冲突"，借此将被掩盖的问题和不同意见摆到桌面上，通过讨论和合理决策将其解决。否则，隐患迟早有一天会爆发，会更不利于团队的建设。因此，团队之间的良性"冲突"有助于班级确立更加理性的奋斗目标。

第三，在班级活动中要遵循重视多数人、尊重少数人的原则。作为班级建设中最有影响的一员，班主任应该在同学们充分呈现观点的基础上，尽量做到重视多数人的观点，把多数人的目标确立为班级建设的总目标，同时要遵循尊重少数人的原则，引导他们从大局出发，积极为团队建设贡献力量。

2. 在共同目标的统领下为个性的展现提供舞台

很多教师在团队建设中不喜欢彰显个性的学生，他们希望学生能够削弱自我意识，尽量与团队达成一致，这想法本无可厚非。但是，团队建设不应该以牺牲学生的个性特征和创造力为代价。班级中的每一个人都是一个活生生的具有鲜明个性的个体，不同的能力和个性特征决定了他们在建设班级的过程中发挥的作用、扮演的角色会有所差异，一个真正优秀的团队应该能够为其成员提供发挥个人才华和展现个性特征的舞台。正是团队中的每一个具有鲜明个性的人各自发挥自己的才华，互补互帮，才能更有力地推动团队的成长。

对于多数管理专家而言，《西游记》中的唐僧师徒组合不能算是一个合格的团队：其团队成员要么个性鲜明，优点或缺点过于突出，实在难以管理；要么缺乏主见，默默无闻，实在过于平庸。但就是这么一群对团队精神一窍不通的个性突出的典型人物组合在一起，克服了常人难以想象的种种困难，最终完成任务取回了真经！

其实，换个角度来看，个性也许并不是那么可怕。

作为团队领导人和协调者的唐僧，虽然处事缺乏果断和精明，但对于团队目标抱有坚定信念，以博爱和仁慈之心在取经途中不断地教诲和感化着众徒弟。

队中"明星员工"孙悟空是一个不稳定因素：虽然能力高超，交际广泛，疾恶如仇，但桀骜不驯，喜欢单打独斗。不过，他对团队成员有着难以割舍的深厚感情，同时有一颗不屈不挠的心，为达成取经的目标愿意付出任何代价。

也许很少有人会意识到，猪八戒对于团队内部的承上启下起着多么重要的作用。他的个性随和健谈，是唐僧和孙悟空这对固执师徒之间最好的"润滑剂"和沟通桥梁，虽然好吃懒做的性格经常使他成为挨骂的对象，但他从不会因此心怀怨恨。

至于沙僧，每个团队都不能缺少这类员工，脏活累活全包，并且任劳任怨，还从不争功，是领导的忠实追随者，起着保持团队稳定的基石作用。

因此，团队中的每个团队成员都会有个性，这是无法也无须改变的，而团队管理的艺术就在于如何发掘组织成员的优缺点，根据其个性和特长合理安排岗位，使其达到互补的效果。

3. 团队合作中要努力建设和谐的人际关系

和谐的人际关系是团队合作的基础，是团队成员朝着同一个目标努力的前提。建立和谐的人际关系需要团队成员之间做到如下几点：

第一，平等友善。人和人相处的第一步是平等，不管是老师还是学生，是班干部还是普通同学，都应该以平等、友善的态度对待他人。师生之间、生生之间相处具有相近性、长期性、固定性等特征，随着时间的推移彼此之间会有比较深刻的了解，因此更要特别注意平等友善、真诚待人。信任是联结同事间友谊的纽带，真诚是同事间相处共事的基础。

第二，常态交流。人和人之间会存在某些差异，知识、能力、经历等方面的差异会使不同的人面对相同的工作作出不同的判断和选择。交流是协调的开始，把自己的想法说出来，同时也听听对方的想法，这有助于和谐人际关系的建立，有助于团队的和谐。

第三，目标引领，大局为重。当团队成员之间发生小摩擦时应及时通过沟通等途径消除，就算摩擦暂时没有被消除，也应引导学生为了实现班级目标，先以大局为重，活动结束后再进行进一步的沟通和协调。

第十二章

成长之本：学习促进类主题班会的设计与实施

一、学习促进类活动概述

学习促进类活动是在班主任的指导下，有目的、有计划地为培养学生学习品质，提高学生学习能力而举行的教育实践活动（简言之，学习促进类活动是教师以提高学生学习品质为目的而设计的活动）①。

一个人的学习品质集中体现在一个人的学习力上，所以，学习促进类活动的一个重要目标是提高班级成员的学习力。美国学者佛瑞斯特（Jay Forrester, 1965）最早提出了学习力这一概念。佛瑞斯特将注意力集中于组织学习力的培养上，他运用系统动力学原理非常具体地构想出未来企业的思想组织形态——层次扁平化、组织咨询化、系统开放化，逐渐由从属关系转向工作伙伴关系。同时他指出，学习型组织应包括五大元素，分别为建立共同愿景（Building Shared Vision）、团队学习（Team Learning）、改变心智模式（Improve Mental Models）、自我超越（Personal Mastery）和系统思考（System Thinking）。到20世纪90年代，学习力逐渐成为知识经济时代应运而生的一项前沿的管理理论，众多的学者开始对学习力进行论证。综合各家观点，赵志毅老师指出：学习力就是一个人的学习动力、学习能力和学习毅力的总和。

当今社会竞争越来越激烈，学生的学习压力和教师的教学压力也越来越大，因此学校领导和班主任对学习促进类活动的开展都非常重视，诸如"学法指导"、"考试动员"、"备考激励"、"专注"、"拼搏"等班级活动遍地开花，展示了学习促进类活动广阔的市场和强大的生命力。笔者在班级建设中所开展的学习促进类活动是以佛瑞斯特关于学习型组织的五大元素作为方向性指导而进行的。

---

① 赵志毅. 班级活动设计与组织. 南京师范大学出版社, 71~73.

二、学习促进类活动课例

课例1：我的备考我做主

活动理念

学生和老师都需要面对一次次的考试，如何引导学生学会掌握个人学习中的自主权，引导学生学会规划时间，提高学习效率，消除知识盲点成为每个老师必须面对的问题之一，也是提高学生学习力的关键所在。

活动目的

（1）激发学生追求进步、主动发展的意识；

（2）让学生意识到时间的宝贵，从而学会珍惜时间、规划时间；

（3）教会学生提高效率的技巧，引导学生学会掌握备考的主动权。

活动准备

A4纸张每人一张横折撕开，挂钟一个。

活动场地

教室或其他场所，场地不限。

活动过程

（一）调查导入，激发斗志

1. 问卷调查，统一回答，营造氛围

（1）你渴望取得中考的成功吗？

学生（齐声）：渴望。

（2）你渴望取得高考的成功吗？

学生（齐声）：渴望。

（3）你渴望取得人生的成功吗？

学生（齐声）：渴望。

（声音越来越大，氛围迅速提高）

2. 成功学大师语录

成功需要三个基本前提：

第一个：拥有强烈的成功"渴望"；

第二个：拥有非常强烈的成功"渴望"；

第三个：拥有非常非常强烈的成功"渴望"。

再问一遍：你渴望成功吗？

学生（齐声且最大声地喊）：渴望。

3. 教师小结

从大家洪亮而整齐的回答声中，我感受到了大家对成功的渴望，老师感到很欣慰。同学们，作为学生，我们经常要面对的一大挑战是考试，如何在考试前积极备考、在考试中正常发挥取得理想的成绩是我们本节班会课要讨论的话题。因此，我们今天的班会课主题是：我的备考我做主。首先，让我们一起来认识我们必须面对的中考和高考是什么性质的考试。

（二）认识考试：请你做评委

活动：请你做"评委"（1）

（1）小组讨论，选出最长的一条线段。在学生回答等长的时候，教师向学生强调：各条线段绝不等长。

（2）全班统计：结果显示，几乎所有选项都有人选，而且票数持平，没有哪个选项特别突出。展示结果：E 最长，比所有的线段都长了 1mm。

活动：请你做"评委"（2）

（1）小组讨论，选出最长的一条线段。

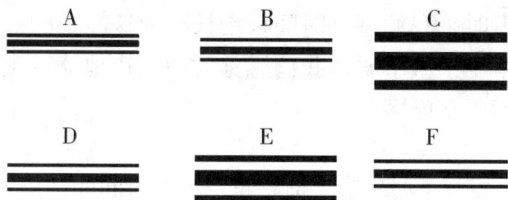

（2）结果统计：所有人都毫无悬念地选了 E。

【讨论分享】

（1）两次都是 E 最长，但是为什么第一次大部分人没有能够选出 E，而第二次几乎所有人都选 E？

（2）学生分享：第一次没有能够选出 E，因为虽然它是最长的，但是长得实在是不明显，根本看不出来；第二次则长得很明显，所以很容易看出来。

得出结论：有时候我们没有胜出，不是因为我们不优秀，而是因为我们不足够优秀。这就如同考试，尤其如同中考、高考等选拔性考试，很多时候我们没有能够考到理想的学校，不是因为我们不优秀，而是因为我们不足够优秀。因此，我们要想在各类考试、比赛中胜出，要做的就是努力把自己变得更优秀！这就需要我们把握备考的主动权。

（三）方法探索，明确方向

活动：60 秒

1. 活动过程

（1）猜猜 60 秒：所有学生闭上眼睛，老师发出开始的指令，学生开始在心里默默计时。当学生感觉时间够 60 秒的时候站起来并睁开眼睛，记住自己所用的时间，但是不能说话，不能指示其他同学。——结果预设：学生普遍感觉 60 秒时间很长。

（2）运用 60 秒：分小组进行比赛，第一、二小组的任务是尝试在 60 秒内能够写多少次自己的名字；第三、四小组的任务是尝试在 60 秒内能够写多少句：Yes，I can！小组长统计出本组的最大次数和平均次数。——结果预设：学生普遍感觉 60 秒时间很快就过去了，但是任务都完成得还不错。

（3）认识 60 秒（展示）：60 秒，激光可以走 1 800 千米，等于绕地球 45 圈；60 秒，最快的电子计算机可以运算 90 亿次，等于 60 个人不停地计算一年；60 秒，最快的战斗机可以飞行 50 千米；60 秒，核潜艇能航行 12 000 米；60 秒，人造卫星能行走 1 920 千米；60 秒，高速火车能开 1 980 米。

2. 感悟分享

在我们无所事事时，我们感觉时间很漫长，而这漫长的一分钟内我们一无所获；当我们忙于竞争忙于做事时，我们感觉时间飞快地就过去了，在这忙碌而充实的一分钟内，我们收获颇多。

3. 教师小结

时间对每个人来说都是公平的，但是每个人对时间的利用都是不对等的。掌握备考主动权的一大因素是掌握时间利用上的主动权。时间是宝贵的，不能轻易浪费哪怕是一分钟的时间。充分利用时间，是掌握备考主动权的一个基本因素。

【过渡】

除了充分利用时间之外，还有什么需要注意的呢？

活动：鼓掌

1．活动过程

（1）请全体同学鼓掌 20 秒；

（2）请全体同学鼓掌 40 次；

（3）请全体同学在 20 秒内鼓掌 60 次。

2．思考

三次鼓掌，哪一次你的速度最快、状态最投入？为什么？

3．感悟分享

第三次鼓掌速度最快、状态最投入，因为第三次鼓掌不仅有明确的目标（60次），而且有明确的时间限制（20 秒），这在无形中增强了我们的紧迫感。

4．教师小结

在学会充分利用时间之后，我们还要学会合理安排时间，因为合理安排时间有助于我们提高学习效率。当然，这里面有一个目标和时间对应可行性的问题，如果我们把目标定为 20 秒之内鼓掌 300 次，很明显是不可能的，也是会打击大家积极性的。因此，目标的制定既要有明确的时间要求，又要确保在明确的时间内具有实现目标的可能性。

这个活动告诉我们，提高效率的技巧在于在明确的时间内完成明确的、可实现的任务。因此，以后在我们的复习中，要学会把可利用的时间划分为若干复习时间段，并明确每个时间段需要完成的复习内容，这样更有利于我们的复习。

活动：纸飞机与千纸鹤

1．活动过程

（1）拿一张纸，叠一只纸飞机；

（2）拿一张纸，叠一只千纸鹤。

（注：学生学叠千纸鹤需要 5 分钟左右时间，在此期间，教师走近学生，观察学生的表现。比如：有些已经会叠的在复习叠法，有些不会叠的在主动学习，另一些不会叠的则很被动，没有积极参与）

2．讨论分享

问题：如果纸飞机相当于"已知"知识，千纸鹤相当于"未知"或"未完全知"的知识，在考试之前的备考阶段，我们怎么做才更有利于我们的进步？

学生分享：在学习中把主要精力专注于"未完全知"的知识更有助于我们的进步，当然，还要记得对"已知"知识及时进行巩固。

3. 教师小结

如同纸飞机和千纸鹤，我们学习中的知识大体可以分为"已知"知识、"未知"知识、"未完全知"知识三种。对"已知"知识，我们要进行阶段性复习；对"未完全知"知识，我们要在学习之后及时吃透知识并多次巩固；对"未知"知识，我们则应该像刚才那些不会叠千纸鹤但主动学习的同学一样，以主动的、积极的精神去学习，去主动获取知识。在考试之前的备考阶段，则建议大家把主要时间放在对"已知"知识和"未完全知"知识的复习上，这样更有利于我们成绩的快速提高。

（四）活动延伸

（1）每人发一篇文章：朱自清的散文《匆匆》，每天早读之前由语文课代表领读一遍。

（2）每周小结：我的备考我做主，我上周的备考情况如何，我本周打算如何做。通过每周小结，推动学生以更好的状态投入备考。

【课堂总结】

时间对每个人来说都是公平的，但同时对每个人来说又都是不公平的，24个小时的时间有些人可以做很多事，而有些人也会选择什么都不做。只有规划好自己的时间，安排好自己的复习计划和复习内容，充分利用时间，合理安排时间，以积极主动的态度进行备考，明确要努力的方向（未知、已知、未完全知），才能帮助我们掌握备考中的自主权，真正实现"我的备考我做主"的目标。

课例2：集中注意力

活动目的

（1）体验做事集中注意力的重要性，培养学生提高注意力的意识；

（2）教会学生集中注意力的一些基本技巧，帮助学生提升注意力；

（3）培养学生良好的学习品质：集中注意力。

活动准备

（1）课件制作；

（2）道具准备：每人一张纸、每人一支笔。

活动场地

教室等，场地不限。

活动过程

（一）游戏导入，点击分心

游戏：同画方圆

1. 游戏规则

（1）每位同学左右手各拿一支笔，在纸上同时用左手画一个圆，右手画一个正方形；

（2）找两位代表上讲台在黑板上画。

2. 感悟分享

学生：画方画圆对我们来说都是很简单的事情，但是同时画方和圆却是一件非常困难的事，因为我们既要注意一只手画方，又要注意另一只手画圆。

3. 教师小结

是啊，画方画圆对我们来说都是很简单的事情，但是同时画方和圆却是一件非常困难的事。俗话说，一心不能二用，做事情需要一心一意，集中注意力。怎样才能集中注意力呢？这堂课让我们一起来探讨集中注意力的方法。

（二）分组讨论：盘点我的分心现象

（1）盘点我（自己）的分心现象。

（2）班内分享，同时谈谈分心带来的苦恼。

（3）小结：通过分享，我们发现很多同学身上的分心现象惊人地相似，比如上课走神，晚修时间无法自控地玩手机等，这些情况无疑严重地影响了我们的学习，也带给同学们诸多的痛苦。那么有没有一些方法可以帮助我们更好地集中注意力呢？

（三）活动体验，探寻集中注意力的技巧

游戏：观察

1. 游戏过程

（1）投影展示图片，给予1分钟时间，请认真观察该图。

（2）20秒钟后，闪过图片，问：图中你能看到多少条羊腿？多少个羊头？

结果预设：很多人无法给出正确答案。

（3）重来一次，20秒钟后，闪过图片，问：图中你能看到多少条羊腿？多少个羊头？

结果预设：几乎所有人都可以给出正确答案。

2. 感悟分享

带着明确的目标去做事，就会对这个目标倾注极大的注意力。因此，在上课之前就做好听课的准备，带着问题（即目标）去听课，更易于我们在课堂上集中注意力，听课效果会更好。

3. 教师小结

集中注意力小技巧：带着明确的目标做事。

游戏：倒数数字

1. 游戏规则

（1）找出两位志愿者，在安静的环境下分别大声地从100倒数至0，一人数奇数，一人数偶数，要求迅速和准确；如果错误，从头来过，分别记下他们的时间。（活动之前可以留一点时间让学生在心里先熟悉一下）

（2）两位志愿者在有外界干扰的情况下同时大声地从100倒数至0，一人数奇数，一人数偶数，要求迅速和准确；如果错误，从头来过，分别记下他们的时间。

（3）结果对比：

预设结果：第一次出错率很低，而且速度会比较快；第二次出错率会比较高，而且速度会放慢。

2. 感悟分享

第一次在没有外界影响的情况下，大部分学生能够集中注意力；第二次在有外界干扰的情况下，不仅效率低，而且准确率低。

3. 教师小结

安静的环境更利于我们集中注意力，而嘈杂的环境则不利于我们集中注意力。因此，一方面，我们在学习时应尽量选择比较安静的环境；另一方面，也要学会专心和专注，提高自己抗干扰的能力。

当然，很多时候不是我们渴望有一个安静的环境就会有一个安静的环境，因此，为了保持专心，我们可以根据不同的时间、地点和条件，采用不同的学习方式，阅读不同的书籍。在此给大家一些小建议，希望对大家有用：

（1）在安静的环境里，可以默读；而在嘈杂的环境里，可以采用朗读和记笔记的方式来应对。

（2）在安静的环境里，可以读课文、做练习；而在嘈杂的环境里，可以看一些文艺作品、报纸等。

（3）在安静的环境里，可以精读、细思；而在嘈杂的环境里，可以粗读、浏览等。

游戏：一拍即合

1．游戏过程

（1）全班同学分成 8 组，每组 6 人。

（2）每组同学围成一个圆圈，每人向左右伸出双手，左手掌心向上，放在左方同学手掌下面 10 厘米处；右手掌心向下，并放在右方同学手掌上面 10 厘米的位置。

（3）教师播放《乌鸦喝水》的文章，当文章中出现"乌鸦"二字时，每个同学的右手要快速拍打右边同学的手掌，左手则要快速抽回以避免被人拍到。被拍到手的同学淘汰出局，其他同学继续。

2．感悟分享

学生：我刚开始也觉得自己绝对不会被淘汰，因为这游戏实在是太简单了！没想到结果却不是自己想的那样。我想，当我一心一意地做一件事情的时候，我肯定能够做好，但是当我分心的时候就不一定了。比如有的同学一边读书一边谈恋爱或者看言情小说，自以为谈恋爱、看言情小说不会影响学习，实际上这些东西正在影响着我们的学习，只是我们没有意识到而已。

3．教师小结

做一件事就要集中注意力，专心、专注地去做，不要让手机、MP3、言情小学、谈恋爱等诱惑分散了我们的注意力，耽误了我们进步，该专心学习的时候就一定要专注于学习。

如果场地不允许本活动，可以用下面的活动代替：

游戏：一心二用

第一步：选出几位志愿者参与活动，志愿者多少视时间而定。

第二步：逐个进行，要求志愿者一边背诵一首宋词，一边默写一首古诗，时间限定为 2 分钟。

感悟分享：我们在做事情的时候要一心一意，不能一心二用，这样做事效率和准确率才会更高。

其他集中注意力的方法推荐

1. 跟上教师讲课的节奏

在听课时如果遇到听不懂的内容，千万不要停下来卡在那里，而应该简单做个标记后继续跟着老师的节奏听讲，这样更易于集中注意力。

2. 保证充足的休息

人在疲劳的时候是很难集中注意力的，因此我们必须养成良好的作息习惯。学习时全力以赴，休息时尽情休息，有了充足的休息才更利于注意力的集中。

3. 自我调适法

如果你在上课时老是胡思乱想，静不下心来，可以先不要强迫自己听课，而是选择闭上眼睛，全身放松，舒缓呼吸，全神贯注于自己呼吸的次数 20 次左右，然后再开始听课，这样会更易于集中注意力。

【本课总结】

注意力集中不是天生的，需要我们后天有意识地训练。因此，我们应当尽量掌握集中注意力的方法，并进行认真的自我训练。希望每位同学都能在实际的学习和生活中更好地集中注意力，更好地成长！

三、学习促进类活动注意事项

1. 由重知识传授向重态度、能力的培养转变

很多教师认为学习促进类活动的目标就是促进学习，而促进学习最直接的表现形式就是关注知识本身，因而很多教师开展的学习促进类活动都过于关注知识的传授，而忽略了对学生发展意识和学习能力的培养；也有部分教师关注到了学生发展意识和学习能力的培养，却陷于浅层次的经验介绍和思想激励，无法为学生提供更加有针对性的策略性、技巧性帮助。

李家成老师指出："由传递知识为本转向以培养人的主动发展的意识和能力为本，是现代型学校价值提升的核心构成。"① 换言之，利用学习促进类活动激发学生的学习兴趣、培养学生的学习习惯和提高学生的学习品质。指导学生的学习方法，比简单的知识传授更能够促进学生的学习进步。因此，教师在组织此类活动时应实现由重知识传授向重态度、能力的培养的转变。课例"我的备考我做主"强调了学生在备考中的主体作用，激发了学生主动备考的积极性，同时给予了学生一些方向性指导；课例"集中注意力"则重点讨论了专注学习的重要性，同时与学生一起探索了集中注意力的一些具体技巧，是针对性强、实用性强的学

---

① 叶澜．现实转型：世纪初中国学校改革的走向．探索与争鸣，2002．（7）．

生学习能力的培养方法。

2. 要注意活动过程中学生的参与性和活动的实效性

班级活动离不开学生的参与，学生的主动参与有助于促进活动的顺利开展，学生的投入有助于提高活动的实效性。因此教师应有意识地设计一些便于学生参与的环节，让学生在活动参与中发现自我、了解自我，帮助他们找到自己的问题所在，然后根据他们存在的问题给予具体的方法指导，这样才更易于实现活动的实效性。

3. 要注意对不同学生、不同科目的具体指导性

在学习促进类活动中，除了共性的学习方法和技巧的介绍之外，教师还要了解单个的学生，帮助学生认清他们当下存在的问题，并尽量陪伴他们找到适合自己的方法。比如，同样是面对学习困难，有的学生存在的问题是基础差，学不会；有的学生是有基础，但不太聪明，难以有大幅度进步；有的学生则是人很聪明，但不够勤奋，努力程度不够。

同时，教师要结合不同科目的知识特征，和学生一起探索适合自己的学习方法，注重对学生指导的具体性、针对性。比如物理学科和数学学科的学习相似：定义、定理、公式本身不难，但要理解并灵活运用难度就大了。应在理解的基础上记忆相关的知识点。通过典型题目熟练知识点的运用，通过练习巩固知识点后进行归纳总结，挖掘知识点的本质，以便今后灵活运用。面对物理和数学，可以给学生这样的建议：早读时，通过演练典型例子、复习纠错本中题目，熟记并巩固相关知识点；建立"典例与纠错题集"；要在相对完整的时间段内练习等。生物的学习则倾向于文科的方法：基础知识点要熟记，它们是构建整个知识网络的最小单位；在阶段学习中应先熟记知识点，再通过相关练习加深记忆；在章节学习后，应在知识的网络结构中，通过知识间的联系与区别进一步巩固知识点。做到以上几点，才能在综合练习中快速选择正确的知识点来解决问题。据此，针对生物和文科的学习，可以给学生这样的建议：早读是熟记知识点的好时机（提前填好，并校对，保证记忆的是正确的）；可以利用零碎时间来记忆（要有所准备）；每天的学习或复习后要有一定量的练习来巩固或检验；章节的学习或复习后一定要独立完成本章节的知识网络梳理工作。可见，不同的学科知识特征决定了学习方法的差异，对此，我们要对学生作出有针对性的指导。

下编

资源篇

第十三章

活动体验型主题班会典型案例

设计班会课并不是以活动或者游戏本身作为主体，而是将各种活动加以改造，以达到教育目的。心理活动中所设计的游戏数量是有限的，但根据不同的主题将各种原本表达其他主题的活动或者游戏加以变式，就可以满足很多班会课的活动需求。我们将活动素材库分为两个部分。本章主要选取了 31 个具有典型性的活动案例加以介绍。

1. 跨越障碍——超越自我

活动目的

通过跨越障碍活动，帮助学生超越自我，让学生认识到前进的路上会遇到一些障碍，包括看得见的和看不见的。超越自我，关键是克服内心的障碍，例如自卑感等，从而在精神上、心理上超越自我。

活动道具

障碍物：3 个或以上，比如凳子、水桶等；高度要求：学生能够跨过去。

眼罩：1 个；如无，可以用干净毛巾等代替。

活动场地

讲台大小的空地。

活动规则

（1）找出一名同学，给予一分钟的时间记忆眼前的障碍物，可以试行跨越。

（2）用眼罩蒙上眼睛，跨越障碍物，不能偷看，也不能用脚边试探边跨越。

活动过程

（1）摆好障碍物，选中一名同学，给予一分钟左右的时间记忆眼前的障碍物，可以试行跨越 2~3 次，直到学生有信心跨过。

（2）让学生站在起点位置，用眼罩蒙上眼睛，等候"开始跨越"的指示。

（3）教师迅速移走三个障碍物中的 1 个或 2 个，要求无声，不能让学生听到，时间不能太久以免引起学生怀疑。

（4）发出指示，学生开始跨越障碍。跨越过程中教师可以给予指示，比如告诉学生前行，抬腿跨越等。

（5）走到终点，问学生是否跨越了障碍。打开眼罩，学生看到有些障碍还存在，有些障碍已经被移走。

（6）采访：既然有些障碍物已经不存在了，那么你刚才跨越的障碍物来自哪里？

（7）得出结论：他跨越的障碍物存在吗？不存在。既然不存在，那他跨越的障碍来自哪里？来自以前看到的障碍。现在障碍虽然已经消失了，却真实地留在他心中，这就是我们所说的内心自己给自己设定的障碍。我们前进的路上难免会有很多的障碍，有些障碍是客观存在的，有些障碍则是我们在心理上自己给自己设定的。客观的障碍并不可怕，因为看得见，可怕的是自己给自己设定的心理障碍。生活、学习当中我们会遇到很多的障碍，突破了这些障碍，才有利于我们继续前进，超越自我，做更优秀的自己。

2. 拉力比赛——合作双赢

活动目的

让学生学会竞争，更要学会合作，培养学生的合作共赢精神。

活动道具

粉笔一支。

活动场地

讲台大小的空地。

活动规则

（1）参赛双方间隔 1 米，用右手抓住对方右手，目标是将对方拉到自己这边，胜一次记 10 分。

(2) 游戏分 3～4 组分别进行，最终得分最多的 2 人胜利。

(3) 每组时限：30 秒钟（用音乐计时，时间不应超过 1 分钟，否则太长了会降低学生紧张度；不应短于 20 秒，否则比不出效果）。

(1) 找出一名志愿者做记分员，明确记分员的职责。

(2) 每小组讨论选出代表 1 人，代表本组参赛。

(3) 在地上用粉笔画出间隔 1 米左右的两条平行线，参赛双方站在两边。

(4) 参赛双方用右手抓住对方右手，音乐开始时开始用力拉对方。

(5) 比赛完后，比较分数：找出分数最高的两位。采访：为什么刚才参加比赛时你那么用力拉？你感觉自己赢得容易吗？得出结论：用力拉是因为想赢，但是赢得很辛苦，很不容易。

(6) 找出分数最低的两位，采访：虽然刚才你们的分数很低，但是老师知道你们已经尽力去参加比赛了，只是力不如人，很遗憾。那么你们想赢吗？如果想赢，老师只要对你们说一句话你们就可以赢了，相信吗？

告诉学生：两个人合作参加比赛，你轻轻拉一下，我跳过去；我轻轻拉一下，你跳过来，保证你们两个人的分数最高。

(7) 让分数最低的两位同学做演示，结果他们很轻松地得到了更高的分数。

(8) 小组讨论，谈感想：如果生活中我们能够转变观念，以合作共赢的心态去和对方合作、互助，最终实现的很可能就是两个人的互相成就，共同进步。我们日常学习中除了竞争，更需要合作、互助。

3. 一杯水的容量——突破思维障碍

活动目的

(1) 培养学生勇于挑战的精神。

(2) 让学生体验通过努力、合作取得胜利的感受，增强自信心。

活动道具

一个塑料水杯（最好能容纳 500 mL 以上的水）；

两瓶水（所盛水量要能灌满塑料水杯）；

回形针两盒（准备多点，但是告诉学生老师准备了两盒）；

纸巾一张；

小纸船 3 个。

活动场地

讲台。

活动规则

在装满水的水杯里放回形针，要求水不能溢出，致水溢出的小组组员每人"奖励"50个俯卧撑（俯卧撑只是一种心理制衡，增加学生的心理压力，目的是使学生不敢放太多回形针进去，以免受到处罚）。

活动过程

（1）在透明的水杯里灌满一杯水。

（2）各小组展开讨论，在已经装满水的水杯里，你们组认为还能放多少枚回形针？要求各小组由第一到第四小组依次放入回形针，致水溢出的小组每人"奖励"50个俯卧撑。

（3）小组报能放的回形针的数字，分发回形针。

（4）依次放入回形针。

活动小结

正常情况下，根据水的张力原理，这杯水里能放200枚以上的回形针，这个过程可以分为几种情况来具体操作：

第一种：如果学生都很怕，放得比较少，教师可以在学生放完后自己将剩下的回形针轻松全部放入水杯。让学生谈感想，此时学生会很后悔自己太胆小，不具有挑战精神，谈感受时让学生联系自身经历效果更好。

第二种：如果学生比较胆大，放的回形针比较多，放了100多枚甚至200枚，在第三、第四组放入回形针的时候杯里的水会不停地晃动，气氛非常紧张，此时教师要不停地提醒学生小心、慢慢操作，并用50个俯卧撑来给学生施加心理压力。当学生将回形针全部放入水杯后，会长松一口气，感到莫大的成就感。此时让学生谈感受：有些事虽然看起来很难，但是只要我们认真地、齐心协力地去做，肯定能成功！谈感受时让学生联系自身经历效果更好。

4. 猜猜60秒——时间的感受与价值

活动目的

（1）让学生认识到时间的重要性。

（2）让学生感受到做不同的事情时感觉时间走过的速度完全不同，学会合理利用时间。

活动道具

挂钟；每个学生一张纸、一支笔。

活动场地

教室。

活动规则

所有学生闭上眼睛，猜测时间，当他/她感觉到了60秒的时候，站起来并睁开眼睛，但是不能说话，不能给其他同学指示。

活动过程

（1）所有学生闭上眼睛，老师叫开始，学生开始在心里默默计时。

（2）当学生感觉够60秒的时候站起来并睁开眼睛，老师记住哪些同学在多长时间站起来。

（3）当所有同学都起立后，给出结果：有些同学35秒左右就起来了，大多数同学在45秒时起来了，很少有同学坚持到55秒。

（4）学生谈感受：原来一分钟的时间是如此漫长。

（5）让学生拿出纸和笔，按照教师的指示开始写字，写的字数多的为赢。教师可指示学生写某个人的名字，或者写刚才那一分钟的感受，并计时。

（6）60秒后，学生正在快速写字的时候教师叫停，告诉学生60秒到了，而学生尚显意犹未尽。

（7）谈感受：同样是60秒，做不同的事情，感觉时间走过的速度完全不同。这告诉我们，不仅要珍惜时间，更要学会合理利用时间。

5. 瞎子背瘸子——合作共赢

活动目的

（1）培养学生的合作精神。

（2）培养学生学会从别人的角度思考问题，设身处地地为别人着想，考虑他人的需要。

活动道具

蒙眼睛的眼罩或毛巾 1 条、障碍物 3 个、计时器 1 个。

活动场地

教室大小的空地。

活动规则

（1）每队选派两名代表，一人扮作瘸子一人扮作瞎子；

（2）瞎子（用眼罩蒙着眼睛）背着瘸子原地绕三圈后沿着赛道向前绕着 3 个障碍物转一圈后到达终点，用时最少的胜出；

（3）前进过程中瞎子不能睁开眼睛看到障碍物，瘸子只能用语言给予瞎子指示，但不能下来带着瞎子走动。

活动过程

（1）选派代表，一般瞎子选派比较强壮的，瘸子选派体重较轻的。

（2）分组进行，各组选出代表后，第一组的代表先参赛，为了保持公平，其他组的代表先到场外回避，轮到本组才进场。

（3）瞎子（用眼罩蒙着眼睛）背着瘸子原地绕三圈后沿着赛道向前绕着 3 个障碍物转一圈后到达终点，用时最少的胜出。

（4）谈感受：为什么有些小组用的时间很长，有些小组用的时间很短？为什么看不清路的瞎子会出现不能清楚地理解瘸子的指示的情况？得出结论：瞎子和瘸子需要合作，合作的前提是互相信任；但是两个人之间不仅需要合作，在合作的时候更需要从别人的需要出发。比如瘸子不能从瞎子的需要出发给出指示，导致瞎子无法准确理解指示，耽误了很多时间等。

6. 传递橘子——团队的力量

活动目的

（1）突破思维，培养学生的创新意识和创新能力。

（2）通过创新解决问题，培养学生的自信心和面对困难、克服困难的勇气。

活动道具

秒表 5 块（分成几对就准备几块秒表）、橘子 5 个。

活动场地

教室，或教室大小的空地。

活动规则

（1）所有的人分成5组，每组分配1个橘子；

（2）游戏时橘子要从发起者的手里发出，最后按顺序回到发起者的手里，要求在传递过程中每个人都必须接触橘子，所需时间最少的获胜；

（3）橘子掉在地上一次额外增加10秒并从头开始。

活动过程

（1）游戏开始时，5组人一般会不约而同地一个接一个地传递，计算3组的成绩，例如分别为17秒、18秒和50秒。

（2）问："有没有更好的办法让时间变得更短些？看到别的组比你们快，你们心里服气吗？还能不能更快？目前最快的组不怕被人追上来吗？你们还能不能再快一些？"老师向几个小组发出挑战。

（3）各个小组想办法使时间缩短，最终找出最快的方式有哪几种。比如：小组成员围成一圈，每人伸出一只手也围成一个圈，小组长手持橘子在圈上滑行一圈，不足1秒就能完成游戏。

【感悟分享】

（1）看看开始时的28秒，再看看现在的不足1秒，请问，当你看到这些的时候，是一种什么感觉？

（2）游戏过程中，别的组比你们组快的时候，你有什么感想？（总结创新的动力包含了竞争和需要）

（3）创新是否意味着可以突破一切框架呢？（当有些小组在做游戏的时候没有按照规则去做，但取得了更快的成绩时抛出这个问题）

活动点评

有的学生在看到成绩时连自己都不敢相信——"开始觉得30秒已是不可思议的了！""能不能再快些？"经过沉默、思考，一个又一个想法从他们的脑中蹦出来。游戏过程中不断传来喜讯——"9秒"、"5秒"、"4秒"，最快的居然只用了零点几秒！通过这个游戏让学生感受到：每一件看似不可能的事情摆到面前时，这种"不可能"的心理定式，使每个人都会想到放弃。做了才能成功，但最终的成功不是因为你做了，而是取决于你怎样去做。发挥团队智慧，集合团队的创意，一件不可能完成的事情奇迹般地成功了，这就是团队的力量！思维可以指导人们的行动，同时也约束着人们的行动。要想成功唯有敢于突破自己的旧有思维。

7. "盲人"旅行——信任的幸福

活动目的

（1）通过"盲人"与"拐棍"角色的体验，让学生理解自助与他助同等重要。

（2）让学生感受信任与被信任、爱与被爱的幸福与快乐。

（3）通过助人与受助的体验，增加对他人的信任与接纳。

活动道具

眼罩每人一只，复杂的盲道设计。

活动场地

室外空地。

活动规则

（1）团体成员两人一组，一位做盲人，一位做引路人，二者配合。

（2）"盲人"旅行过程中不允许用语言交流，最好配以适当的背景音乐。

活动过程

（1）在背景音乐声中，每个人戴上眼罩扮演盲人，"盲人"原地转3圈，暂时失去方向感，先在室内独自一人穿越障碍旅程，体验盲人的无助、艰辛甚至恐惧感。

（2）所有学生中一半人继续扮演盲人，另一半人扮演帮助盲人的"拐棍"，由"拐棍"帮助盲人完成室外有障碍的旅行；完成后交换角色重新体验。

（3）所有学生均扮演盲人，并两个"盲人"一组相互帮助到室外走过一段障碍旅程。

（4）学生交流：在不同情况下，扮演不同角色的感受。

【注意事项】

（1）本方案设计了三种情况的"盲人"之旅，根据实际情况可以只做其中的一种。

（2）障碍旅程的设计，应该有跨越、钻圈、下蹲、上攀、独木桥、上下楼梯等多种障碍。

（3）在角色互换的旅行中"盲人"与"拐棍"最好不要只互相对换，以陌生的对象重新组合为好。

🔄 **活动扫描**

1. 活动点评

这是一次前所未有的角色体验，许多人掀开眼罩的第一句话是："谢谢你！"他们体会到了作为一个盲人在障碍面前的无助、无奈，甚至恐惧，内心特别希望得到帮助与支持。"拐棍"的出现是"盲人"期待的。但做好"拐棍"也不是简单的事，因为许多"拐棍"自己能看到前面的障碍，就以为"没什么，我肯定可以顺利通过"，带着一份自信和勇气，领着"盲人"快速前进，无法体会"盲人"为什么如此犹豫不前。仔细想想，这不是没有从他人的角度出发考虑问题吗？"盲人"对眼前的一切一无所知，心存戒备，对"拐棍"的引导还不是十分信任，所以步履不可能轻松，心底无法坦然。

学生们通过"盲人"与"拐棍"角色互换的体验，反思自己在帮助他人与信任他人中的不足，在活动中进一步体验了信任与被信任的欣慰与快乐。所以，"谢谢你"是由衷的表达。

2. 活动案例

"盲人之旅"开始了，燕子与阿云成了一对，燕子是"盲人"，阿云做"拐棍"。一路上，阿云细心地帮助着燕子，前面要下楼梯了，阿云走在燕子的前面，让燕子的一只手搭在自己的肩上，另一只手放在楼梯的扶手上，慢慢地，但也非常顺利地前进着。当走到楼梯拐弯处时难度突然加大了，楼梯中央挡着一个呼啦圈，圈后又横着一根木棍。阿云好不容易让燕子钻过了呼啦圈，但那根不高不低的木棍怎么办？跨过去太高，钻过去又太低，阿云一咬牙，把燕子抱了起来，当燕子的双脚再一次落地时，已经越过了木棍。燕子心里非常感激阿云，虽然不能用语言交流，但彼此的信任感深深地建立了起来。阿云与燕子是穿越障碍中最快的一对。

在分享时，燕子拉着阿云的手说："当你把我抱起来的时候，我真的很感动。多少年了，没人这样抱过我，更何况是一个与我年龄、体力相仿的女孩，我真不知道是什么力量让你把我抱了起来。"阿云笑着说："我也不知道自己哪来这么大的劲，但当时看着挡在前面的木棍，我就想一定要帮助你通过，也许是责任心吧。"

主持人问阿云一个问题："我看你一路上对燕子照顾得特别好，不是搂着她的腰前进，就是走在她的前方引路，凡是有扶手的地方，你总是让燕子的手自己去感受和把握。你是怎样学会这一点的？"燕子说："是妈妈教给我的。记得在小学二年级，我的眼睛出了问题，在治疗期间，医生把我的眼睛包了起来，我做了十天的'盲人'，当时情绪低落，非常烦躁不安，是妈妈的精心照顾，使我感受到温暖与信心。妈妈不仅细心照顾我、安慰我，而且尽可能地让我独立、自信。所以今天做这个游戏时，我就想到了妈妈，也想到了曾是'盲人'的我。"

3. 学生感言

生1：当我看到一个同学被蒙住了双眼，惊慌失措、一副很无助的样子的时候，我觉得她好可怜，因此十分同情她，想着平日里能睁着眼睛走路是多么的幸福。于是，我就毫不犹豫地去搀扶她，告诉自己一定要尽可能地帮助她走路，做好她的"拐棍"。

随后遇到了很多突如其来的阻碍，我就想：如何让她安全度过？看她胆小害怕的样子，我简直就想抱着她走，心想我能替她完成该多好。

生2：我扮演的是"盲人"的角色，当时心想不就是走楼梯吗，不要人扶我自己也能走得很好。但真的走起来，心里还是充满了恐惧，每下一节台阶都颤颤巍巍的。旁边的"拐棍"不是很用力地拉着我，而是轻轻捏捏我的右手暗示我右转，或轻轻拍拍我的头让我低下头，或揽着我的腰让我转弯。在慌乱无助的旅途中，同伴点点滴滴的指点，让我感到无比温暖。当眼罩摘下时，我深情地拥抱了我的"拐棍"，感慨万千，内心充满难以言表的感激之情。蒙上眼睛后，眼前是一片黑暗，仿佛世界成了浮影，一切都是空白。脑海中即刻掠过一个念头：假如我真是一位盲人，是否有勇气在这黑暗的世界中生存？就在彷徨的时候，一双温暖的手搀扶着我，顿时，我感到一种说不出的激动和勇气在心中涌动，鼓励着我坚持下去。

9. 一拍即合——锻炼专注力

🎯 活动目的

（1）可以放在活动初期，打破同学之间的隔膜；

（2）增加互动性，提升注意力；

（3）告诉学生一心不能二用，应专心学习，心无旁骛。

🎲 活动道具

无。

🔙 活动场地

随地。

活动规则

被人拍到手者即淘汰出局。

活动过程

（1）全班同学分成若干组，每组 10 人左右。

（2）每组同学围成一个圆圈，每人向左右伸出双手，左手掌心向上，放在左方同学手掌下面 5 厘米处；右手掌心向下，并放在右方同学手掌上面 5 厘米的位置。

（3）教师朗读一篇文章，当文章中出现某一指定字眼时，成员的右手要快速拍打右边同学的手掌，左手则要尽量避免被人拍到。

（4）被人拍到的同学出列，其他同学继续，时间不宜太长。

（5）采访被拍到的同学，谈感想：原本以为我自己不会被拍到，没想到我还是被拍到了。原本以为非常容易的事情，结果却不一定是自己想的那样。我想如果是一只手拍对方或者被对方拍，我肯定不会被拍到，但是当两只手同时行动的时候，难免会被拍到。所以我想，当我们一心一意地做一件事情的时候，我们能够做好，但是当我们分心的时候就很难了。比如有的同学一边读书一边谈恋爱，认为谈恋爱不会影响学习，实际上也许正在影响着，只是他还没有意识到而已。

【备用文章】

很久很久以前，有一片大森林，森林里的小溪旁有一小屋，小屋里住着一只小乌龟，它有一双乌溜溜的大眼睛和黑皮肤。它有一个好朋友，是一只羽毛乌黑发亮的乌鸦。有一天乌云密布，突然下起了一场大雨，乌鸦就躲进池塘边的屋檐下（可以让学生听到"wū"的时候开始拍打对方的手同时抽出自己的手）。

10. 人生百味——态度影响情绪

活动目的

通过对人生百味的体味，培养学生正常交往、善待他人的习惯。

活动道具

无。

活动场地

教室，或者能围成圈的空旷场地。

（1）学生分成相同人数的偶数组，组合自定，要求人数一定相同，组数一定为偶数。

（2）按要求站好后，教师每喊一声"转"，学生就转动一个人的位置。

（3）要求：里圈同学向左转，外圈同学向右转。

☞ 活动过程

（1）全班学生分成偶数组，要求每组人数相同。

（2）小组成员手牵手围成圈，然后两组组合。一组在内圈，面朝外圈；另一组在外圈，面朝内圈。

（3）检查，确保每两个同学面对面。

（4）活动要求：教师每喊一声"转"，学生转动一个人的位置。要求里圈同学向左转，外圈同学向右转，同时做出一个表情，每换一个位置，要求更换一次表情（表情分两种：A 充满善意的微笑；B 发怒，发出"哼"的一声并把脸转向右边，不看对面同学的脸）。

（5）要求全情投入，转 3 分钟左右有些学生的眼泪就出来了；持续 5 分钟左右。

（6）找同学谈感受，尤其是流泪的同学：当同学微笑的时候，我感觉很开心，感觉到朋友之间的感情，她越投入我就感觉越真诚和开心；但是当听到同学"哼"的一声并发怒地转头不看我的时候，我感觉心里特别难受。我就想为什么我们要对自己的同学怒目而视甚至看都不看一眼呢？为什么我们不能珍惜友谊，愉快地相处呢？想想平时的自己，感觉很后悔，以后，我一定会改正，善待他人，给同学更多的微笑。

11．理财高手——团队精神

◎ 活动目的

（1）提升学生的注意力，增强学生的参与性；

（2）促进小组合作，训练学生的反应能力；

（3）培养集体荣誉感，树立学生的进取心。

📋 活动道具

棒棒糖若干。

活动场地

教室大小的空地。

活动规则

（1）最先组成教师要求的面值的小组获胜。

（2）获胜一次记 10 分，总分最多者获胜。

活动过程

（1）全班学生分成几组，8～12 人一组，按照顺序坐在一起。

（2）一种性别的学生代表"1 元"，另一性别的学生代表"5 角"，各小组须用最少的人数组成教师所需要的金额。

（3）教师说出一个金额，各小组需以最快速度以学生跑出的方式组成此金额。

（4）得分最高的小组获胜，组员每人奖励棒棒糖一根，组长发言谈感想。

得分最低的小组，男生每人"奖励"俯卧撑 5 个，女生每人"奖励"俯卧撑 3 个；组长谈感想。

【感悟分享】

生 1：我觉得我们小组能够获得成功，原因有几个：第一，也是最重要的是我们小组的每个人都很合作，很有合作精神。第二，我感觉作为组长，我对小组的组员进行了安排，合理的安排让我们节约了很多时间，这让我感觉到做事情之前要做好充分的准备，这样能够增加自己的胜算率。第三，我想对队友说句话："精诚合作，共同奋斗，我们是最棒的！"

生 2：虽然我们小组失败了，但是在活动的过程中我们也有合作，大家也都很想赢，只是在过程中出了一点小问题，但是我感觉这不重要，重要的是我们一起努力，一起承担责任——俯卧撑。虽然这次失败了，但是我们下次会向胜利的小组学习。相信我们虽然这次不是最好的，但是下次会努力成为最好的。我也想对队友们说一句话："和你们一起奋斗我很开心！同学们，继续努力，相信自己能够创造奇迹！"

12. 小鸡变凤凰——成长脚步

活动目的

（1）让学生在竞争中寻求合作，训练学生合作的主动性。

（2）培养学生遵守规则的好习惯。

活动道具

无。

活动场地

教室大小的空地。

活动规则

（1）以猜"包剪锤"的方式来决定胜负，胜的一方晋级，败的一方退化为后一级；

（2）遵守规则，不能越级成长。

活动过程

（1）进化分为四级：鸡蛋—小鸡—凤凰—人类，每级的动作如下。

①鸡蛋——蹲下来，双手抱膝。

②小鸡——半蹲下来，双手叉腰。

③凤凰——站立，双手放在头上。

④人类——站立到指定位置。

（2）活动开始时，全体同学全蹲下为鸡蛋，然后随意找人猜拳，猜"包剪锤"，胜方可以晋升一级成为小鸡；然后再找是小鸡的同伴继续猜，直到变为人类。相反，"包剪锤"输方要退化为后一级，再找同级同学猜，直到变成人类为止。

（3）讨论问题：

①你是如何实现晋级的？是等着别人来找你，还是你主动去找对手呢？

（引起学生思考：自己是以积极的态度还是以消极的态度参与活动。培养学生积极主动的生活态度）

②如何才能尽快变成人类？有哪些方法？

（培养学生动脑思考、解决问题的好习惯）

③如果我们中某个人违规，直接跳到了指定位置，你有何感想？（此处可用摄像机拍下那些直接跳到指定位置的违规学生）

（培养学生遵守纪律、遵守规则的习惯）

④采访最先成功的同学：有何感想？采访没成功的同学：为什么没成功？除了运气之外还有没有别的因素？

（尽力营造出一种积极向上的氛围）

13. 依山傍水——体验亲情

活动目的

体味拥有，让学生学会珍惜身边的人和事，尤其是珍惜父母亲情。

活动道具

每个同学准备两张纸，一支笔。

活动场地

无要求。

活动规则

按照教师的要求操作。

活动过程

导入：我们买房子的时候最渴望的购房环境恐怕就是"依山傍水"了，但是同学们，你们知道吗？其实我们一直都生活在依山傍水的环境中。因为父爱如山、母爱如海，父母就是我们的山和水。今天就让我们带着梦想，带着父母一起出去游玩吧！

（1）请同学们用自己手里的一张纸叠成一艘小船。

（2）把第二张纸分成 10 份小纸片。

（3）亲人、梦想、金钱等，你都想带着什么一起出去游玩呢？请在 10 份小纸片上写上你一生最爱的人和最想拥有的东西，让他们和你一起去游玩吧。（每张小纸片上只能写一种）

（4）在一个风和日丽的日子，你和最爱的人、最想拥有的东西（根据经验一般学生都会写上自己的父母以及事业、爱情、金钱等）一起乘船出海游玩了。（让学生把写好的纸片放到船上）

（5）当你们玩得正开心的时候，突然遇到了暴风雨，小船在大海中漂荡，眼看就要翻船了。这种情况下，需要你丢掉一些东西船才不翻，请你从带的 10 份东西中（包括亲人）丢掉 5 份，丢掉之后就再也不会拥有了。

（6）暴雨仍旧在继续，风越来越猛烈，你需要从剩下的 5 份中再丢掉 3 份，虽然你非常不情愿，但是你不得不这样做。（根据经验这时候很多学生基本都只剩下父母在船上了）

（7）风仍旧在猛烈地刮着，实在撑不住了，你必须再丢掉其中的一份，作为船长，请你快速作出决定。（有些同学实在舍不得丢下父母，有的同学甚至开始哭了）

（8）采访同学，尤其是采访那些开始哭的同学：你为什么哭了？有什么感受？

感受：我感觉心里很难受，尤其是当我必须失去父母中的一个的时候，我感觉特别难受。平时从来不觉得父母在自己心中有那么重要，但是真的要失去的时候，感觉心里特别特别疼，眼泪就忍不住流下来了。通过这个游戏，我感觉以前自己都不懂得珍惜父母，不懂得珍惜父母对自己的付出。今后我要对父母好一点，这样就算有一天我终究会失去他们，作为儿女我心里也不会有那么多的愧疚。

14．不倒翁——信心来自信任

活动目的

培养学生之间互相信任、团结协作的精神。

活动道具

眼罩。

活动场地

教室大小的空地。

活动规则

（1）每组组长作为保镖，在圈外保护小组成员的安全。

（2）每个同学轮流做"不倒翁"。

（3）"不倒翁"站在圆圈中间，用眼罩蒙着眼睛，双手交叉抱在胸前。

（4）其他同学紧密排成圆圈，曲臂，掌心向外，作缓冲样。

（5）喊开始后，"不倒翁"主动向身后任意一个同学笔直地倒下。

（6）后面的同学要双手托住"不倒翁"，然后再向右传递给身边的人，依次传完一圈。

活动过程

（1）分组，每组10人左右，其中一人扮演"不倒翁"。

（2）小组其他成员面朝里围成一个圈，圈不要太大，要保证能够接住倒向自己的"不倒翁"。

（3）"不倒翁"站在圈内，用眼罩蒙着眼睛，蒙上眼睛后根据教师指示转3圈，迷失方向。

（4）"不倒翁"站直，随便选择一个方向后仰，后仰前说一句话：我叫某某某，我准备好了。围圈的同学说：放心倒下来吧，我值得信任！

（5）"不倒翁"倒下被接住后，重新站直，随意转3圈，迷失方向后再次重复刚才的话并倒下，每人倒3次。

（6）每位成员轮流充当后仰者和承接者；尽量要求每位成员都参与，但有心脏病、高血压和严重腰伤者不能参加。

（7）采访：

①倒下的那一刻你害怕了吗？你相信其他成员会稳稳地托住你吗？倒下的时候你的身体是弯曲的还是挺直的？

②你现在的感觉是什么？

③你从这个游戏中学到了什么？

【感悟分享】

刚开始蒙上眼睛，感觉周围黑乎乎的，什么都看不到，心里特别害怕。所以当我倒下去的时候，虽然他们说"我值得信任"，但是我还是感觉很恐惧，所以，是发抖着弯着身子倒下去的。但是到第二次尤其是第三次的时候，我感觉到他们真的是值得信任的，所以虽然仍旧是蒙着眼睛的，但是我心里的恐惧感基本没有了，更多的是信任和踏实的感觉。这种感觉真好！同学们，谢谢你们！

15. 剪纸游戏（1）——理解在于沟通

🎯 **活动目的**

让学生认识到误会和不理解产生的原因更多的是沟通和交流出现了问题，培养学生学会面对误会、解决误会、和谐同学关系。

📱 **活动道具**

每个同学准备两张大小相同的纸（长方形，可以选择 A4 或者 B5），可以统一发放，也可以让学生提前准备，每人一把小剪刀。

⬅️ **活动场地**

随地。

学生根据教师的规则操作。

第一部分：

请同学们拿起一张纸，跟着教师的指示操作。要求不能向老师提出疑问，不能和别人交流，按照教师的指示自己独立完成自己的部分。

教师指示：

（1）把这张纸上下对折。

（2）再把它左右对折。

（3）在对折好的纸的左上角剪掉一个边长为2厘米的等腰直角三角形。

（4）然后把这张纸左右对折。

（5）再上下对折。

（6）在右上角剪掉一个半径为2厘米的扇形。

现在请你把这张纸展开来看一下，它的形状是什么样的？

结果：在同一指示下大家剪出来的图形各式各样。

第二部分：

请同学们拿起另一张纸，跟着教师的指示操作，在产生疑问的时候可以向老师提出疑问，可以和别人交流。

教师指示：

（1）把这张纸上下对折。

（2）再把它左右对折。

（3）对折后有一个角正好是这张纸的中心，请在纸中心剪去这个角，要求剪去的角是边长为2厘米的等腰直角三角形。

（4）然后把这张纸左右对折。

（5）再上下对折。

（6）在新的纸中心的右上角剪掉一个半径为2厘米的扇形。

现在请你把这张纸展开来看一下，它的形状是什么样的？

结果：在能够沟通和交流的情况下，大部分同学甚至全部同学剪出的图形是一样的。

【感受分享】

虽然指示是相同的，但是第一次剪纸的时候，老师的指示我们并不是很明白，但是我们不能提出我们的疑问，也不能和别的同学交流。这种单向的交流导致我们不能很好地领会老师的意思，所以出现的结果五花八门。但是第二次剪纸的时候就不同了，我们有疑问可以问老师，可以和别的同学交流，这种双向甚至多向的交流让我们真正领会了老师的意思，所以剪出来的结果是基本一致的。这告诉我们：在和别人沟通、交流的过程中，可能会出现不能理解别人或者不能被别人理解的情况，也就是我们通常说的误会。在产生误会的时候，我们要主动地提出自己的疑问或者给出自己的解释，从而消除误会，使同学之间的关系更和谐。

16. 剪纸游戏（2）——创意来自突破局限

活动目的

使学生认识到所受到的指示和限制越多，创造性思维就越少，所以要突破惯性思维，培养学生的创造能力。

活动道具

每个同学准备两张大小相同的纸（长方形，可以选择 A4 或者 B5），可以统一发放，也可以让学生提前准备。

活动场地

随地。

活动规则

学生根据教师的规则操作。

活动过程

第一部分：

请同学们拿起一张纸，跟着教师的指示操作，在产生疑问的时候可以向老师提出疑问，可以和别人交流。

教师指示：

（1）把这张纸上下对折。

（2）再把它左右对折。

（3）对折后有一个角正好是这张纸的中心，请在纸中心剪去这个角，要求剪去的角是边长为 2 厘米的等腰直角三角形。

现在请你把这张纸展开来看一下，它的形状是什么样的？

结果：在指示明确又能交流的情况下，大部分同学甚至全部同学剪出的图形

是一样的。

第二部分：

请同学们拿起另一张纸，跟着教师的指示操作。

教师指示：

（1）把这张纸上下对折，如何对折随意。

（2）再把它左右对折，如何对折随意。

（3）在对折好的纸的左上角剪掉一个边长为2厘米的等腰直角三角形，剪哪个角随意，如何剪随意。

现在请你把这张纸展开来看一下，它的形状是什么样的？

结果：有些同学受上次剪纸指示的影响，剪出来的样式和上次完全一样；有些同学真的随意对折随意剪纸，剪出来的样式又开始五花八门、各式各样了。

【感悟分享】

采访那些结果一样的同学：为什么会剪出一样的结果？

因为受上一次指示和操作的影响，我仍旧按照上次的操作来做，并没有留意老师说的"随意"的指示。我感觉是自己的惯性思维限制了自己的操作，以后要勇于突破惯性思维。

采访那些结果不同的同学：很有创意的一个结果，请问为什么会剪出那么个性的图形？

因为剪纸的时候老师的指示很少，只是大致给出方向，然后有很多的"随意"的指示。我想既然是随意，那就随意剪吧。想怎么操作就怎么操作，所以就剪出了这种图形。我的感受是剪纸的时候收到的指示越少越不明确，我们创造出来的结果就越多。这件事告诉我们：如果要想培养我们的创造性思维，就需要减少限制，尤其是思路的限制。约束越少，创造性就越多。

17. 有缘相识——友谊始于主动

活动目的

（1）通过游戏让学生体验主动交往的乐趣；

（2）学生在交流中发现共同爱好，寻找志同道合的朋友。

活动道具

多种颜色的小方形纸若干，每张纸分别剪成彼此能相互契合的四小块。选择欢快的乐曲做背景音乐。

活动场地

室内为宜。

活动过程

（1）在背景音乐的欢快气氛下，主持人要求每个参与者到场地中央的盘子里选取一张自己喜欢的纸片。

（2）根据自己所选纸片的颜色与形状，到群体中寻找能与自己图形契合的"有缘人"。

（3）找到了"有缘人"后，两人坐在一起，相互介绍自己，通过交谈找出彼此间三个以上的共同点。

（4）全班交流分享。

【注意事项】

（1）此游戏比较适合于一个相互陌生的群体。

（2）纸片设计时可以四张相互契合拼成一个正方形，这样就会出现一人可以同时与两人相契合的情况。主持人可以要求第一个图形契合的人为"有缘人"，也可以要求只要是图形能契合的人都为"有缘人"。

（3）"有缘人"可以是颜色相同形状契合，也可以是颜色不同但形状契合的人，由学生自己理解决定。

（4）游戏还可以继续深入，在两个"有缘人"的基础上接着做"成双成对"的游戏，继续寻找图形契合的另两个"有缘人"。找到后，四个"有缘人"通过交谈，寻找彼此间存在的三个以上共同点。

活动点评

一群陌生人走在一起，如何主动介绍自己、认识他人？"有缘相识"游戏利用小道具——一张不规则的纸片，让你跨出主动交往的第一步。不管他是谁，不管他在哪里，凭着手中的小纸片，努力去寻找。相遇是一种缘分，所以当彼此找到图形契合的"有缘人"时就会特别高兴，开心地坐在一起交谈，挖掘着彼此间的共同点。陌生感没有了，人与人的距离拉近了。当发现彼此有这样那样的相似时，就会特别兴奋、特别珍视。

当主持人要求"有缘人"与大家一起分享共同点时，他们总是自告奋勇、迫不及待，在分享得到大家的认可时更是开心不已。原本一个陌生的群体，由于找到"有缘人"而变得融洽与温馨。

18. 生命的价值——是金子总会发光

活动目的

（1）让学生认识到只要真正有价值的事物才不会因为外界的挫折而贬值；

（2）激励学生积极努力，为自己的人生增值；

（3）在学生遭遇挫折时对学生进行心理辅导。

活动道具

纸币一张（最好不小于20块），草稿纸一打。

活动场地

随地。

活动过程

（1）教师拿出一打草稿纸，说：我们的同学平时很缺草稿纸，今天老师带来了一打，谁需要的请举手。（此时会有很多人举手）

（2）将这打纸揉成一团，问：谁还想要这打纸？（此时有一部分人举手）

（3）将这打纸扔到地上，并且用脚在地上踩来踩去，弄脏它们。问：现在谁还想要？（几乎没人举手）

（4）教师拿出一张纸币，说：老师这里有20/50/100块钱，谁想要请举手，举手就有机会得到哦！（此时会有很多人举手）

（5）将这张纸币揉成一团，问：谁还想要这张纸币？（此时仍旧有很多人举手）

（6）将这张纸币扔到地上，并且用脚在地上踩来踩去，弄脏它。问：现在谁还想要？（还是有很多人举手）

（7）采访学生，谈感想。

无论老师如何对待那张钞票，我们还是想要它，因为它并没因为老师揉成一团或者踩脏而贬值，它依旧是面值20/50/100元的钞票。这让我想到两点，第一点：我们要不断地给自己增值，让自己做一张纸币而不是做一打草稿纸；第二点：人生路上，我们会无数次被自己的决定或碰到的逆境击倒、欺凌甚至碾得粉身碎骨，就好像纸币被揉成一团或者被踩脏一样，但是只要我们真的具有价值，我们绝不会因为一时的挫折而贬值，所以我们要坚信自己是有价值的，勇敢地面对挫折。

19. 无家可归——被孤立的滋味（同辈压力）

活动目的

（1）让学生感受脱离集体、无家可归的无奈，从而刺激学生对集体的归属感和认同感；

（2）让学生学会接纳别人，和谐人际关系。

活动道具

由小游戏而定。

活动场地

由小游戏而定。

活动过程

（1）把坐在教室左右两边的同学分成几个大组，每个大组 20 人，多余的做裁判，监督被淘汰的同学，让他们不能继续参与游戏。

（2）使每组的 20 人按照 9 人一组快速分成两组，以组为单位做游戏（游戏自定，主要是易操作的小游戏）。多余的两人被淘汰，不能继续参与游戏。

（3）使每组 9 人的小组按照 4 人一组快速分成两组，以组为单位继续做游戏。多余的一人被淘汰，不能继续参加游戏。游戏持续几分钟，让参加游戏的同学感觉到乐趣，被淘汰的同学感受到无家可归的感觉。

（4）采访学生，分享体验。

①请在游戏中被淘汰的同学谈谈他们的感受：被淘汰之后看着别人玩得很开心，自己却没有机会参加，感觉很无奈，也很无聊，有一种无家可归的感觉。没有归属感，心里特别失落。就想，要是我也能参加游戏，也能和大家一起快乐地玩就好了。还有，这次是我被人淘汰无家可归，那以后我会不会淘汰别人或者排斥别人让别人感觉无家可归呢？这真是可怕的感受，我想以后我会尽量不排斥别人，尽量接纳别人，和同学和谐相处。

②请那些在游戏中胜出的同学谈谈他们的感受：看着那些被淘汰的同学，突然感觉能够继续在小组中参加游戏是很幸福的一件事，可能这就是集体带给我的幸福感吧。我想以后我会更加珍惜我们的集体，爱护我们的集体，积极参加集体活动。

20. 人椅——心齐力量大

活动目的

（1）让学生感受到个人的表现对团队的影响巨大，一个优秀的团队需要每一个人的努力；

（2）让学生感受到互相鼓励的重要性。

活动道具

无。

活动场地

教室大小的空地。

活动规则

（1）计时，坚持时间最长的小组获胜。

（2）每个小组若有一人倒下，视为游戏失败，计时结束。

活动过程

（1）把班级平均分成 N 组，每组 10 人左右，多余的人负责计时。

（2）每一组的学生走到空地上围成一个圈，每个学生把双手放在前面一个同学的双肩上，脚尖顶住前面那个同学的脚后跟。

（3）听从老师的指令，缓缓地坐在身后同学的大腿上。

（4）坐下后，计时开始，看每组可以坚持多长时间。

（5）在学生难以坚持的时候，让学生喊出相应的口号，如"齐心协力，挑战自我"。

（6）记录好各小组所坚持的时间。

（7）采访学生，分享体验。

①采访最先放弃的学生：在游戏的过程中，是否有依赖思想，认为自己的松懈对团队影响不大？最后出现什么情况？

②采访最终胜利的小组：是什么让你们坚持到最后，并最终取得了胜利？当时你们喊"坚持住"等口号时，你有什么感觉？

21. 心算测试——思维惯性与心理定式

活动目的

（1）让学生意识到自己内心有一些"想当然"的惯性思维束缚着自己的思考。

（2）让学生认识到带着"任务"明确"目标"去做事的重要性。

活动道具

无。

活动场地

随地。

活动规则

闭眼，不能讨论。

活动过程

（1）请同学们闭上眼睛，我们来进行一个心算测试，做一道数学题，听老师给大家读题目，计算过程要独立完成，不能讨论。

（2）题目：一辆载着 280 名旅客的火车驶进车站，有 90 人下车，60 人上车；下一站又下去 50 人，上来 120 人；再下一站又下去 30 人，上来 90 人；再下一站又下去 80 人，上来 40 人；再下一站又下去 10 人，上来 20 人；再下一站下去 100 人，上来 95 人。

（3）请问，题目中火车停了多少站？（几乎每个人都能回答出车上还有多少人，却几乎没有人能回答出火车停了多少站）

（4）采访学生，谈感想：我们之所以回答不出正确答案，是因为我们都想当然地以为老师会问车上还有多少人，没想到老师会问火车停了多少站。这一个方面是因为我们的惯性思维束缚了我们，另一方面也是因为我们对自己的任务不明确所导致的。这件事让我想到，如果我们能够克服想当然的惯性思维，带着一定的"任务"去做某件事情，那么，我们将会对这项"任务"倾注极大的注意，就更容易得出正确的答案。所以，如果在上课以前就做好集中注意力的准备，带着问题听课，我们的听课效果就能事半功倍。

22. 雨点变奏曲——规则与规律

活动目的

让现场气氛活跃热烈。

活动道具

无。

活动规则

按照教师指示操作。

活动过程

（1）让所有学生利用身体的任何部分碰撞发出两种以上的声音（会发现学生发出各种各样的声音，场面一片混乱）。

（2）让所有学生用自己认为最擅长的方式发出声音（这时，会发现学生的声音进行汇合，形成几个主流的声音）。

（3）老师引导大家渐渐形成四种声音发出的方式：

"小雨"——手指互相敲击；"中雨"——两手轮拍大腿；"大雨"——大力鼓掌；"暴雨"——跺脚。

（4）老师说："现在开始下小雨，小雨变成中雨，中雨变成大雨，大雨变成暴风雨，暴风雨变成大雨，大雨变成中雨，又逐渐变成小雨……最后雨过天晴。"随着不断变化的手势，让学生发出的声音不断变化，场面会非常热烈。

（5）最后，"让我们以暴风骤雨的掌声迎接×××老师……"（游戏结束）

23. 瞎子走路——真诚赢得信任

活动目的

让学生体会信任建立的过程，思考原因，建立同学间的相互信任关系。

活动场地

教室。

活动规则

（1）让每个成员给自己找一个搭档。

（2）要求一方闭眼，由另一方口述注意事项，指引其行进。

（3）交换角色。

活动过程

（1）让每个成员给自己找一个搭档。

（2）由其中一人先闭上眼睛，将手交给队友，睁着眼睛的队友带着闭上眼睛的队友走过一些特定路线，口述注意事项，指引其行进。

（3）交换角色。

（4）采访：在行进过程中，你能充分信任队友吗？为什么？

如果队友给你的指令很多都是错误的，你还敢继续信任他/她吗？信任与被信任的感觉是怎样的？我们怎样才能得到他人的信任？

（5）得出结论：信任是一扇由内而外打开的大门，它无法由别人从外面打开。我们无法要求别人信任自己，因为我是一切的根源，一切首先都要自己值得别人信任。牢记值得别人信任的"十二字真诀"：真实、坦诚、忠诚、廉正、责任、诚心。如果我们不能被人信任，仔细检讨一下会发现一定是因为某个时候，我们曾经有过或至少无意中有过违背"十二字真诀"中任何一条的行为。

24．"六人组"的快乐——人人都是社会人

活动目的

生动地向团队成员展示：成为一个团队（六个人）中的一员是多么愉快，而被团队排除在外时又是多么不安。

活动道具

事先准备好足够的短语卡片与信封，在进行游戏时发给所有的参与者。

活动场地

教室。

活动规则

（1）准备好一系列短语卡片，并将它们每张都自制六份，另外准备 1～5 张短语卡片，每张卡片上的短语都不同。

（2）让团队成员打开自己的信封，阅读里面的短语，然后在房间里到处走动。

（3）当一个人发现另外一个人与他有相同短语的时候，他们就组成一个小组。

（4）持续这个搜寻与介绍的过程，直到绝大多数成员都组成了六人小组。

活动过程

（1）准备好一系列短语卡片，并将它们每张都自制六份。这些短语最好与活动的中心内容、团队当前的重要议题或面临的问题有关，比如"应付变化"等。另外准备 1~5 张短语卡片，每张卡片上的短语都不同。

（2）将短语卡片分别放到一个个没有做记号的信封里封好，将所有信封混在一起，然后给每个成员一个信封。

（3）让团队成员打开自己的信封，阅读里面的短语，然后在房间里到处走动，向别人介绍自己并重复那条短语（轻声说）。

（4）当一个人发现另外一个人与他有相同短语的时候，他们就组成一个小组，直到绝大多数成员都组成了六人小组。

（5）当除了几个"孤独者"之外的所有的人都找到了自己的"六人组"时，老师装作惊讶，然后引导整个团队进行后面的讨论。

（6）采访：没有被一个团队或小组接受，你的感受如何？在你的生活中曾经发生过这样的事吗？是有意的吗？当你发现别人也有同样的短语时，感受如何？为什么已经组成了团队的人不去帮助那些被排斥在团队之外的人？

（7）得出结论：要用开放的心态去面对每一个人，积极地融入他们的生活，从对方的角度多为对方考虑，多为他人做一些实事。学会先站在别人的立场想问题，比如说利益的时候可以说你有什么利益，而不先说我的利益怎样，这样大家会觉得你是一个会为他人着想的人。同时多与人交流，从身边的人开始再到陌生人，要勇于表现自己。

25. 说我，说你——尊重是沟通第一法则

活动目的

让学生意识到以自我为中心的弊端，学会从他人的角度思考问题。

活动道具

无。

活动场地

随地。

活动过程

(1) 自由组合，两人一组。

(2) 两人面对面，用两分钟的时间和对方沟通。说话的时候只能用"我"为主语，不能不说话，也不能说"你"怎么样怎么样。

(3) 采访，谈感想：当别人对你说话时一直说"我如何如何"时，你有何感受？（学生会感觉自己被忽略了，自己不受重视不被提及，感觉很不舒服）

(4) 两人面对面，用两分钟的时间和对方沟通。说话时只能用"你"为主语，不能不说话，也不能说"我"怎么样怎么样。

(5) 采访，谈感想：当别人对你说话时一直说"你如何如何"时，你有何感受？（感觉自己受到了别人的关注，感觉自己很重要）

(6) 得出结论：平时我们习惯了以自我为中心，习惯了过多关注自己的需要而忽视了别人，这很容易影响同学之间的关系。我们是好朋友，应该互相帮助互相支持。在与人相处的过程中，我们不仅需要考虑自己的感受和需要，更需要多关注别人，多考虑别人的需要，多了解别人的想法，尝试站在对方的角度去思考问题，这样会更有利于我们和别人沟通。

26. 独角戏——人人都需要别人的认同

活动目的

让学生理解尊重别人的方式之一是倾听，积极地倾听和回馈会带给演讲者更好的状态。

活动道具

纸、笔（学生自备）、写有反应要求的卡片。

活动场地

随地。

活动规则

每一轮游戏由一个参与者做演讲者，其他参与者根据指示作出反应。

活动过程

（1）学生拿出纸和笔，写下最令自己骄傲、最想与别人分享的事。

（2）从参与者中随机挑出一个人作为演讲者，均有机会发表大概 3 分钟的演讲。

（3）老师给出一张写有要求的卡片，其他人传看要求，不能出声，在游戏开始后照做。

（4）游戏开始，演讲者站在中间，向大家讲自己最骄傲、最想和别人分享的事。

（5）其他人在演讲者演讲时根据卡片上的要求作反应。

（6）讲完本轮结束，由另外的人讲，开始下一轮。

（7）几轮之后，大家对这个过程中的体验展开讨论。

附：卡片内容

A．积极关注：从一开始就对演讲者的内容十分感兴趣，目光锁住演讲者，并根据其演讲作出相应的反应，如及时给予赞叹或掌声。

B．消极对待：由始至终，对演讲者的演讲不感兴趣，左顾右盼、交头接耳、照镜子等等都可以。

（8）讨论内容：

当你讲话时，别人一直听得很入神，一直在认真地听，你的感受是什么？

当你讲得兴致正浓时，别人却毫不感兴趣，你的感受是什么？

当别人正在讲话时，你不听他讲，设想他的感受是什么？

27．把紧张吹跑——自我减压

活动目的

教会学生一种最基本的消除紧张、缓解压力的方法，适用于考试前的动员和考试焦虑心理的辅导。

活动道具

无。

活动场地

随地。

 **活动规则**

无。

活动过程

（1）大家一起深吸气——实际上，我们只是尽力吸入一大口空气。

（2）屏住这口气，慢慢地从 1 数到 15。（小学生数到 5 或者 10 就可以了）

（3）最后是精华部分——很慢很慢地把气呼出。（以上的过程我们叫做"清肺呼吸"）

（4）重复 3 次。

（5）谈感想：感觉放松多了，不像刚才那么紧张了。

28. 蒙眼闯方阵——成长需要朋友

活动目的

使学员切身体会到团队协作的重要性和意义所在。

活动道具

眼罩、桌椅、水桶、塑料水杯等。

活动场地

经过布置的教室。

活动过程

（1）在教室里随意放置几张桌子、几个水桶和几个装水的塑料水杯。

（2）让一学生蒙上眼罩独自从屋子的一个门口走到另一个门口，记录下其所碰倒的东西的数量，碰倒东西最少的同学获胜，走动过程中可以用手或脚打探。

（3）采访：刚才完成任务的过程中有何感受？（感觉非常不容易，举步维艰，好像到处都是陷阱，到处都要小心）

（4）让该同学找到一队友，该同学蒙上眼罩后，在同伴的引导下再次穿过障碍走到目的地。

（5）采访：刚才完成任务的过程中有何感受？（感觉心里踏实很多，有人可以依赖和信任的感觉真好）

（6）小结：学习、生活中总有很多我们不懂的东西，每个人都有可能经历在黑暗中摸索的过程。在学习中陷入迷茫时的感受，你有，别人也会有，这时别忘了求助与帮助别人。给别人帮助，能带给别人温暖和信任；寻求别人的帮助，能促进自己更好地成长。

29. 认真评论游戏——评价的 EQ

活动目的

让学生认识到不同的评论（破坏性评论和建设性评论）会带来不同的影响，教学生学会积极的建设性评论技巧。

活动道具

无。

活动场地

随地。

活动规则

参与者按照特定的指导方针，对志愿者的勇敢演说进行评论。

活动过程

（1）找出一个志愿者，让他就自己感兴趣的话题发表一次演讲，如班级建设方面。

（2）找出另外两个志愿者，对他的演讲给予评论。评论时须按照教师给出的指示进行，其中一人进行建设性评论，一人进行破坏性评论。

（3）采访演讲者：面对两种评论，你有何感受？

（4）结论：面对同一件事，不同的人得出的整体感受可能是一样的，比如一个人的演讲很精彩，我们大家可能都感觉很精彩；一个人的演讲不太精彩，我们都感觉一般，这些都正常。只是，面对相同的感受，不同的表达却能带给别人不同的感受。破坏性评论会让人感觉很沮丧，而建设性评论则更容易让人接受，也更让人感到振奋。

附：破坏性评论	建设性评论
"眼睛很少与人正面接触。"	"眼睛接触不错，可以更多一些。"
"仪态糟透了。"	"你如果站得直一点的话，看起来就显得更

自信。"

"你讲话太快了。"　　　　　"讲话速度尽量慢一点。"

"你的演讲太短了。"　　　　　"我还想听更多的东西。"

"你讲的东西很乏味。"　　　　"如果能够让你的听众注意力更集中的话，效果会更好。"

"你讲得太含糊了。"　　　　　"讲话的声音高一些，后边的人也会听到你的话。"

30.　送糖豆——人人需要欣赏

活动目的

通过给予和接受赞扬来加强交流，培养集体感情。

活动道具

每人准备一些纸条（多少和大小视个人需要而定）、每人一支笔、一些小奖品（如棒棒糖）。

活动场地

随地。

活动规则

直到所有的成员把自己写的赞扬（用送糖豆的方式）都给了别人，每个人都坐下来后，收到糖豆的人同时打开他们收到的赞扬纸条。

活动过程

（1）给每个人5分钟的时间，让他们如实地尽可能多地写出对同学的赞扬，这些赞扬可以是程度较浅的（你的发卡真漂亮、你肤色很好等），也可以是比较个人的（任何赞扬者喜欢的东西）。

（2）把写出的赞扬（用送糖豆的方式）送给你要送的人。唯一的要求是，在交给别人糖豆时，必须注视着接受者，必须进行目光的交流，给接受糖豆者一个赏识的目光，也可以握握手、点点头等表示自己对对方的赏识和肯定。

（3）直到所有的成员把自己写的赞扬（糖豆）都给了别人，每个人都坐下来后，收到糖豆的人同时打开他们收到的赞扬纸条。

（4）找一些志愿者分享自己收到的糖豆，大家掌声鼓励。

（5）提问："你们中有多少人从某个你们从未给过他糖豆的人那儿收到了糖豆，甚至收到了不止一颗糖豆？你们对此感觉如何？"（从来没想过某个方面会是自己的优点，也从来没想过某个人会关注自己、表扬自己，感觉很开心）

（6）提问："你们中有没有人，平时生活中从来没赞扬过某个人，但是刚才送糖豆的时候，你通过糖豆的方式赞扬了他/她？赞扬别人的感觉如何？"

（7）小结：我们很多人都在关心着我们的同学、朋友，我们很多人都在互相关心着对方，但是因为我们已经习惯了一起默默地相处，习惯到我们忘记了去赞扬对方。其实在我们内心深处，每个人都是需要赞扬的，也都是喜欢被人赞扬的。既然赞扬别人既能表达自己对朋友的关心，又能让朋友感到温暖，那为什么我们还要吝啬自己的赞扬呢？勇敢地赞扬别人，勇敢地表达你对同学对朋友对父母的欣赏和赞扬吧，让他们感受到你的在意和温暖。

31. 对不起，我错了——勇于承担责任

活动目的

培养学生勇于承担责任的精神。

活动道具

无。

活动场地

空地。

活动规则

所有学生相隔一臂站成几排（视人数而定），教师喊一时，向右转；喊二时，向左转；喊三时，向后转；喊四时，向前跨一步；喊五时，不动。

活动过程

（1）所有学生相隔一臂站成几排（视人数而定）。

（2）讲明活动规则：教师喊一时，所有同学向右转；喊二时，向左转；喊三时，向后转；喊四时，向前跨一步；喊五时，不动。

（3）活动开始，教师随意喊一二三四五中的一个数字，同时观察哪些学生做错了。

（4）当有人做错时，做错的人要走出队列，站到大家面前鞠一躬，举起右

手高声说："对不起，我错了！"

（5）做几个回合后，提问：刚才我们每个做错的人都勇敢地站出来说"对不起，我错了"吗？采访那些没有站出来的同学：你为什么不肯站出来承认自己做错了？（感觉不好意思，没有勇气；感觉反正别人也不一定注意到自己做错了，不承认别人也不知道）

（6）采访那些勇敢地站出来承认错误的同学：当你站起来承认自己做错了之后，内心有何感受？（感觉自己有能力做得更好，也感觉自己勇敢地承认了自己的错误，心里踏实了很多，没有了那种偷偷摸摸做贼一样的感觉）

（7）小结：面对错误时，大多数情况是没人承认自己犯了错误；少数情况是有人认为自己错了，但没有勇气承认，因为很难克服心理障碍；极少数情况是有人站出来承认自己错了，并勇敢地为自己的错误承担责任，他们付出了代价，同样他们收获了内心的安宁。同学们，让我们做一个勇于承担责任的人，为自己的行为负责，为自己的未来负责。

第十四章

活动体验型主题班会分类案例

不同的活动可以起不同的作用。将活动素材按用途归类，可以划分为以下九大类型。

一、破冰活动，调节气氛

1. 雨点变奏曲

活动目的

活跃现场气氛，提高学生参与课堂的积极性。

活动道具

无。

活动规则

学生根据不同的节奏要求发出相应的声音。

场地要求

无要求。

活动过程

（1）让所有学生利用身体的任何部位碰撞发出两种以上的声音（会发现学生发出各种各样的声音，场面一片混乱）。

（2）让所有学生按照自己最擅长的方式发出声音（这时，会发现学生的声音进行汇合，形成几个主流的声音）。

（3）教师引导大家渐渐形成四种声音发出的方式：

"小雨"——手指互相敲击；"中雨"——两手轮拍大腿；"大雨"——大力鼓掌；"暴雨"——跺脚。

（4）教师说："现在开始下小雨，小雨变成中雨，中雨变成大雨，大雨变成暴风雨，暴风雨变成大雨，大雨变成中雨，又逐渐变成小雨……最后雨过天晴。"随着不断变化的手势，学生发出的声音不断变化，场面会非常热闹。

（5）最后，"让我们以暴风骤雨的掌声迎接……（我们的教师、我们的新同学、我们新学年的开始等均可）"

参考变式

可引导学生仅仅用拍手代表小雨、中雨和大雨，根据需要改变拍手的力度和速度即可，这样更容易操作，也更"文雅"。

活动提示

教师自身要充满激情地投入进去，以自己的投入引发学生的积极投入，效果会更佳。

2. 围城闯关

活动目的

活跃现场氛围，课前热身，使同学们精神饱满地参与课堂活动。

活动道具

无。

活动规则

挑战者冲进包围圈视为成功，否则视为失败。

场地要求

室外或室内空场地。

活动过程

（1）选择一个可以自由活动的较大场地，成员们自愿报名做挑战者。

（2）成员手拉手、肩并肩、背对背紧紧地围成一个圈，挑战者站在圈外，要想方设法闯入"城"中央。活动直至挑战者成功闯入为止，若挑战不成功，

挑战者要举手表示投降。

参考变式

（1）考虑到男女性别差异，可以按照性别分组进行。

（2）如果人数过多，可以分组进行。小组可以以宿舍为单位，从而增强同学之间互相挑战的精神。

活动提示

（1）为确保安全，提醒学生提前把眼镜、钥匙等尖刺物品取下。

（2）提醒学生在冲进过程中注意安全，身体不适者提前退出，不要勉强参与活动。

3. 报数游戏

活动目的

活跃现场气氛，使同学们集中注意力，全身心地参与活动。

活动道具

无。

活动规则

轮流报数，当出现包含某个数字和该数字的整数倍的数时不说出来，而是要站起来。

场地要求

无要求。

活动过程

（1）全班同学围成一圈，轮流报数，从 1 数到 100；要求：包含 7 或 7 的整数倍的数都不说出来，而是要站起来。

（2）随机从一个同学开始，要求速度变成刚才的两倍，包含 3 或者 3 的整数倍的数都不说出来，而是要站起来。

活动变式

（1）本活动可以根据需要随意变换数字，数字越小挑战越大。

（2）如果想提高竞争性和趣味性，可以要求学生加快速度，并针对淘汰的同学安排一些惩罚性节目。

4. 兔子舞

🎯 **活动目的**

（1）调节现场气氛，吸引学生以积极的状态参与活动。
（2）帮助学生舒缓压力，培养学生之间的协调性和相互配合性。

活动道具

无。

活动规则

左脚跳两下，右脚跳两下，双腿合并向前跳一下，向后跳一下，再连续向前跳两下。

场地要求

室外或室内空场地。

活动过程

（1）根据实际需要，可分组进行，也可全班一起进行。让每组学生或所有学生组成一个小队，围圈同向站立。
（2）要求后面的学生用双手搭在前面学生的双肩上。
（3）教师站在一边对他们发号施令：左脚跳两下，右脚跳两下，双腿合并向前跳一下，向后跳一下，再连续向前跳两下。

【参考问题】

如用于调节现场氛围，不用问学生问题，只需要看到学生出现预期状态即可。如用于培养学生之间的协调性和相互配合性，可以问以下问题：

（1）你们玩的时候，多久就会出现步调不一致的地方？为什么会出现这种情况？
（2）你们用什么方法使小组成员的步调保持一致？
（3）游戏进行到后面阶段，这种情况是否有所改进？采用什么方法？

参考变式

（1）游戏一开始的时候是由教师发号施令，随着游戏的推进，教师可以将这个权力交给某个游戏者，让他左右大家的步伐。

（2）考虑到性别差异，可以男女分组进行。

活动提示

教师发现某个人不够投入、影响整体状态时，要及时用幽默的语言提醒那个走神的人，以保持整个团队的游戏效果。

5. 南辕北辙

活动目的

（1）活跃现场氛围，提高学生参与课堂的积极性。

（2）培养学生的逆向思维能力。

活动道具

无。

活动规则

学生要做与教师的指示相反的事情。

场地要求

无要求。

活动过程

（1）让学生们都坐在自己的位置上，请一位志愿者到讲台。

（2）向他宣布游戏规则：使用你的逆向思维，做与我让你做的事相反的事情。

（3）教师让志愿者做：哭、笑、坐、站、向前走、向右转……大概15个相当简单的动作，并且逐渐加快速度。在此过程中，志愿者笨拙的动作会引起大家发笑，教师要注意调动现场的气氛。

活动提示

（1）整个活动过程中，教师要不断地给学生志愿者以鼓励和勇气，让他进入一种"无所畏惧"的状态。

（2）教师要把握好节奏，这是本活动成功的关键。

6. 一拍即合

活动目的

(1) 可以放在活动初期，打破同学之间的隔膜。

(2) 增加互动性，提升注意力。

(3) 告诉学生一心不能二用，应专心学习，心无旁骛。

活动道具

无。

活动规则

被人拍到手者即淘汰出局。

场地要求

无要求。

活动过程

(1) 全班同学分成若干组，每组 10 人左右。

(2) 每组同学围成一个圆圈，每人向左右伸出双手，左手掌心向上，放在左方同学手掌下面 5 厘米处；右手掌心向下，并放在右方同学手掌上面 5 厘米的位置。

(3) 教师朗读一篇文章，当文章中出现某一指定字眼时，成员的右手要快速拍打右边同学的手掌，左手则要尽量避免被人拍到。

(4) 提醒学生恢复刚才的状态。

(5) 被人拍到的同学出列，其他同学继续，时间不宜太长。

【感悟分享】

采访被拍到的同学，谈感想：原本以为我自己不会被拍到，没想到我还是被拍到了。原本以为很简单、轻而易举的事情，结果却不一定是自己想的那样。我想如果是一只手拍对方或者被对方拍，我肯定不会被拍到，但是当两只手同时行动的时候，难免会被拍到。所以我想，当我们一心一意地做一件事情的时候，我们能够做好，但是当我们分心的时候就很难了。比如，有的同学一边读书一边谈恋爱，认为谈恋爱不会影响学习，实际上也许正在影响着，只是他还没有意识到而已。

【备用文章】

很久很久以前，有一片大森林，森林里的小溪旁有一小屋，小屋里住着一只小乌龟，它有着一双乌溜溜的大眼睛和黑皮肤。他有一个好朋友，是一只羽毛乌黑发亮的乌鸦。有一天乌云密布，突然下起了一场大雨，乌鸦就躲进池塘边的屋檐下（可以让学生听到"一"的时候开始拍打对方的手同时抽出自己的手）。

参考变式

考虑到男女性别差异，可以按照性别分组进行。

活动提示

教师朗读时可根据实际情况加快或者减缓朗读速度。

7. 乌龟乌鸦

活动目的

（1）活跃现场气氛，打破参与者之间的隔膜。

（2）引起参与者的兴趣，提升学生注意力。

活动道具

无。

活动规则

被抓到 3 次者被淘汰出局。

场地要求

室外或室内空场地。

活动过程

（1）所有学生排成两行，面对面一一相对而立，面对面距离不超过 30 厘米，向中间伸出双手。

（2）教师介绍将用两种动物作为两列的名称，一列为乌龟，一列为乌鸦（强调名称没有实质意义，只是代号而已）。

（3）教师喊乌鸦时，乌鸦要设法迅速抓住乌龟的手（抓住一只即可）；喊乌龟时，乌龟要迅速抓住乌鸦的手。抓和被抓的人都不能移动。

（4）连续被抓到 3 次者被淘汰出局。

（5）感悟分享。

（6）教师小结。

参考变式

（1）可以采用"最勇敢的乌鸦/乌龟"等形式增强趣味性，促进学生参与。

（2）可用其他动物代替。

（3）考虑到性别差异，可以按性别分为两组来组织本活动。

活动提示

两列同学之间的距离不宜太远，因为太远趣味性会降低。

8. 衔纸杯传水

活动目的

（1）活跃现场气氛，提高学生参与的积极性。

（2）培养学生的协调、合作能力和团队竞争能力。

活动道具

装满水或一半水的纸杯、空纸杯、塑料透明小桶（如小桶太大，可以换别的容器）。

活动规则

（1）每组的第一个人在起点以嘴衔住有水的纸杯，走向第二个嘴衔空杯的组员，并将水倒入其纸杯中；第二个人同样将水传给第三个嘴衔空杯的组员；第三个人将水倒入桌上的小桶内。

（2）比赛过程中不可借助手的力量。

场地要求

室外或室内空场地。

活动过程

（1）将参赛人员分组。

（2）将若干有水的纸杯置于起点桌上（保证水能将小桶倒满），小桶放在终点的桌上。

（3）每组选出三个代表分布于运水途中，第一个人在起点，第二、三个人分别用嘴衔空杯在途中等。

（4）每组的第一人在起点以嘴衔住有水的纸杯，走向第二个嘴衔空杯的组员，并将水倒入其纸杯中；第二人同样将水传给第三个嘴衔空杯的组员，第三人将水倒入桌上的小桶内。

（5）哪一组最先将桶装满水就为胜利方。

参考变式

（1）如果运水不合适，可以用别的东西代替。

（2）考虑到男女性别差异，可以按照性别分组进行。

活动提示

本活动现场会比较激烈，因此须提醒学生注意防滑，注意安全。

9. 踩气球

活动目的

（1）活跃现场气氛，促进学生参与课堂的积极性。

（2）增进学生自身的协调性和团队协作能力。

活动道具

若干气球（道具数量视参与活动人数多少而定）。

活动规则

活动开始后，互相踩其他小组的气球，同时努力保护本组气球不被踩爆。

场地要求

室外或室内空场地。

活动过程

（1）男女各半，一男一女组成一组。

（2）一男一女搭配，左右脚捆绑三至四个气球，在活动开始后，互相踩其他小组的气球，同时努力保护本组气球不被踩爆。

（3）大部分气球被踩爆后，主持人视情况喊停，检查各小组成员腿上的气球，气球没破或破得最少的组则胜出。

参考变式

（1）如果人数较多，每组人数可以适当增加。

（2）考虑到性别差异，可以将学生以性别分组，全班分两场进行。

活动提示

提醒学生在踩气球过程中注意动作的幅度，不要出现冲撞的情况。

10. 按摩

活动目的

（1）活跃现场气氛。

（2）引导学生认识到人人为我，我为人人的道理。

（3）引导学生在做事时多考虑对方的感受和需求。

活动道具

无。

活动规则

学生以合适的力度为他人按摩。

场地要求

室外或室内空场地。

活动过程

（1）将所有学生分组，每组学生围成一个圆圈。

（2）请学生把双手搭在前面一人的肩上，为其按摩，然后为其敲背。

（3）请学生向后转，把双手搭在前面一人的肩上，为其按摩，然后为其敲背。

（4）在学生进行活动时，教师可以要求学生相互问一问：要重一点还是轻一点？对服务是否满意？引导学生认识到：在你为他人服务的同时，别人也在为你服务。

参考变式

考虑到性别差异，可以将学生以性别分组。

11. 猜图形

活动目的

（1）让学生在课间得到放松，活跃气氛。

（2）可用于拓宽思维，引导学生认识到解决问题时可以从局部找到突破口。

活动道具

教室投影或黑板。

活动规则

学生使用"头脑风暴法"对给出的图形进行解析。

场地要求

无要求。

活动过程

（1）教师在黑板上按序画如下图形：

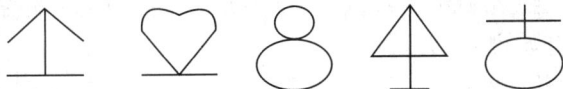

（2）请学生猜下一个图形是什么，可使用"头脑风暴法"。

（3）根据学生给出的不同答案引导学生作出相应的解析，活跃氛围的同时引导学生拓宽思维。

【参考解释】

从局部去猜，图片实际上是阿拉伯数字：1 与 1 合一起；2 与 2 合一起；3 与 3 合一起；4 与 4 合一起；最后一个是 5 与 5 合一起。

参考变式

教师可以根据需要和实际情况提供别的资料让学生解析。

活动提示

作为活跃现场气氛、开拓思维的活动，教师要多肯定学生解析中的合理成分，并大力表扬学生的积极参与和创造性思维。

12. 大风吹

活动目的

（1）活跃现场气氛。

（2）调整学生所坐的位置，减少小团体的存在。

（3）加强学生对教师指令的关注力。

活动道具

无。

活动规则

"大风吹"，则符合条件者挪动位置；"小风吹"，则不符合条件者挪动位置。

场地要求

室外或室内空场地。

活动过程

（1）全体成员围坐成圈，各人划定一个位置，主持人没有位置，立于中央。

（2）主持人开始说："大风吹！"

大家问："吹什么？"

主持人说："吹穿鞋子的人。"则凡是穿鞋子者均要移动，另换位置，主持人趁机抢到一位置，使得一人没有位置成为新主持人。

（3）由新主持人继续主持活动。活动持续几分钟，现场气氛足够活跃后，可进入下一活动。

【参考选项】

可"吹"选项：有耳朵的人、带表的人、两只鼻子的人、没有指甲的人、穿×颜色衣服的人、带戒指的人……

活动提示

（1）教师所说的特征必须是学生中比较明显和突出的，方便学生进行判断。

（2）每一个特征需要有两名或以上学生符合条件以确保参与人数。

13．可怜的小猫

活动目的

活跃现场氛围。

活动道具

无。

活动规则

"小猫"要尽力惹大家发笑，被惹笑者变作"小猫"，继续惹人发笑。

场地要求

室外或室内空场地。

活动过程

（1）全体学生围坐成圈，一人当"小猫"坐在中间，如果刚开始无人当"小猫"，可以由教师当"小猫"先做示范。

（2）"小猫"走到任意一人面前，蹲下学猫叫。面对者要用手抚摸"小猫"的头，并说："哦！可怜的小猫。"但是绝不能笑，一笑就算输，要换当"小猫"。

（3）抚摸者不笑，则"小猫"叫第二次；抚摸者还不笑，"小猫"再叫第三次；抚摸者再不笑，"小猫"就得离开找别人。

（4）当小猫者可以装模作样来逗对方笑。

参考变式

为了活跃现场氛围，最开始可找一个面部表情丰富的学生扮演"小猫"，或者教师自己扮演"小猫"。

14．大树与松鼠

活动目的

活跃现场气氛。

活动道具

无。

活动规则

教师喊"松鼠","大树"不动，扮演松鼠的人就必须离开原来的大树，重新选择其他的大树；教师喊"大树","松鼠"不动，扮演大树的人就必须离开原先的同伴重新组合成一棵大树。

活动过程

（1）事先分组，三人一组。两人扮大树，面对对方，伸出双手搭成一个圆圈；一人扮松鼠，站在圆圈中间。教师或其他没成对的学生担任临时人员。

（2）教师喊"松鼠","大树"不动，扮演松鼠的人就必须离开原来的大树，重新选择其他的大树；教师或临时人员就趁机扮演松鼠插到大树当中，落单的人表演节目。

（3）教师喊"大树","松鼠"不动，扮演大树的人就必须离开原先的同伴重新组合成一棵大树并圈住松鼠。教师或临时人员就应趁机扮演大树，落单的人表演节目。

（4）教师喊"地震"，扮演大树和松鼠的人全部打散并重新组合，扮演大树的人也可扮演松鼠，扮演松鼠的也可扮演大树。教师或其他没成对的人亦插入队伍当中，落单的人表演节目。

15. 小鸡变凤凰（又名晋级）

活动目的

（1）活跃现场气氛。

（2）让学生在竞争中寻求合作，训练学生合作的主动性。

（3）培养学生遵守规则的好习惯。

活动道具

无。

活动规则

（1）以猜"包剪锤"的方式来决定胜负，胜的一方晋级，败的一方退化为后一级。

（2）遵守规则，不能越级成长。

（3）每个级别的同学只能找同一级别的同学猜拳。

场地要求

室外或室内空场地。

活动过程

（1）对学生声明进化分为四级：鸡蛋—小鸡—凤凰—人类，每级的动作如下：

①鸡蛋——蹲下来，双手抱膝；

②小鸡——半蹲下来，双手叉腰；

③凤凰——站立，双手放在头上；

④人类——站立到指定位置。

（2）活动开始时，全体同学全蹲下为鸡蛋，然后随意找人。猜"包剪锤"，胜方可以晋升一级成为小鸡，然后再找是小鸡的同伴继续猜，直到变为人类。相反，"包剪锤"输方要退化为后一级，再找同级同学猜，直到变成人类为止。

【参考问题】

（1）你是如何实现晋级的？是等着别人来找你，还是你主动去找对手呢？

（引起学生思考：自己是以积极的态度还是以消极的态度参与活动？培养学生积极主动的生活态度）

（2）如何尽快变成人类，有哪些方法？

（培养学生动脑思考并解决问题的好习惯）

（3）如果我们中某个人违规，直接跳到了指定位置，你有何感想？

（此处可用摄像机拍下那些直接跳到指定位置的违规学生，培养学生遵守纪律、遵守规则的习惯）

（4）采访最先成功的同学：有何感想？采访没成功的同学：为什么没成功，除了运气之外还有没有别的因素？

（尽力营造出一种积极向上的氛围）

参考变式

（1）若要促进男女同学之间的交流，可限定每次猜拳必须在男女同学之间进行。

（2）如果条件允许，可使用摄像机拍下违规升级的同学，在解说时加以点评，引导大家遵守规则。如果没有摄像机，可以安排一些同学做监督员。

活动提示

（1）最开始阶段讲解时，为了便于学生理解，教师最好示范四级进化的不同变化并引导学生模仿。

（2）向学生强调遵守规则是活动成功的关键。

16. 理财高手（又名拼钱币）

活动目的

（1）提升学生注意力，增强学生的参与性。

（2）促进小组合作，训练学生的反应能力。

（3）培养集体荣誉感，增强学生的进取心。

活动道具

棒棒糖若干。

活动规则

（1）最先组成教师要求的面值的小组获胜。

（2）获胜一次记10分，总分最多的小组获胜，得分最低的小组，男生每人"奖励"俯卧撑5个，女生每人"奖励"俯卧撑3个。

场地要求

室外或室内空场地。

活动过程

（1）全班学生分成几组，8~12人一组，按照顺序坐在一起。

（2）一种性别的学生代表"1元"，另一性别的学生代表"5角"，小组需用最少的人数成教师所需要的金额。

（3）教师说出一个金额，小组须以最快速度且以学生跑出的方式组成此金额。

（4）得分最高的小组获胜，组员每人奖励棒棒糖一支；组长发言谈感想。得分最低的小组，男生每人"奖励"俯卧撑5个，女生每人"奖励"俯卧撑3个；组长谈感想。（"奖励"俯卧撑的目的是给学生施加压力，促使他们以更好的状态投入活动，如果觉得没有必要，可以省略）

【参考问题】

（1）刚才你们小组是怎样协调并达成一致意见的？

（2）通过这个活动，你明白了什么道理？我们在日常的生活和学习中，怎么才能使主动性、协调性相互结合呢？

【感悟分享】

胜利组：我觉得我们小组能够获得成功，原因有几个。第一，也是最重要的是我们小组的每个人都很合作，很有合作精神；第二，我感觉作为组长，我对小组的组员进行了安排，合理的安排让我们节约了很多时间。这让我感觉到做事情之前要做好充分的准备，这样能够增加自己的胜算率。还有，我想对队友们说句话：精诚合作，共同奋斗，我们是最棒的！

失败组：虽然我们小组失败了，但是在活动的过程中我们也有合作，大家也都很想赢，只是在过程中出了一点小问题。但是我感觉这不重要，重要的是我们一起努力过，也一起承担了责任——俯卧撑。虽然这次失败了，但是下次我们会向胜利的小组学习，相信我们虽然这次不是最好的，但是下次我们会努力成为最好的。我也想对队友们说一句话：和你们一起奋斗我很开心。同学们，继续努力，相信自己能够创造奇迹！

活动提示

（1）教师应注意所说金额不能大于小组所有成员代表金额之和，且不能给出学生无法组成的金额，如1.2元。

（2）金额可自由变换，但实施活动时间不宜太长，否则学生完全适应后会显得沉闷、没有挑战性。

17. 青蛙跳水

活动目的

活跃现场氛围，提高学生参与课堂的积极性。

活动道具

无。

活动规则

要求学生回应的速度越来越快，数字不能出错。

室外或室内空场地。

活动过程

（1）全体围坐成圈。

（2）由主持人开始说"一只青蛙"，第二人说"一张嘴"，第三人说"两只眼睛"，第四人说"四条腿"，第五人说"扑通"，第六人说"跳下水"。

（3）继续下个人开始"两只青蛙"，第二人说"两张嘴"，第三人说"四只眼睛"，第四人说"八条腿"，第五人说"扑通，扑通"，第六人说"跳下水"。

（4）继续下个人开始，要求数字不断增加，速度越来越快，很快就会出现"两条嘴"、"四张腿"之类令人捧腹的笑话。

活动提示

（1）教师要尽量用激情激发学生参与的积极性。

（2）要求速度越来越快，这样笑料才会越来越多。学生发笑时，要给学生一些发笑的时间。

18. 做鬼脸

活动目的

引入笑料，活跃现场氛围。

活动道具

硬币若干，照相机。

活动规则

学生要通过做鬼脸在一分钟之内使硬币从鼻子上掉下来。

场地要求

无要求。

活动过程

（1）所有队员围成圆圈站立，面向中心。

（2）首先选一半队员到圆圈里面来，脸向上，平躺在地。

（3）要求他们的身体和头部完全静止，头不能离地或者左右摆动。

（4）在每个队员的鼻尖上放一枚硬币。

（5）要求他们只能做鬼脸，一分钟之内使硬币从鼻子上掉下来。教师手头一定要有照相机，给他们照一些面部特写镜头带回去分享。

（6）之后，另一半人换过来，重复活动。

（7）一些队员成功完成动作后，让他们平躺在地上围成一个圆，头朝圆心（最好头挨着头），看谁最先把硬币弄下来。

参考变式

为使活动更有趣、更富挑战性，可将三个硬币分别放在队员的鼻子、额头和下巴上。

19. 缩小包围圈

活动目的

（1）创造笑料，使小组充满活力。

（2）创造融洽的气氛，为后续培训活动的开展奠定良好基础。

（3）让队员们能够自然地进行身体接触和配合，消除害羞和忸怩感。

活动道具

无。

活动规则

保持大家已经围好的圆圈不被破坏。

场地要求

室外或室内空场地。

活动过程

（1）让队员们紧密地围成一圈。

（2）让每个队员把自己的胳膊搭在相邻同伴的肩膀上，如上面图所示。

（3）告诉大家我们将要面临一项非常艰巨的任务。这项任务是大家要一起向着圆心迈3大步，同时要保持大家已经围好的圆圈不被破坏。

（4）等大家都搞清楚了活动要求之后，让大家一起开始迈第一步。迈完第一步后，给大家一些鼓励和表扬。

（5）现在开始迈第二步。第二步迈完之后，你可能就不必挖空心思去想些表扬与鼓励的词语了。因为，目前的处境已经使大家忍俊不禁了。

（6）迈第三步，其结果可能是圆圈断开，很多队员摔倒在地。尽管很难成功地完成任务，但是这项活动会使大家开怀大笑，烦恼尽消。

参考变式

（1）如果参加人数较多的话，比如多于40个人，可能分成小组开展活动会更好一些。

（2）如果想增强挑战性，可以把队员们的眼睛都蒙起来，但这种情况下激烈程度会降低。

（3）考虑到性别差异，可以以性别分组后再开展活动。

活动提示

在迈第三步的时候尤其要注意提醒队员注意安全，不要让有些队员摔得过重。

20. 袋鼠赛跑

活动目的

活跃现场气氛，促进团队合作。

活动道具

给每两个队员至少准备一个气球；两根绳子（标明起始线和终点线）。

活动规则

带球的队员把气球放在膝盖之间，放好之后，手不能再碰气球。

场地要求

室外或室内空场地。

活动过程

（1）将两根绳子沿着运动场某一边缘平行放置，相距 10 米左右（具体根据学生年龄段做适度调整，距离太短会缺乏挑战性，距离太长又会太辛苦，难免乏味）。

（2）让大家互相结对儿。

（3）给每对搭档发一个气球。

（4）让其中拿着气球的队员站在一条线上，他们的搭档站在运动场边缘的另一条线上。

（5）让带球的队员把气球放在膝盖之间，并且放好之后，手不能再碰气球。

（6）解释活动如何开展。告诉带球的队员在听到你的信号后，像袋鼠一样跳跃通过运动场（保证气球夹在膝盖之间），到达运动场对面的终点线时，将气球传递给搭档——仍旧要求不能用手碰气球。交换气球后，搭档夹着气球跳回起始线。

（7）最先跳回起始线的那对搭档获胜，在此过程中要求气球始终夹在膝盖之间。

活动提示

为防止学生摔倒，可选择在草地上进行，同时班主任要准备一些日常药品，如止血贴等。

21. 比长短（又名尺短寸长）

活动目的

（1）活跃现场气氛，提高学生参与课堂的积极性。

（2）让学生认识到尺有所短，寸有所长，学会客观地评价自己和他人。

活动道具

无。

活动规则

各小组先选人，再给出要比的项目。

场地要求

无要求。

活动过程

（1）分组，至少要分两组，每组五人以上。

（2）主持人宣布要比的单位，然后每组派出一位他们认为会赢此单位的人。

（3）等被派出的人都出来后，主持人再说比什么，然后计算每次比完的输赢即可。

【题目示例】

这个活动的题目就是要出人意料，越不会被大家猜中的越有趣！

比长：比手臂；比上衣；比头发……

比短：比手指头；比裤子或裙子……

比高：比声调；比手抬起来的高度……

比大：比眼睛；比手掌……

比多：比身上饰物；比穿的衣服；比身上的扣子……

（4）参考问题：这个活动带给你最大的感受是什么？

（5）学生感悟分享，教师小结。引导学生认识到"尺有所短，寸有所长"，学会客观评价自己和他人。

活动提示

（1）题目必须在看到被派出的人之前想好。

（2）用于活跃氛围，题目就是要出人意料，越不会被大家猜中的越有趣！

22. 顶针传递

活动目的

（1）活跃现场气氛，提高学生参与课堂的积极性。

（2）利用团队竞争，培养学生的团队合作精神。

活动道具

一次性筷子若干；1 包顶针。

活动规则

（1）每组队员轮流传递顶针，不允许用手碰顶针。

（2）如果有人不慎把顶针弄到了地上，也只能用筷子把顶针捡起来，而且不能把筷子从嘴里拿出来。

场地要求

室外或室内空场地。

活动过程

（1）将队员分成若干个由 5~7 个人组成的小组。

（2）给每个小组一个顶针，给每个队员发一根筷子。

（3）每个小组站成一排（或一圈）。

（4）每个队员把筷子叼在嘴里，教师把顶针交给每个小组站在队首的队员，让他们把顶针套在筷子上。

（5）每个小组要完成的任务是按顺序经由每个组员，把顶针由队首传到队尾（如上图所示）。只允许用筷子传递顶针，不允许用手碰顶针。如果有人不慎把顶针弄到了地上，也只能用筷子把顶针捡起来，而且不能把筷子从嘴里拿出来。

(6) 第一个把顶针传到队尾的小组获胜。

(1) 如果感觉顶针不方便，可以用别的东西替代。

(2) 考虑到性别差异，可以按性别分组后再组织活动。

活动提示

这是一个具有较强竞争性的活动，需要队员非常小心地参与。教师要提醒学生注意筷子的方向，不要用筷子刺到别人。

23. 穿鞋子

活动目的

活跃现场氛围，培养协作意识。

活动道具

无。

活动规则

在不能放手也不能用手的情况下，最快把每个人的鞋子找出、穿上并系好鞋带的小组获胜。

场地要求

室外或室内空场地。

活动过程

(1) 分组，不限几组，但每组必须3人以上。

(2) 每个人脱下自己的鞋子，每组把组员的鞋子堆成一堆。然后所有组员围着鞋子手牵着手组成一个圈。

(3) 看哪组能不放手最快地把每个人的鞋子找出、穿上并系好鞋带。

参考变式

(1) 考虑到性别差异，可以男女分组进行。

(2) 如果想要增强刺激性，可以适当增加别的挑战性任务。

每个小组人数不宜太多，不然找鞋的过程太长，会带来诸多不便。

24. 变形虫赛跑

活动目的

（1）调节现场氛围，提高学生参与课堂的积极性。

（2）通过竞争促进学生的团队合作精神。

活动道具

数条绳子。

活动规则

在符合条件的情况下，最快到达终点的小组获胜。

场地要求

室外或室内空场地。

活动过程

（1）分组，将全班同学分为若干组。

（2）组员互相靠紧站着，举起双手，用绳子围着组员们的腰间绑紧，绑成一条"变形虫"。

（3）画好起点和终点，进行一次"变形虫"赛跑，最快到达终点的组获胜。

参考变式

（1）考虑到性别差异，可以男女分组后再组织活动。

（2）可以考虑以人数逐渐增加的方式增强活动的刺激性，如，最开始每组选3人，然后每组选5人，再然后每组选7人。总之人数越多，挑战性越强。

活动提示

提醒学生注意安全。

25. 乐乐球

活动目的

（1）活跃现场气氛，提高学生参与课堂的积极性。

（2）通过团队竞争，培养学生的竞争意识和团队精神。

活动道具

小皮球数个。

活动规则

在符合规则的前提下，最先完成任务的小组获胜。

场地要求

室外或室内空场地。

活动过程

（1）分组，将全班同学平均分组。

（2）设定起点与终点，告诉各小组的组员起点和终点的明确位置。

（3）要求每个组员将一脚向后弯，以膝盖内侧（即腿窝）夹球，夹球后用另一脚从起点单脚跳至终点，再返回起点把球传给下一位组员。

（4）告诉学生如果球于途中掉落地面，必须从起点重新开始。

（5）最后，在人数相等的情况下以最先结束活动的一组为胜方。

参考变式

教师可在途中设障碍物增加难度。

活动提示

（1）起点和终点之间的距离不宜太远，不然学生会很辛苦。

（2）提醒学生小心，不要摔倒，要注意安全。

26. 记忆考验

活动目的

活跃团队气氛，制造笑料。

活动道具

无。

活动规则

每一个人都必须复述前面所有人说的内容并加上自己想说的内容。

场地要求

无要求。

活动过程

（1）全部人围成一圈，从第一个人开始说"今天我吃了一个 AA"（AA 为随意食物名）。

（2）第二个人接着说，吃了一个 AA，两个 BB（BB 为与 AA 不同的食物名）。

（3）像这样一直传下去，每传一个人就必须重复前面的食物名，另加一个新的食物名。

（4）一直到有人中途讲错出局。

【题目示例】

可选一些较难记忆的食物名、菜名，或一些平常不容易吃到的食物名，例如，滑蛋干贝、牛肉汤。

27. 巧妙闯关

活动目的

（1）活跃现场氛围，增加笑料。

（2）考验学生的现场发挥能力。

活动道具

无。

活动规则

每个人过封锁线的姿势都不能和前面的人相同。

场地要求

室外或室内空场地。

活动过程

（1）教师讲述活动背景：敌人封锁了道路，如果需要过封锁线就一定要乔装打扮，才能不被敌人识破。乔装打扮即不能以正常的走路姿势走过封锁线，可以跳过去、倒走过去等。后面的人不能重复前面的人的姿势，参加人员可以循环通过。

（2）一人假扮敌军，封锁道路。

（3）其他人通过封锁线，提醒：一定要乔装打扮才能通过。

（4）已经通过的同学可以循环通过。

28. 鸡同鸭讲

活动目的

制造笑料，活跃团队氛围。

活动道具

两个大碗（或者其他容器），一本便笺条（确保每人能分到两张），每人一支笔。

活动规则

每个人写一个关于某个同学的问题，之后随机抽取一个答案读出来。

场地要求

无要求。

活动过程

（1）每人发一张纸。每个同学针对另外一个同学在纸上写下问题，要求问题写"为什么"型的问题，不要问"是不是"型的问题。如"小王的鼻子为什么那么高？"

（2）写完后把纸片投进一个大碗里，然后每人随机从大碗中抽取一张纸片，如果抽到自己写的就丢回去重新抽。

（3）每个人针对抽到的问题随意想一个答案，写在另外一张纸上。答案丢在另一个碗里，问题留在自己手里。

（4）高潮来临：每个人轮流，先念出自己手上拿的问题，再从碗中抽一张答案念出来（抽到自己原来写的答案就丢回碗里重抽）。

二、增强了解，认识他人

1. 串串相连

🎯 **活动目的**

活跃气氛，打破僵局，促进学生之间的认识和了解。

📇 **活动道具**

无。

🔄 **活动规则**

每个人在介绍自己之前必须先重复前面所有人的自我介绍。

🔙 **场地要求**

无要求。

🔄 **活动过程**

（1）分组，小组成员围成一圈，任意点名一位学生自我介绍来来自学校、姓名；第二名学生接着介绍，但是要说：我是×××后面的×××。

（2）第三名学生说：我是×××后面的×××后面的×××，依此下去，最后介绍的一名学生要将前面所有学生的信息复述一遍。

（3）随意抽取学生，要其把本组所有成员的信息复述一遍。

📖 **参考变式**

为了促进学生更认真地认识他人、记住他人，可以采取小组竞争的形式，对表现好的小组给予奖励，对表现不佳的小组予以一定的惩罚。

2. 笑容可掬

活动目的

以较热闹、激烈的活动让现场气氛活跃热烈，使学生们彼此熟络。

活动道具

无。

活动规则

鞠躬喊别人名字时要面带笑容。

场地要求

室外或室内空场地。

活动过程

(1) 学生两两相对，站成两排。

(2) 每个队员向对面的人介绍自己的姓名和所来自的学校。

(3) 相互鞠躬。弯腰成90度，高喊"×××你好"。

(4) 交换位置，重复刚才的行动。

3. 我是记者

活动目的

帮助学生们相互了解，增进学生之间的熟悉度。

活动道具

无。

活动规则

每个人要根据对采访对象的了解作1分钟的陈述。

场地要求

无要求。

活动过程

（1）让学生们找到自己的拍档，其中一人作为记者对这位拍档进行采访，形式和内容自定，时间 3 分钟。

（2）在 3 分钟内尽可能获取有深度的信息，要求在采访过程中做笔记。采访完成后进行角色交换再做一遍。完成采访后，每位学生要将采访到的信息做一次一分钟的演讲，目的是把被采访的人以最佳的表达方法介绍给大家。

（3）时间由教师掌握，如果人员较多，演讲可以以抽查的方式进行；或者一节课只做这一个活动，以便促进同学之间更深入的了解。

参考变式

可设置"最具口才奖"、"最具智慧奖"、"最佳策划奖"、"最佳记者奖"等奖项。

4. 学生相互介绍

活动目的

让学生相互熟悉，促进学生之间的相互了解。

活动道具

无。

活动规则

要和每个同学进行一句话的完整交流并努力记住对方的名字。

场地要求

室外或室内空场地。

活动过程

（1）所有的学生都站着。

（2）在 1 分钟内，每位学生与其他学生握手，同时说："早上好（或下午好），我叫×××，见到你很高兴。"

（3）3分钟后，每位学生再与其他学生握手，同时说："×××早上好，见到你很高兴。"

（4）在3分钟内握手的人数越多越好，但学生必须在说完要说的话后才能与下一位握手，而且要努力记住与自己握手的人的名字。

（5）抽查一部分学生，让他们统计自己和多少人握过手，并要求他们介绍和自己握过手的同学。

参考变式

（1）为了激发大家的积极性，可以提前告诉学生一会儿老师要抽查，会让他们介绍和自己握过手的同学。

（2）可以设置一些奖项，或者以分组的形式来促进学生之间的竞争。

5. 抛球交友

活动目的

（1）活跃现场氛围，打破比较拘谨的局面。

（2）帮助大家记住彼此的名字。

活动道具

三个网球，或是三个比较软的小球。

活动规则

（1）第一轮，学生要先大声喊出自己的名字，再抛球给队友。

（2）第二轮，学生要先大声喊出队友的名字，然后抛球给对方。

（3）每一轮都不能连续抛给同一个人。

场地要求

室外或室内空场地。

活动过程

（1）选一块宽阔平整的活动场地。

（2）队员们以小组为单位站成一圈，每人相距约一臂长，教师也不例外。

（3）教师告诉某个学生："小组活动将从你手里开始"，接着那个学生大声喊出自己的名字，然后将手中的球传给自己左边的队友。接到球的队友也要如法炮制，喊出自己的名字，然后把球传给自己左边的人。这样一直继续下去，直到球重新回到第一个同学的手中。

（4）第一个同学重新拿到球后，教师告诉大家："现在我们要改变活动规则了，现在接到球的队员必须要喊出另一个队员的名字，然后把球扔给该队员。"

（5）几分钟后，队员们就会记住大多数队友的名字。这时再加一个球进来，让两个球同时被扔来扔去，活动规则不变。

（6）在活动接近尾声的时候再把第三个球加进来，其主要目的是让活动更加热闹有趣。

（7）抛球活动结束后，在解散小组之前邀请一个志愿者，让他在小组内走一圈，报出每个队员的名字。

参考变式

（1）如果几个小组同时在玩这个活动，可以让不同的小组在活动中间交换一半队员。

（2）让队员们可以随心所欲地更换小组。被新小组接纳的唯一条件是新成员在站好位置后喊出自己的名字，以便其他队员扔球给他。

活动提示

（1）教师提醒学生注意扔球的时候不可用力过猛，以确保安全。

（2）为了确保学生扔球的规范，教师最好要做一个比较规范的示范：合适的扔球应当是一个较慢的高球。

6. 当头棒喝

活动目的

以比较热闹的形式帮助学生迅速记住他人的名字。

活动道具

气球棒若干（每个小组一支）。

活动规则

在主持人打中一个同学之前，该同学必须说出一个同学的名字，否则接棒人做主持人。

场地要求

室外或室内空场地。

（1）分组，每组成员围坐一圈，每个人先介绍自己的名字，并作简单解析。

（2）每个人记好几个人的名字，在主持人用棒打你之前，你必须说出一个同学的名字，说出名字后，主持人则转身打被说出名字者；若说不出而被打中，则接棒人做主持人。同时要求不能重复地说同一个人的名字。

（3）本组成员比较熟悉后，打乱重新分组，促使大家记住更多人。

💠 **活动提示**

为了促使同学们记住更多人，可以提前强调一会儿要测试，使学生更专心地参与活动。

7. 有缘相识

🎯 **活动目的**

（1）通过活动让学生体验主动交往的乐趣。

（2）学生在交流中发现共同爱好者，寻找志同道合的朋友。

🧩 **活动道具**

多种颜色的小方形纸若干，每张纸分别剪成四小块彼此能相互契合的形状；选择欢快的乐曲做背景音乐。

💠 **活动规则**

每个人努力找到与自己图形契合的"有缘人"。

🔙 **场地要求**

室外或室内空场地。

💠 **活动过程**

（1）在背景音乐的欢快气氛下，教师要求每个参与者到场地中央的盘子里选取一张自己喜欢的纸片。

（2）根据自己所选纸片的颜色与形状，到群体中寻找能与自己图形契合的"有缘人"。

（3）找到了"有缘人"后，两人坐在一起，相互介绍自己，通过交谈找出彼此间三个以上的共同点。

（4）全班交流分享。

参考变式

（1）纸片设计可以是四张相互契合拼成一个正方形，因此就会出现一人可以同时与两人相契合的情况。主持人可以要求第一个图形契合的人为"有缘人"，也可以要求只要是图形能契合的人都为"有缘人"。

（2）"有缘人"可以是颜色相同形状契合的人，也可以是颜色不同但形状契合的人，这由学生自己理解决定。

（3）活动还可以继续深入，在两个"有缘人"的基础上接着做"成双成对"的活动，继续寻找图形契合的另两个"有缘人"。找到后，四个"有缘人"通过交谈，寻找彼此间存在的三个共同点。

活动点评

一群陌生人走在一起，如何主动介绍自己、认识他人？"有缘相识"活动利用小道具——一张不规则的纸片，让你跨出主动交往的第一步。不管他是谁，不管他在哪里，凭着手中的小纸片，努力去寻找。相信相遇是一种缘分，所以当彼此找到图形契合的"有缘人"时就会特别高兴，然后开心地坐在一起交谈，挖掘着彼此间的共同点。陌生感没有了，人与人的距离拉近了。当发现彼此有这样那样的相似时，就会特别兴奋、特别珍视。

当教师要求"有缘人"与大家一起分享共同点时，他们总是自告奋勇、迫不及待，因分享而受到大家的认可时更是开心不已。原本一个陌生的群体，由于找到"有缘人"而变得融洽与温馨。

8. 自我介绍

活动目的

促进班级同学之间更加了解和熟悉。

活动道具

卡片或幻灯片，上面要印有教师准备询问团队成员的问题。

活动规则

每个成员都用形容词描述自己的主要特点。

场地要求

无要求。

活动过程

（1）要求每个成员说出自己的名字，并在名字前加上一个形容词，这个形容词要能描述自己的主要特点。如，严肃的×××、乐观的×××、帅气的×××等。

（2）回顾一下预先印好的表格上列出的各个问题，选择其中一个问题，将它写在纸板上或是自己制作一个带字幕的幻灯片。

（3）让每个人写下这个问题的答案。让他们完成答案之后通过与其他团队成员交流答案来进行自我介绍。

①我是谁？

②我认为最有价值的是？

③一直激励我的是？

④我最喜欢我生活中的哪一方面？

⑤我不喜欢我生活中的哪一方面？

⑥暂且不论时间、金钱和责任，在所有事情中，我最愿意做的是？

⑦除了我的父母以外，如果我能再选择两个人做我的父母，我将选择？

（4）当大家做完自我介绍后，教师应当指出这些自我介绍揭示了每个成员不同的内在的价值观。

【参考问题】

①根据你对所提问题的回答来看，你的价值观是什么？

②我们的答案揭示了我们价值观中的哪些共性？

③我们的答案揭示了我们价值观中的哪些差异？

④我们怎样分配团队的任务才能使这些安排与每个人的价值观、特长和能力相适应？

参考变式

如果还有时间，发给每个人一份事先印好的表格，让他们花几分钟时间去完成这些问题，然后再让团队成员介绍一下自己。这些自我介绍可以揭示出他们内在的价值观。

活动提示

也许有些同学给出的答案并不是教师所期待的答案，或者是不太符合主流价

值观的答案，但如果学生的答案是经过认真思考得出的，教师要予以理解并做积极引导。

9. 了解你的伙伴

活动目的

猜测组员的生活习惯，促进同学之间更好地互相了解。

活动道具

笔和问卷。

活动规则

按照你对伙伴的了解，写出问题的答案。

场地要求

无要求。

活动过程

教师说："很高兴在这里见到大家，但我们看不到彼此平日的生活习惯。"

（1）将组员分成2人小组。

（2）在与伙伴交谈之前，先回答问卷。

（3）分组后，按照你对伙伴的了解互相猜测，写出答案。

（4）交换答案纸，大家围圈。每个人读出伙伴对自己的看法，并以自己的现况加以澄清。

附：问卷

①你的伙伴几点钟睡觉？

②你的伙伴每天安排多少时间锻炼？

③你猜伙伴最惧怕什么动物？

④你猜伙伴有什么雄心壮志？

活动提示

注意问卷中要避免涉及学生的个人隐私。

🎯 **活动目的**

（1）用物品作自我介绍，增进学生的自我了解。

（2）增进同学之间的深度了解。

活动道具

无。

活动规则

用一样东西来代表自己并用它来介绍自己，要求尽量不重复。

场地要求

无要求。

活动过程

教师说："从一件衣服、一样东西就可看到真我流露，你身上的物品也不例外。"

（1）请大家用几分钟时间在教室中或自己身上找一样可以代表自己的物品。

（2）各人分享所选的物件，解释选择的理由。例如，"我选择的是手表，因为它代表我很有时间观念……"

（3）每个人必须找到一件代表自己的物品，不能借口找不到而逃避活动。

（4）分享之后，教师小结。

参考变式

（1）可提前告诉学生，让学生做好准备。

（2）可规定所选物品的类别，如大家都找水果代表自己。

11. 舞台新秀

🎯 **活动目的**

（1）思考个人性格特点，强化学生的自我认知。

（2）训练学生运用身体语言表达个人意念的能力。

小活动 大德育

活动体验型主题班会的设计与实施

活动道具

提前安排学生根据个人需求准备道具。

活动规则

每个学生用最能代表自己个性的动作来表现自己，动作不能与他人相同。

场地要求

无要求。

活动过程

（1）提前告知学生游戏规则：每个学生用最能代表自己个性的动作来表现自己，动作不能与他人相同。给学生留一定时间让他们预先构想最能代表自己个性的动作。

（2）全部参与者一个一个上台表演，如果人员过多，可选择分组表演。

（3）教师判断表演动作与之前是否重复，如果重复，需重新表演。并让学生解释为什么选择这个动作代表自己，这一动作代表自己哪个方面的特征。

【参考问题】

①通过这次展示，你更清楚地认识到了自己哪些方面的特征？

②对于仅仅用一个动作来表达最能代表自己的个性，你有何感受？

（4）教师小结：略。

参考变式

（1）学生可以提前准备道具来代表自己，展示并解释给大家听。

（2）学生可以选择以组合的形式展示自己或自己所在的团队。

活动提示

提醒学生不要用存在安全隐患的动作来表达自我。

12. 纸飞机

活动目的

（1）活跃现场气氛。

（2）促进学生之间的互相了解。

活动道具

每人一张纸、一支笔。

活动规则

每个人写的东西要保密，不能让别人看到。

场地要求

无要求。

活动过程

（1）每人发一张纸。请全班同学各自在纸上写下形容自己的内容，不要让别人看到。建议不要写最明显的特征，如最胖的人、最高的人等。

（2）写好个人资料后，让大家把纸张折成飞机。

（3）请大家闭上眼睛，教师喊"1，2，3，起飞"的口号，让同学们一起放飞纸飞机。在飞机着陆之前，请同学们睁开眼睛，每人接一个纸飞机，也可以从地上捡起一个纸飞机。

（4）拆开纸飞机，每个人按照纸上的资料猜测这个人是谁，写上那个人的名字。

（5）公开纸张内容，大家一起猜测姓名，并找本人核实。

活动提示

提醒学生飞机头不要叠得太尖，以免在飞机降落时扎到同学。

13. 有"球"必应

活动目的

调节氛围，在轻松气氛下更好地了解别人。

活动道具

一个球。

活动规则

要求学生所提问题不能涉及个人隐私。

场地要求

室外或室内空场地。

活动过程

教师说:"我们每个人都喜欢有求必应,你想感受一下有求必应的感觉吗?我来教你!"

(1)准备一个皮球,让学生围成一个圆圈,将球抛向一位学生,并问他一个问题。要求该问题不能涉及他人隐私,如果涉及隐私,接球者可以拒绝回答。

(2)接球者回答后可将球抛向另一位同学,并向他提出问题。

(3)若接球后三秒(或组织者数三声)内,抛球者不能问出问题,或接球者不能给出答案,便要接受惩罚。

14. 找异同

活动目的

促进同学之间的了解。

活动道具

卡片、笔。

活动规则

学生要努力找出他人与自己的相同和不同之处。

场地要求

无要求。

活动过程

(1)每人发一张卡片(如下):

姓名_____(自己)

姓名	与我相同之处	与我不同之处
①_____	_____	_____
②_____	_____	_____
③_____	_____	_____

(2)给予5~10分钟时间,请同学们自由找人交流,完成上面的内容。

（3）选取代表，全班分享，并征求所对比人的意见。

15. 糖果抛抛

🎯 **活动目的**

（1）活跃现场气氛，提高学生参与课堂的积极性。
（2）促进初建班级成员之间的相互了解。

📋 **活动道具**

每个人十颗左右糖果。

🔄 **活动规则**

其他人如果没做过和叙述人同样的事，必须给对方一颗糖果。

⬅️ **场地要求**

无要求。

🔄 **活动过程**

（1）全部人坐成一圈，给每个人十颗左右的糖果。必须等到活动最后才能吃掉手中的糖果。

（2）其中一个人讲一个他做过的特别的事，或是一个小小的经验。

（3）听完后，其他人只要没做过同样的事就必须给说话者一颗糖果。活动持续轮流下去，全部轮完后，就可以吃糖果了！

16. 特征检索

🎯 **活动目的**

促进初建班级成员之间的相互认识。

📋 **活动道具**

写有班级成员特征的名单数张（每人一张）。

🔄 **活动规则**

每个人根据名单所写特征寻找符合相关特征的人。

无要求。

活动过程

（1）教师把准备好的有班级成员特征的名单发下去给每个人。

（2）在一定的时间内，或收到第一张有完整签名的名单之前，每个人必须去寻找符合名单上描述的人，并取得签名。

【题目示例】

在北京出生

会背三首以上的唐诗

会三种以上语言

戴隐形眼镜

住在学校宿舍

家里有养宠物

17. 配对识友

活动目的

使新生在一个比较宽松的气氛中结识新朋友。

活动道具

每人一张配对卡（请参照样张）。

活动规则

每位学生寻找与自己的配对卡上描述相符的人，并请他在卡上合适的位置签名。

场地要求

无要求。

（1）每人发放一张配对卡。

（2）请每位学生寻找与自己的配对卡上描述相符的人，并请他在卡上合适的位置签名。

样张：

配对卡

说明：

每个空栏处都标有本班学生的特点。请在所有学生中寻找与下列表格中描述相符的人，如果找到请他们在相应位置签名（可能有人符合卡中所列的多项条件，但每个人只能在卡上签一次名）。

_____	喜欢唱歌 _____	曾担任班长 _____	喜欢打乒乓球 _____
喜欢踢足球 _____	一头长发 _____	喜欢看课外书 _____	爱玩游戏 _____
爱弹钢琴 _____	戴眼镜 _____	圆圆的脸蛋 _____	偏爱理科 _____

18. 心有灵犀

活动目的

（1）测试学生之间的互相了解和默契程度。

（2）促进学生更多地关注他人、了解他人。

活动道具

每人一张纸、一支笔。

活动规则

（1）两两分组，每人根据问题写出自己和对方的答案。

（2）对方的答案写在纸张的左侧，自己的答案写在纸张的右侧。

场地要求

无要求。

活动过程

（1）教师要提前准备好要问的问题。

（2）学生两两分组，建议两个好朋友组成一组，分组后将两人隔离开来（能防止学生互相核对答案即可）。

（3）教师以幻灯片或者阅读的方式逐个呈现问题，让学生写出自己和对方的答案，对方的答案写在纸张的左侧，自己的答案写在纸张的右侧。

（4）完成后，分组收取答案，视时间长短公开核对答案。

【参考问题】

①你们两个人的答案有多少是吻合的？是你对对方的了解多一些，还是对方对你的了解多一些？

②你对你们彼此的了解程度满意吗？如果不满意，应该如何改善？

（5）学生感悟分享，教师小结。

活动提示

（1）建议两个好朋友组成一组，测试大家之间的默契和关注度，要让学生在有成就感的同时感到自己对对方关注的不足。不熟悉的同学之间难以实现该活动效果。

（2）最好以两个人互相问答的形式公开答案，以较夸张的口吻公开答案从而增加趣味性。

【题目示例】

自己和对方的生日是什么时候？

自己和对方是什么星座？

自己和对方最喜欢的颜色是什么？

自己和对方最不喜欢的蔬菜是什么？

自己和对方不高兴时最喜欢做的事情是什么？

自己和对方最常说的口头禅有哪些？

19. 真真假假

活动目的

促进学生之间更加充分、深入地相互了解。

活动道具

每人一张纸、一支笔。

活动规则

组员相互猜测每个人写的哪一句话是真的，哪一句话是假的。

场地要求

无要求。

活动过程

（1）全班根据需要随机或自愿分为6组，每组约5人。

（2）分给每人一张纸及一支笔，并在纸上写下4句有关自己的句子，其中3句是真的，1句是假的（要求学生必须真实客观地写，不能故意误导）。

（3）写完后轮流讲出自己写的句子，由其他人来猜哪一句是假的，并让他们说出自己的判断理由。

【参考问题】

①你对你身边的同学足够了解吗？了解源于什么？

②你对同学的判断和他对自己的判断有什么差异？这让你想到了什么？

（4）教师引导：

同学之间的相互了解来自于平时用心地观察、沟通。经过沟通，你是否发现原来对对方的了解有些是不真实的甚至是自己凭空臆想出来的？再想一想，你们在平时与同学发生的口角、误会和冲突，很多时候是不是缺乏了解所引起的？

参考变式

（1）可根据需要对活动作出修改。如要测试某一个人（如教师、班长）对本组人乃至本班人的了解，可以只让这一个人猜测。

（2）如果目的是促进好友之间的交流和了解，则可以让学生自由组合；如果目的是为了促进全班之间的交流和了解，则可以随机或抽签分配小组。

三、促进沟通，和谐关系

1. 你吹我爆

活动目的

让学生学会人际交往，学会回避他人最敏感的问题。

活动道具

气球、牙签。

活动规则

用牙签扎气球，但是不能发出"啪啪"的爆炸声。

场地要求

室外或室内空场地。

活动过程

（1）分组，每组选派一名代表。

（2）各代表上讲台用牙签扎气球。要求：不能发出"啪啪"的爆炸声，否则视作游戏失败。

（3）如果有同学扎破了气球且没有发出"啪啪"的爆炸声，请这位同学介绍方法。如果没有一个人能做到，则教师示范扎气球——扎气球最松弛的地方。

（4）提问：扎气球的什么部位，气球发出的爆炸声最大？答案：气球张力最大的地方。

（5）讨论：从这个游戏中我们能悟出关于人和人交往问题的什么道理？

（6）教师小结：

人与人之间的交往就像气球和牙签，气球张力最大的地方是碰不得的，人最敏感、最不愿让人知道的事，千万别去碰更不能揭穿它。俗语说，打人不打脸，揭人不揭短，说的也正是这个道理。在现实生活中每一个人都有自己的优缺点、正负极，有时或许我们一句不经意的话就会触到别人的弱点，伤害了别人甚至破坏自己曾经用心经营的友谊。所以在人与人相处时要多欣赏别人的优点，多为别人鼓掌，不愉快的过去就别去回忆，学会宽容。

活动提示

活动过程中提醒学生注意安全，包括：不要把气球吹得太大；不要用牙签乱戳；刺破气球的时候远离面部等。

2. 销售中的异议

活动目的

（1）训练学生的沟通能力。

（2）培养学生的同情心，让他们学会站在他人的角度看问题。

活动道具

无。

活动规则

顾客要想方设法挑商品的毛病，销售员要想方设法给出合理的解释让顾客满意。

场地要求

无要求。

活动过程

（1）将学生分成两人一组，其中一个是 A，扮演销售人员；另一个是 B，扮演顾客。

（2）场景一：A 现在要将公司的某件商品卖给 B，而 B 则想方设法地挑出本商品的各种毛病。A 的任务是——回答 B 的这些问题，即便是一些吹毛求疵的问题也要回答得让 B 满意，不能伤害 B 的感情。

（3）场景二：假设 B 已经将本商品买了回去，但是商品出现了一些小问题，需要进行售后服务。B 要讲一大堆对于商品的不满，A 的任务仍然是帮他解决这些问题，提高他的满意度。

（4）交换一下角色，然后再做一遍。

（5）将每个组的问题和解决方案公布于众，选出最好的组给予奖励。

【参考问题】

①对于 A 来说，B 的无礼态度让你有什么感觉？在现实生活中你会怎样对待这些同学？

②对于 B 来说，A 怎样才能让你觉得很受重视、很满意？如果在交谈的过程中，A 使用了像"不"、"你错了"这样的负面词汇，你会有什么感觉？谈话还会成功吗？

（6）教师小结：

①对待别人最好的方法就是要真诚地与他沟通，站在他的角度思考问题，想方设法替他解决问题；能够解决的问题尽快解决，不能解决的要向他解释清楚，并且表示歉意；有时候即便有些人不太理智，我们也要保持微笑。

②在交流的过程中，语言的选择非常重要，同样的意思用不同的话说出来效果是不一样的。多用一些积极的词汇，尽量避免使用一些否定的、消极的词汇，这样才能让别人心里觉得舒服、满意。

活动提示

选择顾客和销售人员时，尽量让一些语言表达能力好的同学来扮演，这样效果更好。

3. 不要激怒我

活动目的

（1）让学生认识到语言和态度是影响人际沟通的两大主要方面。

（2）教会学生避免使用那些隐藏有负面意思的甚至敌意的词语。

活动道具

无。

活动规则

根据评分标准，得分最高的小组获胜。

场地要求

无要求。

活动过程

（1）将学生分成 3 人一组，但要保证总组数是偶数，每两组进行一场游戏；告诉他们：他们正处在一个商务场景当中，比如商务谈判，老板对员工进行业绩评估等。

（2）给每个小组一张白纸，让他们在 3 分钟时间内用"头脑风暴法"列举

出尽可能多的会激怒别人的话语。比如，不行、这是不可能的等，每一个小组要注意不被另外一组事先了解到他们会使用的话语。

（3）让每一个小组写出一个一分钟的剧本，当中要尽可能多的出现那些激怒性词语，时间是 10 分钟。

（4）告诉大家评分标准：①每个激怒性词语给 1 分；②每个激怒性词语的激怒程度给 1～3 分不等；③如果表演者能使用这些会激怒对方的词语表现出真诚、合作的态度，另外加 5 分。

（5）让一个小组先开始表演，另一个小组的学生在纸上写下他们所听到的激怒性词汇。

（6）表演结束后，让表演的小组确认他们所说的那些激怒性词语，必要时要对其作出解释，然后两个小组调换角色，重复上述的过程。

（7）第二个小组的表演结束之后，大家一起分别给每一个小组打分，最后给分数最高的那一组颁发"火上浇油奖"。

【参考问题】

①什么是激怒性词汇？我们倾向于在什么时候使用这些词汇？

②如果你无意间说的话被人认为是激怒行为，你会如何反应？你认为哪个更重要，是你自己的看法重要，还是别人对你的看法重要？

③当你无意间说了一些激怒别人的话，你认为该如何挽回？是马上道歉吗？

（8）学生感悟分享，教师小结：

①语言和态度是人与人之间沟通时的两大主要方面。面对对抗的时候，有的人说出来的话是火上浇油，有的人说出来的话就是灭火器，效果完全不同。

②有些人很多时候在不经意之间说出很多伤人的话，即便他们的本意是好的，他们也往往因为这些话被人误解，达不到应有的目的。我们在说每一句话之前都应该好好想想，这句话听到别人耳朵里面会是什么感觉，会带来什么后果。这样我们就可以避免无意识地说出激怒性的话语。

实际上，在我们得意扬扬的时候往往是我们最容易伤害别人的时候。保持谦虚谨慎的态度，不像骄傲的孔雀一样，这样往往会使我们的人际关系为之改善，使人与人之间的交流更容易一些。

4. 非语言交流

活动目的

（1）引导学生认识到人与人之间的沟通不仅包括语言上的沟通，还包括各种表情手势等非语言的肢体动作的交流。

（2）引导学生认识到非语言沟通在谈话中的作用，并学会恰当地运用非语言进行沟通。

活动道具

白纸和笔。

活动规则

采用非语言类的一切形式，如动作、表情、手势、画图、目光等，来介绍自己抽到的职务、职业。

场地要求

无要求。

活动过程

（1）在纸片上写一些职务，如宣传委员等，再写下一些职业名称，然后让每个同学抽一张。

（2）让全体同学围成一个大圈，每个人轮流站到圈子中央来介绍自己的名字。

（3）介绍完自己的名字后，采用非语言类的一切形式，比如动作、表情、手势、画图、目光等，来介绍自己抽到的职务、职业。

（4）同学们介绍自己抽到的职务、职业时，其他同学可以采取试探的方式问该同学："你是宣传委员吗？"得到肯定的回复后，就算介绍完毕；如果试探错误，该同学必须再次表演，直到有人回答正确为止（也可以以小组竞赛的形式进行，限定时间）。

（5）讨论与分享：

①当你用非语言的形式来表达自己的时候，表达是否准确？

②你是否能很好地理解对方的非语言表达？

③在表达者和信息接受者之间是否有信息的丢失和误解？如果有，为什么？

④怎样才能减少这些信息的丢失？

（6）游戏主要障碍和解决：

①合适的非语言交流可以帮助我们更好地理解对方的意思，而拙劣的非语言表达方式有时候反而会阻碍沟通。

②非语言形式的交流不同于语言形式的交流，它会产生歧义。比如你指一下自己的肚子，说自己饿了，对方可能理解成你肚子疼；你说你困了，对方可能认为你不想理他。所以在这种交流中往往会闹出很多笑话。

③利用非语言形式成功交流的关键在于正确地理解彼此的背景和接受程度，对不同的人要采取不同的方法，这样才能达到沟通的目的。

5. 教你穿衣服

活动目的

（1）引导学生认识到沟通中存在的一大误区：假设你所知道的别人都可以轻易理解和接受。让学生认识到每个人的知识范围都是有限的。

（2）引导学生学会多种沟通渠道和沟通方式，以促进更好地沟通。

活动道具

校服外套。

活动规则

学生 A 想办法教会学生 B 穿衣服，但是不能直接帮助 B 穿衣服。

场地要求

无要求。

活动过程

（1）选两名志愿者（学生 A 和 B），其中 A 扮演老师，B 扮演学生。A 的任务就是在最短的时间内教会 B 怎么穿外套（假设 B 既不知道外套是什么，又不知道应该怎么穿）。

（2）B 要充分表演出当学生的学习能力弱的时候，老师的低效率。例如，A 让他抓住领口，他却抓住口袋；A 让他把左胳膊伸进左袖子里面，他却伸进右袖子里面。

（3）有必要的话，可以让全班同学辅助 A 来教会 B 穿外套，但要强调只能给予口头的指示，任何人不能给 B 以行动上的支持。

（4）教师推荐给学生一种卓有成效的办法：示范给 B 看怎么穿，然后让 B 自己模仿着做一遍。

【参考问题】

①A 一开始为什么总是失败？原因在哪里？在此引导学生认识到沟通中存在的一大误区：假设你所知道的别人都可以轻易理解和接受，A 理所当然地认为 B 一定知道袖子、领口和口袋的区别，左袖子和右袖子的位置，但事实上，B 不一

定知道。

②整个过程中，A 最大的感受是什么？在此可以引导学生思考：在人际沟通中要多考虑对方的实际情况，考虑采用多种方法进行沟通，以增强沟通的效果。

参考变式

（1）为了突出活动的效果，可以提前通知扮演 B 的同学一定要扮演得比较"笨"，或者教师自己充当 B 的角色。

（2）也可用别的东西替代外套，根据实际情况展开。

活动提示

（1）扮演 B 的同学一定要扮演得比较"笨"，否则达不到预期效果。

（2）此活动可以用于师生沟通和教师培训，引导教师多考虑学生的知识基础等实际情况，考虑采用多种方法进行沟通，以增强沟通的效果。

6. 甜心运动

活动目的

（1）给学生机会，让他们表达对他人的欣赏。

（2）引导学生学会欣赏他人、发现他人的优点，促进学生之间的互相了解。

活动道具

糖果若干（每人平均5~10颗为宜）。

活动规则

每送给别人一颗糖就要向对方说出你欣赏他/她的一样特质。

场地要求

无要求。

活动过程

（1）每人分5~10颗糖。

（2）在送糖之前，班主任强调以下几点：

第一，要求大家把自己手里的糖尽可能的都送出去，每人送出一颗糖之前必须向对方说出你欣赏他/她的一样特质；第二，糖不能连续送给同一个人；第三，不允许自己手中留有原本属于自己的糖，游戏结束后每个人手中的糖果都必须来自于别人的赠予。

（3）甜心运动开始，每个人都要参与，直到把糖送完。

【参考问题】

①有没有人无法送完手中的糖果？为什么？是因为其他同学缺少令你欣赏的特质还是你缺乏欣赏的眼睛？

②谁得到的糖果比较多？为什么他/她会得到更多的糖果？他/她身上有哪些值得我们学习的特质？

活动提示

活动中教师要重点关注那些不活跃、不合群甚至孤僻的同学，在必要的情况下可以安排几个比较活跃的同学送糖给相对不活跃的同学，以促进他们的参与和班级的融洽。

7. 传音接力

活动目的

（1）让学生意识到，由于受种种因素的影响，信息经过各种"渠道"加以传递时往往会失真。

（2）引导学生不要轻易地去谈论他人。

活动道具

卡片（卡片上写相同的内容：蚱蜢是虫，不能说成龙），以及空白卡片若干张。

活动规则

把卡片上的信息由第一个同学以耳语的形式逐个传递到最后一个同学，最后一个同学把答案写在空白卡片上。

场地要求

室外或室内空场地。

活动过程

（1）分组，每组同学站成一竖排。

（2）老师发给每组最前面的一位同学一张纸条，同时给最后的同学一张空白卡片。老师喊"一二三"，第一个学生把纸条打开，看清以后以耳语的形式告诉下一位同学，一个接一个传递下去，每个人只准说一遍，不能让别的同学听到，最后一位同学把听到的写在空白卡片上交给老师。比一比哪组说得又对又快。

（3）游戏结果：老师给同学的是同一个内容，经过耳语传递后却变得五花八门。

（4）教师小结：

一方面，沟通时我们应尽量注意语言表达的准确性；另一方面，由于受种种因素的影响，信息经过各种"渠道"加以传递时难免会失真。因此，在没有完全了解事情详情的情况下不要轻易地去谈论他人。

参考变式

卡片上的信息可以根据需要做调整。

活动提示

在传递过程中教师要向学生强调：以耳语的形式告诉下一位同学，每个人只准说一遍，不能太大声。

8. 误导

活动目的

（1）通过活动让学生认识到很多时候动作、行动的确可以胜过语言表达。
（2）引导学生学会在与人沟通时要注意自己的身体语言。

活动道具

无。

活动规则

教师在不做任何说明的情况下，一边讲解，一边做示范动作。

场地要求

无要求。

活动过程

（1）教师站在讲台上，请同学们全部站起来。
（2）教师伸出右臂，与地面保持水平。

（3）教师说："现在请用你们的大拇指和食指围成一个圈。"（在说的同时，教师要示范该动作）

（4）教师继续说："请将上臂举起，完成直角。"（继续示范该动作）看看学生是否都做正确。

（5）教师继续说："好，请用掌心托住你的下巴。"（注意：当你说"托住你的下巴"时，自己用掌心托住脸颊）

（6）到处看看，但什么也不要说。5～10秒后，学生中有些人会意识到错误并转而托住下巴。再过几秒，学生会大笑起来。

（7）讨论：

①你们刚才有没有听到我说"请不要跟着我做，请跟着我说的做"之类的话？为什么会跟着我做呢？

②我们都知道行动的影响胜过语言（行动胜于雄辩），我们在学习生活中如何运用这一原则来取得更好的相互理解？

③很多时候，行为上发生了问题会导致沟通的失误。通过游戏我们认识到阻碍有效沟通的困难有哪些？

9. 蒙眼作画

活动目的

（1）使学生明白双向交流方式与单向交流方式可以取得不同效果。

（2）说明当我们集中注意力去解决一个问题时，可以取得更好的结果。

活动道具

A3纸若干、水笔、眼罩、透明胶。

活动规则

被蒙眼的同学作画，其他组员可以指导，但是不可以动手。

场地要求

无要求。

活动过程

（1）3人一组，所有学生分为若干组。

（2）小组自愿分工，一人负责蒙眼作画，另外两人负责指导，但是不可以动手。

（3）用眼罩将其中一人眼睛蒙上，然后分发纸、笔，每组一份。蒙眼者按教师指令在纸上画规定图画（再次强调组员可指导其作画，但不可动手）。

（4）完成后，在图画的背面写上自己的名字。将图画粘贴在墙上，让学生摘下眼罩指认自己的大作。

【参考问题】

①为什么蒙上眼睛时，虽然有组员的指导，但所完成的作品并不是自己所期待的样子？在此引导学生认识到：任何两个人之间语言的沟通都不可能达到100%准确，沟通往往不仅需要靠语言，还要靠其他辅助条件。

②当你不确定时，有没有主动和组员沟通，提出你的疑惑和不确定？引导学生在沟通中学会主动交流、双向交流。

③当你用语言指导他人作画时，你面临的最大的困难是什么？引导学生学会在沟通中要注意提高语言沟通的技巧，如注意语言表达的精准性。

参考变式

可以所有人一起蒙眼参与活动。

10. 礼貌和感谢

活动目的

（1）引导学生认识到要在同学有准备的情况下布置工作。

（2）引导学生学会对自己所得到的帮助表示感谢。

活动道具

数量与人数相等的球、玩具等。

活动规则

抛球之前要问："你准备好了吗？"接球之后要说："谢谢你。"

场地要求

室外或室内空场地。

活动过程

（1）教师让所有的学生站成一个圈，如果人数太多，可以分站成几个圈。

（2）每人发一个球。学生 A 拿着一个球问学生 B："××，你准备好了吗？"

学生 B 要回答："是的，我准备好了。"然后学生 A 把球抛给学生 B。

（3）学生 B 在接到球之后要对学生 A 说："谢谢你。"

（4）然后学生 B 按照以上步骤把球抛给学生 C。重复这一过程，直到最后一位学生接到球并说"谢谢你"。

（5）增加球的数量。此时可能会出现很多学生只顾着抛球而忽略了询问和致谢，因此也就会出现球掉在地上的情境。

【参考问题】

为什么刚开始我们都能接到球，而后来球却掉在地上了？除了数量多了，还有没有别的原因？

（6）教师小结：

当我们直接抛球给同学而没有提前咨询对方有没有准备好时，这种情况下很容易出现双方配合不一致的情况。所以，在你要交给同学任务之前，一定要确认对方已经准备好了，以确保任务完成的顺畅。

11. 走路

活动目的

（1）让学生认识到正确反馈的重要性。

（2）引导学生学会主动沟通、及时反馈。

活动道具

在地上贴点，如下图所示。

活动规则

对不同的学生给予不同的反馈。

场地要求

室外或室内空场地。

活动过程

（1）教师请三位学生站在教室外面，不能看到教室内的情况。

（2）室内师生一起讨论，商定学生在这几个点之间的行进线路。

（3）告诉三位学生，他们要根据大家商定的线路来走，具体线路要靠自己猜测。

（4）请第一位同学进来，让他在点中行走，提前要求其他学生不做任何反应。

（5）请第二个同学进来，让他在点中行走。当他线路走对了，下面的学生给他鼓掌；走错了，下面的学生发出"嘘"或者"唉"等表示感叹、惋惜的声音。

（6）请第三个同学进来，让他在点中行走。当他线路走对了，下面的学生发出"嘘"或者"唉"等表示感叹、惋惜的声音；走错了，下面的学生给他鼓掌。

（7）统计一下看看哪位学生走对的最多。学生讨论，分享感悟。

（8）教师小结，引导学生认识到反馈的重要性和正确反馈的重要性。

参考变式

为了增强趣味性，同时给学生施加心理压力，可以设置奖品和惩罚。

12. 剪纸活动（1）

活动目的

（1）让学生认识到误会和不理解产生的原因更多的是沟通和交流出现了问题，培养学生学会面对误会，解决误会，和谐同学关系。

（2）用于学习方面，引导学生尽量理解老师，与老师双向沟通，提高听课效果。

活动道具

每个学生准备两张大小相同的纸（长方形，可以选择 A4 纸或者 B5 纸，可以统一发放，也可以让学生提前准备），每人一把小剪刀。

活动规则

按照指示逐步操作。

第一部分：

请学生拿起一张纸，跟着教师的指示操作。要求不能向教师提出疑问，不能和别人交流，按照教师的指示自己独立完成自己的部分。

教师指示：

（1）把这张纸上下对折；

（2）再把它左右对折；

（3）在对折好的纸的左上角剪掉一个直角边长为2厘米的等腰直角三角形；

（4）然后把这张纸左右对折；

（5）再上下对折；

（6）在右上角剪掉一个半径为2厘米的扇形。

现在请你把这张纸展开来看一下，它的形状是什么样的？

结果：在同一指示下大家剪出来的图形各式各样。

第二部分：

请同学们拿起另一张纸，跟着教师的指示操作，在产生疑问的时候可以向教师提出疑问，也可以和别人交流。

教师指示：

（1）把这张纸上下对折；

（2）再把它左右对折；

（3）对折后有一个角正好是这张纸的中心，请剪去这个角，要求剪去的角是边长为2厘米的等腰直角三角形；

（4）然后把这张纸左右对折；

（5）再上下对折；

（6）在新的纸的中心的右上角剪掉一个半径为2厘米的扇形。

现在请你把这张纸展开来看一下，它的形状是什么样的？

结果：在能够沟通和交流的情况下，大部分学生甚至全部学生剪出的图形是一样的。

【感悟分享】

虽然指示是相同的，但是第一次剪纸的时候老师的指示我们并不是很明白，但是我们不能提出疑问，也不能和别的同学交流，这种单向的交流导致我们不能很好地理会老师的意思，所以出现的结果五花八门。第二次剪纸的时候就不同了，我们有疑问可以问老师，也可以和别的同学交流，这种双向甚至多向的交流让我们真正领会了老师的意思，所以剪出来的结果是基本一致的。这告诉我们在和别人沟通、交流的过程中，可能会出现不能理解别人或者不能被别人理解的情

况，也就是我们通常说的误会。在产生误会的时候，我们要主动地提出自己的疑问或者给出自己的解释以消除误会，使同学之间的关系更和谐。

13. 瞎子背瘸子

活动目的

（1）培养学生沟通的能力和相互配合的能力。

（2）培养学生学会从他人的角度思考问题，设身处地地为他人着想，考虑他人的需要。

活动道具

蒙眼睛的眼罩、障碍物若干、气球若干、计时器或秒表。

活动规则

前进过程中瞎子不能睁开眼睛看到障碍物，瘸子只能用语言给予瞎子指示，不能下来带着瞎子走。

活动过程

（1）每组选派两位代表，一位扮演瞎子，一位扮演瘸子。建议瞎子一般选派比较强壮的同学，瘸子选派体重较轻的同学。

（2）分组进行，各组选出代表后，第一组的代表先参赛，为了保证公平，其他组的代表先到场外回避，轮到本组方才进场。

（3）瞎子（用眼罩蒙着眼睛）背着瘸子原地绕三圈后沿着赛道向前绕过障碍物转一圈后，踩爆两个气球，然后到达终点，用时最少的小组胜出。

【参考问题】

①为什么有些小组用的时间很长，有些小组用的时间很短？

②为什么瞎子会出现不能清楚地理解瘸子的指示的情况？

（4）教师引导学生得出结论：

瞎子和瘸子需要合作，合作的前提是互相信任；但是两个人之间不仅需要合作，在合作的时候更需要从别人的需要出发，否则合作的效果会降低。比如，瘸子不能从瞎子的需要出发给出指示，导致瞎子无法准确理解指示，耽误了很多时间等。

参考变式

（1）如果场地允许，各小组可同时进行，这样能增加活动的激烈程度和趣味性。

（2）考虑到性别差异，可以先进行男女分组。

活动提示

本活动要先清理好场地，确保学生安全。

14. 解手链

活动目的

（1）让学生明确在解决团队问题方面都有哪些基本步骤，培养学生的沟通能力。

（2）让学生体会聆听和相互配合在团队建设中的重要性，培养学生的团队合作精神。

活动道具

无。

活动规则

在不松开手的情况下，解开手链。

场地要求

室外或室内空场地。

活动过程

（1）将学生分组，每组 8～10 名，围成一个向心圈。

（2）教师说："先举起你的右手，握住对面那个人的右手；再举起你的左手，握住另外一个人的左手；现在你们面对一个错综复杂的问题：在不松开手的情况下，要想办法把这张乱网解开。最先解开的那个组为胜方。"

（3）教师告诉学生这个网一定可以解开，但答案会有两种。一种是一个大圈；另外一种是两个套着的环。

【参考问题】

①感觉怎样，是否思路混乱？

②当解开了一点后，想法是否会发生变化？

③最后历经辛苦终于解决了问题时，你有什么感受？

④在这个过程中，你学到了什么？

参考变式

（1）如果学生实在解不开，教师可以允许学生选择相邻的两只手解开一次，但再次进行时必须马上握住。

（2）考虑到性别差异，可以先进行男女分组。

15. 倾听与回馈

活动目的

（1）学习人际沟通的基本技巧——倾听。

（2）体会倾听与回馈在人际沟通时所产生的效果。

活动道具

无。

活动规则

每个人逐次扮演说话者、倾听者、观察者。

场地要求

无要求。

活动过程

（1）三人一组，未满三人者，则分派到其他组组成四人一组。

（2）每组三人（或四人）轮流当说话者（一次一人）、倾听者（一次一人）与观察者（一次一至两人），每人皆须分别扮演三种角色，体会每种角色的立场与感受。

（3）三种角色的任务如下：

说话者：在五分钟内主动引发各种话题。

倾听者：只扮演听与响应的角色，不主动引发任何话题。

观察者：不介入说话者与倾听者的对话，只负责观察两人的对话情形。

（4）事后讨论：每人皆扮演过三种角色后，小组成员做经验分享活动，说话者与倾听者分享彼此的感受，观察者则说出所观察到的情形。

16. 瞎子摸号

活动目的

让学生体会沟通的方法有很多，当环境及条件受到限制时，要怎样去改变自己，用什么方法来解决问题。

活动道具

眼罩、小纸片。

活动规则

学生要戴着眼罩根据自己抽到的号码，在不用语言交流的情况下按照顺序排列成一条线。

场地要求

室外或室内空场地。

活动过程

（1）让每位学生戴上眼罩。

（2）每人抽一个号码，且这个号只有本人知道。

（3）让小组成员根据各自的号码，按从小到大的顺序排列成一条直线。

（4）全过程不能说话，只要有人说话或脱下眼罩，活动结束。

（5）如果有条件，可全过程录像，并在点评之前放给学生看。

【参考问题】

①你是用什么方法来通知小组你的位置和号数？

②沟通中都遇到了什么问题，你是如何解决这些问题的？

③你觉得还有什么更好的方法？

17. 六盒冰红茶

活动目的

引导学生学会在沟通中应该注意和掌握的一些基本技巧。

活动道具

六盒冰红茶。

活动规则

哪个小组根据描述摆放的形状最像，哪个小组获胜。

场地要求

无要求。

活动过程

（1）将学生分成 4 个小组，每两个小组又组成一个竞赛小队。

（2）其中一个竞赛小队中的一个组，背对着另一组先将自己桌上的 6 盒冰红茶摆成任意形状，然后通过语言描述给同队的另一组，另一组听到描述后立即开始摆放。另一队亦然。

（3）10 分钟后，哪一组摆放图形与该队另一组之前摆放的图形最相似，就算哪一队为胜者（不要小看这么个简单的小游戏，其实它里面蕴涵着很多做事的技巧和诀窍。有的小组因为觉得简单，可能会将冰红茶摆放得非常漂亮、非常艺术化，但问题接着就来了，越是复杂的图形，描述起来就越难。于是就会出现这样的场景：指挥者在那里嚷嚷："有三层"、"是立着的"、"前边不出头"、"两个摆成一横"……在他们手忙脚乱地一通指挥后，当另一组将 6 盒冰红茶摆得刚有点儿模样时，时间基本上用完了）。

（4）教师就沟通技巧进行指导，即：布置任务要简单明了；内部流程不要故意弄得很复杂，不要人为地设置障碍；工作就是工作，能简单绝不要复杂；指令一定要明确，描述一定要到位……

18. 三个进球

活动目的

让学生体会指令明确在协同工作中的作用。

活动道具

每个小组 1 个大垃圾桶，40 个网球。

活动规则

志愿者在队友的指导下，将 3 个球背投进身后的垃圾桶内。

场地要求

室外或室内空场地。

活动过程

（1）邀请一个志愿者，让他和你一起站在前面。

（2）让志愿者面向某一个方向站好，目视前方，不可以左顾右盼，更不能回头。然后把装有 40 个网球的袋子交给他。

（3）把垃圾桶放在志愿者的身后，垃圾桶与志愿者间的距离约为 10 米。注意不要把垃圾桶放在志愿者的正后方，要让它略微向旁边偏出一些。

（4）告诉志愿者他的任务是向身后的垃圾桶里扔球，要至少扔进 3 个球才算成功。告诉志愿者不许回头看自己的球进了没有，落在了哪里。

（5）让其他队员指挥志愿者，告诉他如何调整投掷的力量和方向才能进球。（注意，只允许通过语言传达指令）

（6）等志愿者扔进了 3 个球后，问他是通过什么帮助实现了目标，并问其他队员是否也觉得很有成就感。

（7）引导队员就如何在学习、生活和将来的工作中加强沟通展开讨论。

参考变式

可以蒙上志愿者的眼睛，而且不让他正好背对着垃圾桶。这样，其他队员必须先指挥志愿者调整方向，直到垃圾桶在他正后方，志愿者才能开始投球。这种做法可以增加活动的难度和趣味性。

活动提示

垃圾桶的位置及附近不要站人，以免被球砸到。

19. 谚语简化练习

活动目的

（1）调动学生情绪，提高学生参与课堂的积极性。

（2）让学生对简练的、令人信服的交流方式的价值留下深刻的印象。

（3）引导学生认识到，在平时的沟通中要尽量采用简单、明确的语言表达自我。

活动道具

每人一份"谚语简化练习"。

活动规则

每个人根据"谚语简化练习"材料找到相应的谚语并写下来。

场地要求

无要求。

活动过程

（1）发给每人一份材料，请大家把隐藏在句子中的谚语找出来。

谚语简化练习材料

说明：在每个句子下面，写出意思一样，但更常用、语言更简洁的谚语。

①当猫科动物不在的时候，某些灵长类动物就会胡作非为；

②当庙里的和尚过多的时候，反而没有人挑水了；

③那些不学无术的人，他的钱财会很快消失；

④过于急切想完成一件事情反而容易造成各种意想不到的破坏；

⑤只要还在寺庙里工作一天，就不得不去敲钟；

⑥手中的一个有翼有毛的动物胜过两个灌木丛中的这样的动物；

⑦给我自由的权利，否则我会觉得不值得活下去；

⑧很晚才做一件事情会比永远不做这件事情要好一些。

（2）给大家足够的时间去完成这些问题，可以独立完成，也可分组完成。

（3）答案如下：

①山中无老虎，猴子称霸王；

②三个和尚没水喝；

③傻瓜的钱存不住；

④欲速则不达；

⑤做一天和尚，撞一天钟；

⑥手中一鸟，胜过林中二鸟；

⑦不自由，毋宁死；

⑧亡羊补牢，为时未晚。

【参考问题】

①两种表达方式有何不同？

②第一种表达方式给你什么感受？

③那些令人迷惑的说法对有效的交流会产生什么样的影响？

四、团队协作，合作共赢

1. 起队名

活动目的

（1）使各个小组拥有自己的名字。

（2）鼓励小组成员之间互相沟通。

（3）把小组成员团结在一起。

活动道具

无。

活动规则

每个小组组内协商，为本组取名字。

场地要求

无要求。

活动过程

（1）将人数较多的队员们划分成若干个由 8～12 个人组成的小组。

（2）各组在 10 分钟内给自己的团队起一个名字，名字可以有实际意义，也可用符号代替。

（3）各组派代表介绍他们的队名以及为什么选用这个名字。

（4）活动过程中要称呼他们的队名。

2. 蜈蚣翻身

活动目的

（1）训练学生身体的灵活性、柔韧性、协调性。

（2）让学生体验竞争与合作带来的压力与快乐。

活动道具

无。

活动规则

根据要求顺利实现蜈蚣翻身且用时最少的小组获胜。

场地要求

室外或室内空场地。

活动过程

（1）将全班学生分成两大组，推荐产生两位组长，两组学生分两路纵队排好。

（2）全组学生把双手搭在前面同学的双肩上组成一条"大蜈蚣"，开始练习一下"大蜈蚣"跑动，看看彼此是否协调。

（3）接下来开始做"蜈蚣"翻身比赛，要求第一位组员依次从第二和第三个人拉手处，第三和第四个人拉手处……一直到队伍最后两位的拉手处钻过去，第二位组员、第三位组员……跟随前面的组员钻完所有的拉手处。

（4）完成"蜈蚣"翻身用时最少的组获胜。

参考变式

考虑到性别差异，可以先进行男女分组。

活动提示

（1）教师宣布游戏规则后，给予各队 5 分钟左右的时间练习再正式开始比赛。

（2）提醒学生活动要有一定的空间，这样"蜈蚣"才有空间可以"蠕动"起来。

3. 传送带

活动目的

（1）引导学生学会在竞争中如何有效利用团队的有限资源。

（2）引导学生学会协调团队成员，分工合作，从而取得抢占先机或后发制人的胜利。

活动道具

报纸、宽胶带、剪刀。

活动规则

学生利用团队制作的传送带将全队队友送到终点。

场地要求

室外或室内空场地。

活动过程

（1）将参赛人员分组，每组 6～10 人，为公平起见，建议每组人员基本持平。每组队员发放 20 张报纸、一把剪刀、一卷宽胶带。

（2）每组学生凭借手里的资源，制作一个完整的传送带，并用此工具将全组的成员从起点运送到终点。要求在整个运送过程中，全体队员不能与地面有任何接触，每组最后一位组员穿过终点则全组完成任务。

【参考问题】

①最快的小组能够最快完成任务的有利因素有哪些？

②是什么因素导致有些小组进程比较慢？

③本活动给你的最大感悟是什么？

4. 同心协力

活动目的

（1）提高学生参与课堂的兴趣，让学生了解团队协作的重要性。

（2）增强团队成员的归属感，激发学生的奋斗精神。

活动道具

无。

活动规则

由两人组合开始，每次尝试成功后可增加一人。

场地要求

室外或室内空场地。

活动过程

（1）将学生分成几个小组，每组在5人以上为佳。

（2）每组先派出两名学生，背靠背坐在地上。

（3）两人双臂相互交叉，合力使双方一同站起。

（4）以此类推，每组每次增加一人；如果尝试失败需再来一次，直到成功才可再加一人。

（5）教师在旁观看，选出人数最多且用时最少的一组为优胜。

【参考问题】

①你能仅靠一个人的力量就完成起立的动作吗？

②如果参加游戏的队员能够保持动作协调一致，这个任务是不是更容易完成？为什么？

③你们是否想过一些办法来实现队员之间动作协调一致？

活动提示

（1）别看这个游戏简单，但是仅仅依靠一个人或几个人的力量是不可能完成的。因为在这个游戏中，大家组成了一个整体，所以需要全体成员配合才能达到目标。并且这个游戏可以帮助学生体会团队相互激励的含义，帮助他们培养团队精神。

（2）另外，这个游戏还考验每个小组的领导者如何指挥和调动队员。因为这个游戏不但需要大家通力合作，还需要每个队员的密切配合。如果步调不一致，大家的力气再大也不可能顺利完成。在这种情况下，作为小组的领导者，应该想一些办法来解决这个问题。比如可以让大家以他为榜样，跟随他的动作；更有效的就是想出一个口号，既可以鼓舞士气又能统一大家的节奏。

（3）无论队员还是领导者都应该明白，任何一个人的不配合都会对小组的行动产生负面效果。因此，教师应注意，在游戏结束后，要帮助完成效果不好的小组找出原因，帮助他们树立团队意识，引导他们总结自己的失误。这些行为对学生的素质提高有很大帮助。

5. 团队俯卧撑

🎯 **活动目的**

（1）培养学生的团结协作意识。

（2）引导学生认识到，团队的成功需要每个人的努力和坚持，每一个人的表现对团队的影响都可能是决定性的。

活动道具

无。

活动规则

把双脚放在彼此背上，仅仅靠四双手做俯卧撑。

场地要求

室外或室内空场地。

活动过程

（1）选4位志愿者，保证他们中的每个人至少能做一个俯卧撑。让那些不想参加活动、不能做俯卧撑的人做监护员。

（2）4个志愿者做一次集体俯卧撑。为了完成动作，他们必须趴在地上，把双脚放在彼此背上做俯卧撑。如果他们能按要求正确完成，地上就不会有脚，只会有四双手。

（3）4个志愿者成功做完第一个俯卧撑后，便增加一个新队员，继续进行上述活动，并且所有成员都必须趴在地上从头开始，目的在于使尽量多的队员参加完成一个超大俯卧撑。

参考变式

（1）整个团队尽力完成最大的俯卧撑后，保持该造型移动3米。

（2）考虑到性别差异，可以先进行男女分组。

（3）本活动可用于学习小组、宿舍等团队之间的竞争。

活动提示

（1）提醒学生，如果身体不舒服可不参加活动。

（2）选择场地时应注意选择比较松软的草地，或者在活动场地上面垫上棉垫，以防止学生摔伤。

6. 联体足球

活动目的

（1）活跃团队气氛，激发学生的团队竞争意识。

（2）促进搭档之间以及团队各个成员之间的协作意识。

活动道具

绳子若干、一个足球。

活动规则

守门员和队员在联体的情况下进行足球比赛。

场地要求

足球场。

活动过程

（1）把整个团队分为人数相等的两组。

（2）让队员们选择和自己身材相当的人组内结对，让搭档们把各自的脚踝绑在一起。

（3）每组选一对搭档，背靠背站立，并把他俩的腰捆在一起，作为各队的守门员。

（4）两队开展足球比赛，分上下半场，每个半场 15 分钟，半场结束时两队交换场地。比赛中队员们必须一直绑着脚踝，按足球规则进行比赛。

【参考问题】

①活动中你们遇到了什么问题？

②搭档们是如何协调工作的？

③什么因素有助于团队更加有效地运作？

活动提示

（1）绳子不要系得太紧，以免勒伤学生。

（2）为了安全起见，教师应准备创可贴等常规药品。

7. 垫球

活动目的

（1）活跃现场气氛，可以把所有人都调动起来。

（2）培养团队精神，增强学生的配合意识。

活动道具

排球。

活动规则

（1）学生要配合，争取不让球落地，持续时间最长的小组获胜。

（2）不允许同一个人连续垫球。

场地要求

室外或室内空场地。

活动过程

（1）分组，每组最好为 5～10 人。

（2）每组队员站成一圈，教师讲明游戏规则：小组内成员互相配合，争取不让球落地，持续时间最长的小组获胜；但是，不允许同一个人连续垫球。

（3）统计时间，持续时间最长的小组获胜。

参考变式

（1）如果感觉每一个小组分别计时不太方便，可以规定时长。如：在两分钟内球掉地上的次数最少的小组获胜。

（2）可以尝试着让学生们同时垫两个球或三个球，这样小组可以创造出一个全新的纪录。

活动提示

告诉学生们注意安全，小心不要被绊倒或撞伤。如果大家在垫球的过程中不自觉地做出了有危险隐患的行为，教师要赶紧让大家停下来，重新开始。

8. 彼此搭配

活动目的

（1）调节现场氛围，提高学生参与课堂的积极性。

（2）增强团队协作意识，促进学生之间的合作。

活动道具

每组各六张纸，上写：嘴巴、手（两只）、屁股、脚（两只），气球（每组一个），香蕉若干。

活动规则

各人只能扮演各自的角色，分工合作，完成指定任务。

室外或室内空场地。

活动过程

（1）分组，不限几组，但每组必须要有六人。并明确其中一人扮演嘴巴，两人扮演手，一人扮演屁股，两人扮演脚。

（2）教师请大家抽签，明确各人角色。

（3）第一个任务：合力吃香蕉。

（4）第二个任务：合力吹气球。首先，抽到嘴巴的人必须借着抽到手的两人帮助把气球吹起（抽到嘴巴的人不能用手拿起气球），然后两个抽到脚的人抬起抽到屁股的人把气球给坐破。

（5）感悟分享。

（6）教师小结：

教师引导学生认识到：游戏除了能促进学生之间的合作之外，同时还能让学生感受到，每个人其实都有不完美的一面，即所谓的短处。正因为如此，人和人之间才更需要彼此关心、照顾和协助。

参考变式

（1）活动任务可根据需要和条件随机调整。

（2）考虑到性别差异，可以先进行男女分组。

（3）为增加紧迫感和趣味性，可以采取计时或小组比赛的形式进行。

活动提示

提醒学生注意安全。

9. 吸豆竞走

活动目的

让同学们体会合作的重要性。

活动道具

空碗、吸管、比吸管直径大的黄豆。

活动规则

（1）各小组组员必须在起点用吸管吸着黄豆放到终点的碗中，若中途黄豆掉落，则把黄豆从地上吸起来或者重新从起点的碗中吸黄豆。

（2）组员依次进行，在一定时间内吸得黄豆最多的小组获胜。

场地要求

室外或室内空场地。

活动过程

（1）全班同学分成4队，每队10~15人，各成单行纵队。

（2）在起点和终点各放一只碗，终点的碗内盛有若干黄豆（建议多放一些黄豆）。

（3）活动开始，每组的第一人拿着吸管跑到终点，用吸管吸起一粒豆子跑回来放在起点空碗内，若途中黄豆落地要吸起黄豆再跑。

（4）第一人完成后，第二人继续用吸管搬运黄豆，如此类推。到了规定的时间，统计各小组碗内黄豆的数量。

活动提示

（1）这是一个非常热闹的游戏，因此要提醒各小组排好队，有序参与。

（2）注意碗内放的黄豆要足够多，以免有的小组搬运不顺利而黄豆不够，造成游戏不公平。

（3）提醒学生如果黄豆掉了，可以选择从地上吸起来，也可以放弃地上的，重新回去吸一粒。

10. 抢救大兵

活动目的

（1）调节现场氛围，提高学生参与课堂的积极性。

（2）培养学生的合作意识，训练学生的反应能力和反应速度。

活动道具

无。

活动规则

到对方阵营营救本组成员，被俘则等待队友营救。

室外或室内空场地。

🔄 **活动过程**

（1）在场地中间画一条线，组员分为甲乙两队，各占线的一方。

（2）各在阵地画出一角，作为监狱。

（3）各队员冒险跑入敌方阵地营救被俘队员。

（4）若被敌人捕获，则被囚禁在监狱内，需待同伴相救才能逃出监狱。

（5）若拯救行动不成功，被营救者未及时逃回阵地而被敌人捕回，则二人都沦为俘虏。

（6）把敌人全数捕获的一方，或成功解救所有被俘队员的，便是胜利队。

11. 众志成城

🎯 **活动目的**

（1）让学生体会合作的重要性，借由团体合作与思考达到解决问题的目的。

（2）让学生体会个人在团体中的重要性，激发学生积极为团队付出、对团队负责的精神。

🔲 **活动道具**

报纸数张。

🔄 **活动规则**

各组成员的脚不能踏出报纸之外。

🔙 **场地要求**

室外或室内空场地。

🔄 **活动过程**

（1）教师先将全班分成几组，每组约 10 人。

（2）教师分别在不同角落（依组数而定）的地上铺一张全开的报纸，请各组成员均站到报纸上，无论用任何方式都可以，就是脚不可以踏出报纸之外。

（3）各组完成后，教师请各组将报纸对折后，再请各组成员站到报纸上。各组若有成员被挤出报纸外，则该组淘汰，不得再参加下一回合比赛。

（4）上述活动进行至淘汰到最后一组时结束（勿过长）；时间到则换下一组上场，至轮完为止。

（5）分享与回馈：请各位成员围坐成一圈，讨论刚才之过程并分享心得。

（6）教师小结：

唯有通过合作才能获得胜利。合作就是在团体中贡献一己之力并取长补短，同心协力共同创造团体成功之机会。解决问题时可借由团体合作与思考达到目的，每个人在团体中都很重要。

参考变式

（1）为了增强挑战难度和节约时间，可以考虑各小组同时进行活动，每组增加监察员，教师注意控场。

（2）考虑到性别差异，可以先进行男女分组。

12. 趣味跳绳

活动目的

（1）培养学生的团队合作精神，使学生互助合作达成共识。

（2）让学生意识到我们通常会在不经意之间表现出指责和不满，并带给他人压力。

活动道具

粗棉绳一条。

活动规则

每组的所有人都一起跳过绳子算一次，累计次数。

场地要求

室外或室内空场地。

活动过程

（1）分组，每组4～7人（每组人员不宜过多，人员过多会导致游戏难度增大，会降低学生参与活动的积极性）。

（2）每组抽出两位同学握住绳子的两端负责摇动绳子，本组的其他人要一起跳过绳子。

（3）累计次数，跳绳成功次数最多的小组获胜。

【参考问题】

①当有人被绊倒时，各位当时发出的第一个声音是什么？发出声音的人有无指责别人吗？

②想一想自己是否不经意地给别人造成压力？

③接下来我们应该怎么做，才不会给别人造成压力？

（5）讨论问题后，重新做一次活动，看看各小组的表现是否会比刚才好。

参考变式

（1）可考虑不同的跳绳方式，如每个学生依序进入。

（2）可以两个小组或多个小组同步进行比赛。

活动提示

（1）提醒膝盖或脚部有伤者视情况决定是否参与。

（2）合组跳绳时应注意伙伴位置及距离，以免踏伤伙伴或互相碰撞。

13. 带球赛跑

活动目的

（1）活跃现场氛围，使小组充满活力。

（2）显示合作的力量，促进学生相互合作。

活动道具

每对搭档一个气球、两根绳子（用来标记赛跑的起点和终点）。

活动规则

（1）赛程是从起点跑到终点，再从终点跑回起点。

（2）带球的规则是：要自始至终保持气球完好无损；在赛跑的过程中不允

许用手或胳膊拿气球；必须两人共同带球（不允许把球夹在一个人的腿上）；赛跑的过程中气球不能掉到地上；如果哪个小组犯规，该小组必须回到起点，重新开始。

场地要求

室外或室内空场地。

活动过程

（1）让每个队员找一个搭档，给每对搭档发一个气球。

（2）让每对搭档把自己的气球吹起来。

（3）用两根绳子分别在赛场上标记出赛跑的起点和终点。起点和终点的距离约为20米。

（4）让参赛搭档站到起跑线之后，明确告诉学生游戏规则：赛程是从起点跑到终点，再从终点跑回起点，第一个回到起点的小组获胜；带球过程中要自始至终保持气球完好无损；在赛跑的过程中不允许用手或胳膊拿气球；必须两人共同带球，赛跑的过程中气球不能掉到地上，如果哪个小组犯规，该小组必须回到起点，重新开始。

（5）让各小组就位，大喊一声："各就各位，跑！"

（6）统计各小组时间，采访学生，分享感悟。

活动提示

（1）赛程距离要适中，太近会缺少挑战性；太远会使学生过于疲倦，活动难免会乏味。

（2）留心每一位参赛者，有些人可能会全神贯注地照看气球，彻底忽视自身安全。要确保跑道上没有障碍物，以免绊倒参赛者。

14. 大家站起来

活动目的

（1）活跃现场气氛，提高学生参与课堂的积极性。

（2）以较热闹激烈的活动使学生体会到合作的可贵。

活动道具

无。

活动规则

学生利用双手、双脚互相抵住站起来。

场地要求

室外或室内空场地。

活动过程

（1）学生两人一组坐下，运用两手及脚底互相抵住站起来。

（2）依次增加人数到 4 人、8 人、16 人、32 人，甚至直到全班一起站起来。

（3）分享要点：一个人的力量如何体现？在一个团队中，你是如何发挥出自己的作用的呢？

①别看这个项目简单，但是仅凭一个人或几个人的力量是不可能完成的，因为在这个项目中，大家组成了一个整体，需要全力配合才可能达到目标。它可以帮助学生体会团队成员相互激励的含义，帮助他们培养团队精神。

②另外，这个项目还考验每个小组的领导者，看他怎么指挥和调动团队成员。因为这个游戏不但需要大家通力合作，还需要每个参与者密切配合。如果步调不一致，大家的力气再大也不可能顺利完成，所以在这种情况下，作为小组的领导者，应该想一些办法来解决这个问题。比如可以让大家以他为榜样，跟随他的动作；更有效的就是想出一个口号，既可以鼓舞士气又能统一大家的节奏。

活动提示

（1）不要搭肩进行，以免脱臼。

（2）站起时避免松脱、朝下跌伤，不可在坚硬的地面进行，而且每组应安排有人保护。

（3）人数多时，要避免成员朝一边倒下。

15. 齐眉棍

活动目的

（1）让学生了解团队合作的重要性，促进学生之间的合作。

（2）理解团队中每个人对结果的影响都可能是决定性的，培养学生对团队的责任心。

活动道具

准备一根 2～3 米的轻质塑料棍（最好可伸缩）。

活动规则

在保证每个人的手都在轻质塑料棍下面的情况下，将轻质塑料棍水平地往下移动。一旦有人的手离开轻质塑料棍或轻质塑料棍没有水平往下移动，则任务失败。

场地要求

室外或室内空场地。

活动过程

（1）分组，每组 10 人左右。

（2）让小组成员站成相对的两列（并排一列亦可），让小组成员将双手举到自己的眉头位置。

（3）将轻质塑料棍放在每个人的双手上（可以是平行伸出的两个食指）。注意：必须保证每双手都接触到轻质塑料棍，并且手都在轻质塑料棍下面。

（4）要求小组成员将轻质塑料棍保持水平，小组成员的任务是在保证每个人的手都在轻质塑料棍下面的情况下，将轻质塑料棍水平地往下移动。一旦有人的手离开轻质塑料棍或轻质塑料棍没有水平往下移动，任务就算失败。

【参考问题】

①为什么有的小组失败了？

②失败的最关键原因是什么？

（5）教师小结：

引导学生认识到：如果小组中有任何一个人没有和团队保持共同节奏，轻质塑料棍就将无法保持水平下降，从而导致游戏失败。因此，团队中的每个人对结果的影响都是决定性的，我们每个人都应该以高度的责任感对待团队。

16. 交通阻塞

活动目的

（1）培养学生的合作意识和个人服从大局的观念。

（2）发现和培养个别学生的领导才能。

活动道具

塑胶地垫若干。

活动规则

（1）学生只能前进不能后退，一旦有人后退就要重新开始。

（2）当有人知道答案时，每个人都知道答案。

场地要求

室外或室内空场地。

活动过程

（1）将学生分组，每组学生10人左右。

（2）各小组将塑胶地垫呈"一"字形在地上铺开，小组成员全部站在地垫上，留中间一个地垫不站人。

（3）学生分成两边相对而站，通过中间的空格进行移动，移动的方式是只能前进一格或跳一格，不能后退。

（4）完成两边人的互换，并且大家维持同一个方向。

17. 地雷阵

活动目的

（1）建立小组成员间的相互信任关系。

（2）促进沟通与交流。

（3）使小组充满活力。

活动道具

每对参赛者一个眼罩，两根约 10 米长的绳子，一些报纸"地雷"（报纸也可用其他东西代替）。

活动规则

被蒙上眼睛的队员在同伴的语言指导下，安全跨过雷区。

场地要求

室外或室内空场地。

活动过程

（1）选一块宽阔平整的活动场地。

（2）让每个队员找一个搭档。给每对搭档发一个眼罩，每对搭档中有一个人要被蒙上眼睛。

（3）眼睛都蒙好之后，可以开始布置地雷阵。把两根绳子平行放在地上，绳距约为 10 米，这两根绳子标志着地雷阵的起点和终点。

（4）在两绳之间尽量多铺上一些报纸（或是硬纸板、胶合板等）。

（5）被蒙上了眼睛的队员在同伴的牵引下，走到地雷阵的起点处站好，同伴后退到他身后两米处。同伴用语言指导蒙眼队友跨过地雷阵。

（6）游戏开场白示例如下：

"几天前，你和你的同伴因叛乱而被捕，被一起关在一间牢房里。黎明前你的同伴侥幸逃出牢房。可糟糕的是，他非常不熟悉牢房外面的情况。这是一个没有月亮的夜晚，外面一片漆黑，伸手不见五指。为了逃离危险，你的同伴必须穿过一个地雷阵。你很清楚地雷阵的布局和每个地雷的位置，可是你的同伴不知道，你需要以喊话的方式，在他穿越的时候为他指引方向。如果你的同伴在穿越的过程中碰到或撞到了地雷阵中的其他人，他必须静止 30 秒后方可移动。如果他不小心碰了'地雷'，那么一切就都结束了，你们小组将被淘汰出局。天很快就要亮了，你的同伴必须尽快穿过地雷阵。一旦天亮，哨兵就会发现地雷阵中的同伴并开枪将他击毙。赶快开始行动吧！祝你们好运！"

【参考问题】

①做完了这个活动，大家感受如何？

②你的同伴能做到指令清晰吗？

③活动过程中遇到了什么问题？

④如何将这个活动和我们的实际工作联系起来？

活动提示

（1）安排不想参加游戏的人做监护员。

（2）当参加游戏的人较多时，游戏场地会变得非常喧闹，这是一个有利因素。因为这会使穿越地雷阵的人无所适从，难以分清听到的指令是来自自己的同伴，还是来自其他小组的人，这更考验学生的沟通能力。

（3）留意那些被蒙住眼睛的学生的安全，因为他们不知道自己会走到哪里去。

18. 人椅

活动目的

活跃气氛，增进团队凝聚力。

活动道具

无。

活动规则

在组成"人椅"后开始计时，坚持最久的小组获胜。

场地要求

室外或室内空场地。

活动过程

（1）全体学生围成一圈。

（2）每位学生将双手放在前面一位学生的双肩上。

（3）听从教师的指令，缓缓地坐到身后学生的大腿上。

（4）坐下后，教师再给予指令，让学生叫出相应的口号，例如"齐心协力、勇往直前"。

（5）最好以小组竞赛的形式进行，看看哪个小组可以坚持最长时间不松垮。

【参考问题】

①在活动过程中，自己的精神状态是否发生变化？身体和声音是否也相继出现变化？

②在发现自己出现以上变化时，是否及时加以调整？

③是否有依赖思想，认为自己的松懈对团队影响不大？最后出现什么情况？

④要在竞争中取胜，有什么是相当重要的？

（6）教师小结：

阻碍这个项目成功的一大原因就是懒惰心理。也许有的人会认为有这么多人一起做，自己稍微少使点劲不会产生什么影响。殊不知，如果大家都这样想的话，"人椅"是绝对构建不成的，相反大家很快就会一起摔倒。

在建设集体的过程中也是这样。作为团队的一分子，我们每个人都应该贡献自己的最大力量，只有这样才能达到个人利益和集体利益的统一，建设一个真正优秀的集体。

参考变式

考虑到性别差异，可以先进行男女分组。

19. 人山人海

活动目的

（1）活跃现场气氛，提高学生参与课堂的兴趣。

（2）增强团队成员归属感，增强团队成员之间的协调性。

活动道具

无。

活动规则

所有学生背靠背一起站起来，最快站起来的小组获胜。

场地要求

室外或室内空场地。

活动过程

（1）分组，每组不少于 5 人（本活动人数越多越具有挑战性，人数太少会显得缺乏挑战）。

（2）每组的学生全部背靠背围成一圈坐在地上，将手交叉依次拉住相邻组员的手。

（3）教师指定一个学生起立，看谁能带动全体组员起立（轮换几个学生感受）。

（4）最后教师让全体学生一起起立，学生们要立即起立。

仅靠个人的力量能完成起立的动作吗?

引导学生认识到:如果团队成员出现与团队目标不一致的行为,那么将对团队建设产生负面作用。

参考变式

可以先由两位同学尝试站起来,然后逐步增加人数。

20. 梦想长城

活动目的

(1)让学生感受到个人的表现对团队的影响巨大,一个优秀的团队需要每一个人的努力。

(2)让学生感受到互相鼓励和树立目标的重要性。

活动道具

椅子若干。

活动规则

组成"人椅"后坚持时间最长的小组获胜。

场地要求

室外或室内空场地。

活动过程

(1)分组,每组10人左右,多出的人负责计时或者充当工作人员。

(2)每组同学用椅子摆成一圈,然后每人坐在一张椅子上。

(3)每个学生用头靠在后面同学的腿上(如果要增强挑战难度,就用头;如果要降低挑战难度,可以换用背靠在后面同学的腿上),同时用腿撑着前一位同学的头。

(4)准备好之后,工作人员把每个人身下的椅子抽出来,然后开始计时,看每组可以坚持多长时间。

(5)记录好各小组所坚持的时间。

(6)采访学生,分享体验。采访最先放弃的学生:在活动的过程中,是否有依赖思想,认为自己的松懈对团队影响不大?最后出现什么情况?

（7）教师小结：

团队是由大家组成的，我们每一个人出现问题都可能给团队带来不可想象的后果。作为团队的一员，我们要互相信任，而且我们中的每一个人都要积极发挥自己的力量，这样才能建设一个优秀的团队！

21. 风中劲草

活动目的

帮助学生建立团队信任感。

活动道具

无。

活动规则

当草的学生要身体绷直地向后直倒在队员的手中，倒的过程中不能移动脚或者双脚分开。

场地要求

室外或室内空场地。

活动过程

（1）将学生每8人分为一组，所有学生围成一个圆圈，伸出双手，直径2～2.5米，当草的学生站在圆圈中央。

（2）"草"（即站在中间的学生）双手抱在胸前，并拢双脚，闭上眼睛，然后问队员们是否准备好了。在得到队员们的肯定回答后，该学生身体绷直地向后直倒下去，倒在队员的手中。倒的过程中不能移动脚或者双脚分开。

（3）团队成员伸出双手托住"草"，并将"草"轻轻地推到另一个队友手中，如此推动两圈。

（4）每位队员轮番做一次"草"。

（5）感悟分享。

活动提示

（1）负责接的人可以用各种方式让"草"感到安全。比如，用语言给"草"一些鼓励，不要嘻嘻哈哈或者谈一些无关的事情。

（2）如果有个别同学实在不愿意参加本活动，可以不参加。同时，提醒有心脏病等疾病的同学不要参加本活动。

（3）为了安全起见，组织者还要强调以下几点：

第一，提醒中间的"草"在倒下去之前必须问下面负责接的队员是否已经准备好了，只有当队员回答"准备好了"时才能倒下去。

第二，无论发生什么情况，负责接"草"的人一定要想尽办法不能让"草"真的摔倒，哪怕用自己的身体垫在地上支持"草"。

第三，为避免受伤，提醒学生将眼镜、手表、钥匙等尖刺物品拿开。

22. 云梯

活动目的

建立小组成员间的相互信任。

活动道具

10～12根硬木棒或水管，要求每根长约1m，直径约32mm。

活动规则

爬梯者从云梯的一边爬到另一边。

场地要求

室外或室内空场地。

活动过程

（1）让每个队员找一个搭档。在总的参加人数为单数的情况下，让余下的一个人第一个爬云梯；如果参加人数为双数，那么随意叫出一对搭档，让其中一个人爬云梯，另一个人做监护员。

（2）给每对搭档发一根木棒（或水管）。让每对搭档面对面站好，所有搭档肩并肩排成两行（如上图所示）。

（3）每对搭档如上图所示握住木棒，木棒与地面平行，其高度介于肩膀和腰部之间，这样便形成了一个类似水平摆放的木梯的形状。每根梯线的高度可以略有不同，以形成一定的起伏。

（4）把选好的爬梯者带到云梯的一端，让他从这里爬到云梯的另一端。在只有四五对搭档参加活动的情况下，可以等爬梯者通过后，让前端的搭档迅速跑到末端站好，这种方法可以随意延长云梯。

【参考问题】

①每个人爬梯之前感受如何？

②爬梯之后又有何感想？

③你在爬云梯的时候是什么感觉？

④做"梯子"的时候你有何感受？

活动提示

（1）本活动有一定风险，因此操作时务必引导学生注意安全。

（2）要确保木棒或水管表面光滑，以避免划伤或扎伤爬梯者。

（3）确保每个人都能牢牢抓住木棒，千万不能在队友经过的时候失手。

（4）不允许将木棒举到比肩膀还高的位置上，以免学生体力不支。

23. 信任背投

活动目的

（1）建立小组成员间的相互信任，促进同学之间互相理解、互相支持。

（2）培养学生的挑战精神，使学生勇于挑战自我。

（3）让学生理解想要获得别人的信任不是靠说的，而是要用实际行动来争取的。

活动道具

一个1.0～1.5m高的平台（如果没找到平台，可以用桌子等代替）。

活动规则

志愿者从高台向后倾倒，小组其他队员负责接住仰摔的成员。

场地要求

室外或室内空场地。

活动过程

（1）活动开始之前，让所有同学摘下手表、戒指以及带扣的腰带等尖锐物件，并把衣兜掏空。

（2）分组，每组约10人。

（3）每组选两个志愿者，一个由高处跌落，另一个作为监护员，提醒跌落者两腿夹紧，两手紧贴身体，两手紧贴大腿两侧（这样能避免两手随意摆动）。跌落时应始终挺直身体，不能弯曲，头部向后倾斜，身体挺直，以便直接倒在两列队员之间的承接区上。

（4）承接队员两两对接，形成一张手网，负责接住倒下的同学。教师可给出建议：建议他们肩并肩从低到高排成两列，相对而立，向前伸直胳膊，交替排列，互相紧握住对方的手形成一个安全的承接区。

（5）跌落者应该在听到监护员喊"倒"之后，他才能向后倒，队首的承接员接住跌落者以后，将其传送至队尾。

（6）队尾的两名承接员要始终抬着跌落者的身体，直到他双脚落地。

（7）刚才的跌落者此时变成了队尾的承接员，靠近平台的承接员变成了台上的跌落者。循环下去，让每个队员都轮流登场。

【感悟分享】

①相互信任和责任是维系一个团队的根本所在。我们都应该认识到，人的一生有太多的时候必须把自己的命运交付给值得信任的人，只有这样才能了解团队合作的真谛。

②作为一个团队，如果没有彼此的信任和相互协作的精神，团队将不复存在，其团队队员也会丧失安全感和归属感。要维系团队精神就要加强责任心训练。

参考变式

（1）对于那些既成的团队，可以考虑给跌落者蒙上眼罩增加活动难度。

（2）教师可以站到承接队伍的第二或者第三排做承接员。

活动提示

考虑到游戏有一定的危险性，教师一定要强调一些细节，尤其是检查手网是否牢固。也可以考虑在手网的下面放一块软垫。

24. 不倒翁

活动目的

培养学生之间互相信任、团结协作的精神。

活动道具

眼罩。

活动规则

每个同学轮流做"不倒翁"，用眼罩蒙着眼睛，主动倒向背后任一个同学。

场地要求

室外或室内空场地。

活动过程

（1）分组，每组10人左右，其中一人扮演"不倒翁"。

（2）小组其他成员面朝里围成一个圈，圈不要太大，要保证能够接着倒向自己的"不倒翁"。

（3）"不倒翁"站在圈内，用眼罩蒙着眼睛；蒙上眼睛后根据教师指示转3圈，迷失方向。

（4）"不倒翁"站直，随便选择一个方向后仰，后仰前说一句话："我叫××，我准备好了。"围圈的同学说："放心倒下来吧，我值得信任！"

（5）"不倒翁"倒下被接住后，重新站直，随意转3圈，迷失方向，再次重复刚才的话并倒下，每人倒 3 次。

（6）每位成员轮流充当"不倒翁"和承接者。尽量要求每位成员都参与，但有心脏病、高血压和严重腰伤者不能参加。

【参考问题】

①倒下的那一刻你害怕吗？你相信其他成员会稳稳地托住你吗？倒下的时候你的身体是弯曲的还是挺直的？

②你现在的感受是什么？

③你从这个活动中学到了什么？

【感悟分享】

刚开始蒙上眼睛，感觉周围黑乎乎的，什么都看不到，心里特别害怕。所以当我倒下去的时候，虽然他们说"我值得信任"，但是我还是感觉很恐惧。所以，我是发抖着弯着身子倒下去的。但是到第二次，尤其是第三次的时候，我真的感觉到他们是值得信任的。所以虽然仍旧是蒙着眼睛的，但是我心里的恐惧感基本没有了，更多的是信任和踏实的感觉。这种感觉真好！同学们，谢谢你们！

25. 盖章契约

活动目的

（1）了解成员对团体的期待，明确团体应具有的基本特征和团体目标。

（2）形成团体规范，让所有成员自愿投入团体、维护团体。

活动道具

无。

活动规则

每个人提出对团体的期待，并以手拍大腿或膝盖，以示盖章。

场地要求

无要求。

活动过程

（1）教师说明活动规则。

（2）教师首先示范，提出对团体活动的要求，如希望大家不要隐藏心中想说的话。

（3）言毕，教师以手拍自己的大腿或膝盖，状似盖章动作，代表自己愿意遵守此诺言。

（4）其他同学认为自己可以遵守的，也以手拍大腿或膝盖，表示自己愿意遵守此诺言。

（5）自教师顺时针方向开始，每位同学轮流表达个人对团体的期待，方式与教师的示范相同（期待内容包括：不希望有人早退或中途离席；希望老师准时结束课程；希望大家尊重或倾听别人的发言；不愿意看到有人在团体内恶意攻击；共同守密；不把团体中发生的事告诉他人等）。

（6）最后，由教师统一整理归纳同学们的诺言，形成团体公约（规范）。可在当次活动结束后写在纸上。

参考变式

本活动可以用班级目标大讨论或班级常规大讨论的形式替代。

活动提示

（1）一个团队的形成需要一个过程，可能刚开始会有个别同学给出不正确的观点，教师要予以引导，而不是强制要求。

（2）如遇到成员无法遵守难以盖章者，教师宜鼓励其他同学以尊重、关怀的态度，共同协助该同学探讨其困境。

五、激活灵感，创新思维

1. 头脑风暴之回形针的用途

活动目的

（1）激发学生的创新思维能力。

（2）提供给学生练习创造性解决问题的机会和体验，引导学生拓宽思维。

（3）用于激励学生相信自我、超越自我。

活动道具

回形针若干。

依据"头脑风暴",只要求学生尽可能多地想出回形针的用途,而不强调用途的具体可行性。

🔙 **场地要求**

无要求。

🔄 **活动过程**

(1) 告诉学生:调查研究表明,创造性思维可以通过简单的练习培养出来,而"头脑风暴"就是培养创造性思维的有效方法之一。

(2) 说明"头脑风暴"的法则:

①不允许有任何批评意见;

②欢迎异想天开(想法越离奇越好);

③我们要求的是数量而不是质量;

④我们寻求各种方法的组合和改进。

(3) 将全班分成若干小组,每组 4~6 人,他们的任务是在 60 秒内尽可能多地想出回形针的各种用途。每组指定一位同学负责记录想法的数量而不是想法本身。

(4) 一分钟后,汇报各组数量,同时列举出其中最疯狂或最有创意的主意,以激发学生思维。

【参考问题】

①当你进行"头脑风暴"时还存在一些什么样的顾虑?

②当教师说至少要找到 50 种用途时,是不是觉得不可能完成?最后的结果与你最初的判断一致吗?这对你有什么启发?

③你是否会惊叹于人类思维的奇特性,惊叹于不同人想法之间的差异性?

④你是否会惊叹于小小的回形针竟然可以有这么多的用途?换个角度想想,那么我们自己呢?难道还不如小小的回形针吗?你还用得着自卑吗?

(5) 教师小结:

①人的大脑是一个无比神奇的器官,它所蕴藏的力量是无法估量的。在短时间内,聚精会神努力搜索有助于创造性想法的提出。

②天生我材必有用。当你失意、沮丧、自卑时,请想想这小小的回形针吧。

③不要嘲笑人们的想法异想天开,要知道科技和人类的进步正是建立在一项项异想天开的基础上的。试想,如果不是古人一直希望像鸟儿一样在天空飞翔,又怎么会有莱特兄弟历尽艰辛去制造飞机?如果没有千里传音的想象,又怎么会

有现在电话的产生？

④在解决问题的时候，"头脑风暴"往往用来解决诸如创意之类的难题，但是它的成功开展还取决于环境氛围。只有在一个民主、完全放松的环境中，人们才能异想天开地思考问题。

参考变式

活动中的回形针可以用其他物品代替，如图钉、订书机、纸等。

2. 故事接龙

活动目的

（1）活跃现场气氛，培养学生的协作意识。

（2）让学生明白如何在受限制的情况下发挥想象力和创造力，培养学生创造性地解决问题的能力。

活动道具

无。

活动规则

故事接龙，两个人随机选择一个话题并每人现场讲述一个故事。

场地要求

无要求。

活动过程

（1）将学生两两分组，做一个与某个话题（可以任意选择，只要大家感兴趣，比如旅游）有关的故事接龙表演。

（2）指定每组中的一人为 A，一人为 B。A 是这场活动的演员，B 是 A 的台词提示者。

（3）B 组的同伴挨着 A 组站着，当轮到自己说话时，就把台词告诉 A。而 A 的任务就是接受 B 提供的任何台词，在此基础上再加以发挥，把戏演下去。A 要密切配合 B 的意思，好像这些台词就是他们自己想出来的一样。

（4）为了使学生充分理解教师的意图，教师可以先做一下示范。挑选一位学生后，教师开始说："我非常想和你一起旅游，因为小王你——"

（5）然后教师拍一下小王（B）的肩膀，小王须立刻接下去说："我总是与你的喜好一致。"教师接小王的话继续说："总是与我的喜好一致。事实上，我们有过一次愉快的旅游经历，那一次——"

（6）教师再次拍小王的肩膀，小王说："我俩结伴了黄山。"教师接着说："我俩结伴去了黄山，真是一次美妙的经历。"

（7）教师又一次拍小王的肩膀，小王可能说："什么时候我们还能共同休假呢？"教师说："什么时候我们还能共同休假呢？到时我们再一起出游吧……"

（8）让所有学生观看示范，然后让他们各自散开练习一下，5分钟后大家集合，集体完成一次表演。

【参考问题】

①请 A 考虑：为了适应并转换 B 的台词，你必须做些什么？是否感到吃力或有其他感觉？怎样才能使这个过程不那么煎熬呢？

②请 B 考虑：你们的任务是帮助 A 完成任务，所以为他们提供台词并使这一切进行得容易一些，你们需要做些什么？当 A 没能顺利利用你的台词时，你有何感觉？

（9）教师小结：

①无论 A 还是 B，都不可以迟钝地、恶作剧地做这个活动，否则不仅会给搭档造成困难，而且会破坏训练的效果。大家的目的是将一个故事合理、顺畅地完成，而不是给别人出难题或显示自己的才能。这个活动体现了公平的合作，即快乐来自于与他人分享创意。

②一个团队最不可少的就是合作精神，而合作精神最重要的就是要善于倾听别人的意见，要像对待自己的意见一样，给予他人的想法和念头以足够多的关注。团队也许最终会同意采用你的想法，但这在集体讨论会上不是最重要的，最重要的是要善于倾听他人的发言。

3. 应答自如

🎯 **活动目的**

（1）培养学生创造性地解决问题的能力。

（2）在巨大压力的情况下，人们往往会出现大脑短路的情况。但是这种"头脑风暴"的办法会让大家的创造性得到良好的训练。

（3）可以用于需要成员发挥想象力的热身运动，让大脑迅速地活跃起来。

活动道具

无。

活动规则

要求参与者根据要求快速作出反应，一旦有人回答速度变慢，或者开始有"嗯，哦"出现，即被淘汰。

场地要求

无要求。

活动过程

（1）每4个人组成一个小组，在小组内随意安排组员的发言顺序，两个小组构成一个大组进行活动。

（2）让小组确定的第一个志愿者出来，对着另一个组喊出任何他脑子里闪现的词，比如：姐姐、鸭子、蓝天等。

（3）另一个小组的第一个志愿者必须对这些词进行回应，比如：哥哥、小鸡、白云等。

（4）志愿者必须持续地喊，直到他不能想出任何词为止。一旦你发现自己在说"哦，嗯，哦……"时，你就被宣告失败，必须回到座位上，换你们小组的下一位上场。

（5）哪个小组能坚持到最后，哪个小组算获胜。

活动提示

（1）本活动的关键是要在一个快速、紧张的氛围下进行，一旦有人回答速度变慢，开始有"嗯，哦"出现，立即宣布他被淘汰，判其离场，这样才能保证活动的成功。

（2）本活动可以用于需要成员发挥想象力的热身运动，让大脑迅速地活跃起来。

4. 剪纸活动（2）

活动目的

使学生认识到：所受到的指示和限制越多，创造性思维就越少。所以要打破限制和束缚，突破惯性思维，培养学生的创造能力。

活动道具

每个同学准备两张大小相同的纸（长方形，可以选择 A4 纸或者 B5 纸）；可以统一发放，也可以让学生提前准备。

🔄 活动规则

学生根据教师的指示操作。

⬅️ 场地要求

无要求。

🔄 活动过程

第一部分：

请同学们拿起一张纸，跟着教师的指示操作，在产生疑问的时候可以向教师提出疑问，也可以和别人交流。

教师指示：

（1）把这张纸上下对折；

（2）再把它左右对折；

（3）对折后有一个角正好是这张纸的中心，请在纸中心的角上剪去这个角，要求剪去直角边长为2厘米的等腰直角三角形。

现在请你把这张纸展开来看一下，它的形状是什么样的？

结果：在指示明确又能交流的情况下，大部分同学甚至全部同学剪出的图形是一样的。

第二部分：

请同学们拿起另一张纸，跟着教师的指示操作。

教师指示：

（1）把这张纸上下对折，如何对折随意；

（2）再把它左右对折，如何对折随意；

（3）在对折好的纸的左上角剪掉一个直角边长为2厘米的等腰直角三角形，剪哪个角随意，如何剪随意。

现在请你把这张纸展开来看一下，它的形状是什么样的？

结果：有些同学受上次剪纸指示的影响，剪出来的样式和上次完全一样；有些同学真的随意对折、随意剪纸，剪出来的样式五花八门、各式各样。

【感悟分享】

采访那些结果一样的同学：为什么会剪出了一样的结果？（因为受上一次指示和操作的影响，我仍旧按照上次的操作来做，并没有留意老师说的"随意"的指示。我感觉是自己的惯性思维限制了自己的操作，以后要勇于突破惯性思维）

采访那些样式不同的同学：很有创意的一个结果，请问为什么会剪出那么个性的图形？（因为剪纸的时候老师的指示很少，只是大致给出方向，然后有很多的"随意"的指示。我想既然是随意，那就随意剪吧，想怎么操作就怎么操作，所以就剪出了这种图形。我的感受是剪纸的时候受到的具体指示越少，我们创造出来的结果就越多。这件事告诉我们，如果要培养我们的创造性思维，就需要减少自己受到的限制，尤其是思路的限制。约束越少，创造性就越多）

5. 拼方块

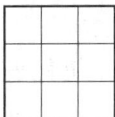 **活动目的**

让学生练习思考问题的方法。

活动道具

牙签若干（如果条件不允许，可让学生在头脑中想象）。

活动规则

根据条件要求完成拼图。

场地要求

无要求。

活动过程

（1）分组，每组发放 20 根牙签。

（2）请学生设计，如何用 20 根牙签拼 9 个方块（如无牙签，让学生在头脑中想象，或者用笔画当牙签）。

（3）请学生设计：如何拿走其中 8 根牙签，变成 2 个方块。

（4）班内分享。

【参考答案】

9 个方块

两个方块（方法一）

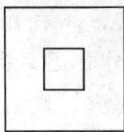

两个方块（方法二）

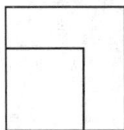

6. 航空公司的经营活动

活动目的

（1）培养学生的经营思维，提高学生的财商。

（2）让学生认识到要通过提高自身素质来增强自身竞争力。

活动道具

无。

活动规则

组内讨论决定要不要降价，各小组之间不允许讨论。

场地要求

无要求。

活动过程

（1）将学生分成 5~6 个组，每个组分别代表一家航空公司在市场经营。

（2）市场经营的规则是：所有航空公司的利润率都维持在 9%；如果有三家以下的公司采取降价策略，降价的公司由于薄利多销，利润率可达 12%，而没有采取降价策略的公司利润率则为 6%；如果有三家或三家以上的公司同时降价，则所有公司的利润只有 6%。

（3）每个小组派代表到小房间里，教师交代上述活动规则。小组代表回到小组，并将活动规则向小组汇报。

（4）小组经过五分钟讨论之后，需要作出最终的决策：降价还是不降？并将决定写在纸条上交给教师。

（5）教师公布结果。

（6）教师小结：

活动看似简单，但结果往往出人意料。因为大部分公司都会选择降价，大家都降价的结果是导致两败俱伤。这告诉我们，不要认为竞争对手比你傻，也不要和对手打价格战，因为靠降价来提高收益是不理性的，更理性的方法还是通过提高自己的服务质量等方面来增强自身的竞争力。

7. 打结

活动目的

引导学生开动脑筋，打破常规思维，创造性地完成任务。

活动道具

每人一条绳子。

活动规则

学生在双手不离开绳子，也不把自己的手捆起来的前提下将绳子打个结。

场地要求

无要求。

活动过程

（1）每人发一条绳子，然后教师念开场白，开场白示例如下："很久以前，有一个著名的魔术师，他非常善于解决各种难题。一个好事者颇不服气，便想出一个古怪的问题来考他。他给魔术师一根绳子，问魔术师能否用两手抓住绳子的两端，在不许松开的前提下，打出一个绳结。请你帮助魔术师打出这个绳结。"

（2）教师再次向学生明确要求：双手不能离开绳子，也不能把自己的手捆在绳子里。

（3）请打结成功的同学上台示范。

（4）讨论分享：这个活动给了我们什么启发？

（5）教师小结：

引导学生认识到：刚开始感觉很难，认为几乎不可能完成。这种情况迫使我们不得不开动脑筋，打破常规思维，不断尝试。终于还是按照规则圆满完成了任务。创新思维，真的挺好玩！

【参考答案】

学生折叠双臂，使之交叉于胸前，双手分别抓住绳子的两端，这样，打开双臂后会自动形成一个绳结。

8. 传递橘子——看你有多快?

活动目的

（1）突破传统思维，培养学生的创新意识和创新能力。

（2）通过创造性解决问题的成功体验，培养学生的自信心和增强他们面对困难、克服困难的勇气。

活动道具

秒表、橘子（数量与小组数量相同）。

活动规则

（1）活动时橘子要从发起者的手里发出，最后按顺序回到发起者的手里。要求在传递过程中每个人都必须触及橘子，所需时间最少的获胜。

（2）橘子掉在地上一次额外增加 10 秒并从头开始。

场地要求

室外或室内空场地。

活动过程

（1）分组，每组 5～10 人。

（2）每组发一个秒表、一个橘子。组内选定一个人用秒表计时，同时做监督员，防止组员作弊。此人需和其他组的监督员交换，各组之间互相监督。

（3）教师说明游戏规则，然后宣布活动开始。活动开始时，各组一般会不约而同地一个接一个地传递橘子。计下各组的成绩，例如分别为 17 秒、18 秒和 50 秒。

（4）活动过程中，教师要不断地引导学生："有没有更好的办法让时间变得更短些？看到别的组比你们快，你们心里服气吗？还能不能更快一点？目前最快的组不怕被人追上来吗？你们还能不能再快一些？"这样，让学生不断地思考不断地寻找新方法。

（5）各个小组想尽办法使时间缩短，最终明确最快的方式有哪几种。比如：每人伸出一只手围成一个圈，小组长手持橘子在圈中滑行一圈，不足 5 秒就能完成活动。

【参考问题】

①看看刚开始的 28 秒，再看看现在的不足 5 秒，请问，当你看到这个结果的时候是一种什么感觉？

②活动过程中，别的组比你们组快的时候，你有什么感想？（总结创新的动力包含了竞争和需要）

③创新是否意味着可以突破一切框架呢？（当有些小组在做活动的时候没有按照规则去做，却取得了更快的成绩）

（6）教师小结：

由最开始的几十秒到后来最少的不到一秒钟，这个游戏带给我们很大的震撼！这让我们看到，当一件看似不可能的事情摆到面前时，这种"不可能"的思维定式，会使很多人想到放弃。做了才能成功，但最终的成功不是因为你做了，而是取决于你怎样去做。发挥团队智慧，集合团队的创意，一件不可能完成的事情奇迹般地成功了，这就是团队的力量！思维可以指导人们的行动，同时也约束着人们的行动，要想成功唯有敢于突破自己的思维。

9. 平结绳圈

活动目的

让学生体会创新思维在解决问题中的重要作用，培养学生团队合作的能力和创新思维能力。

活动道具

准备长短不一的绳子若干条（依人数而定）。

活动规则

教师说"开始换位"的时候，每个学生都要离开自己的绳圈去寻找别的绳圈，要求每个学生的脚都必须在绳圈内。

场地要求

室外或室内空场地。

活动过程

（1）教师教会学生平结绳圈的打法（平结是一种绳子的活结打法，节点可以任意伸缩)。

（2）学生将平结打好后连成一绳圈，放在地上，然后学生将脚放在绳圈之内。

（3）教师提醒学生："你们的脚在绳圈之内了吗？确认安全了吗？"

（4）学生确认之后，教师说："开始换位。"学生全部离开自己的绳圈跳到其他的绳圈之内；三次之后，开始逐渐减少绳圈的数量，每次减少一个，并经常提醒学生："你们的脚在绳圈之内了吗？确认安全了吗？"游戏的规则是要求所有学生的脚都不得在绳圈之外（可能是几个人同时挤在同一个绳圈里）。

（5）到最后只剩下一个绳圈的时候，所有人都站在一个绳圈里，不断缩小绳圈，直到所有人都紧紧挤在一起，活动第一阶段结束。

（6）活动第二阶段：教师不断地将绳圈缩小至极限范围，并不断询问所有人有没有信心挑战极限。学生不断进行挑战，当到达极限的时候，往往会出现一些意想不到的结果。如有学生会提出我们有没有办法寻找新的思路来挑战极限。教师要注意把握学生的场上气氛，及时加以引导。当学生没有办法解决问题的时候，教师视情况将解决方法公布，即所有学生可以坐在地上，将脚放在绳圈内，这样就符合活动的要求："脚在绳圈之内。"

参考变式

（1）考虑到性别差异，可以先进行男女分组。

（2）如果人数过多，最后可以考虑多留下几个绳圈。

活动提示

该活动可以分为两个阶段：第一阶段可以从团队的角度挖掘活动的内涵；第二阶段可以从创新的角度挖掘活动的内涵。教师应注意把握氛围，否则起不到相应的效果。

六、提升品质，完善人格

1. 对不起，我错了

活动目的

（1）让学生认识到犯了错误就要勇于承认。

（2）培养学生勇于承担责任的精神。

活动道具

无。

活动规则

（1）教师喊一时，所有学生向右转；喊二时，向左转；喊三时，向后转；喊四时，向前跨一步；喊五时，不动。

（2）做错的人要走出队列，站到大家面前先鞠一躬，举起右手高声说："对不起，我错了!"

场地要求

室外或室内空场地。

活动过程

（1）所有学生相隔一臂站成几排（视人数而定）。

（2）教师讲明活动规则：教师喊一时，所有同学向右转；喊二时，向左转；喊三时，向后转；喊四时，向前跨一步；喊五时，不动。

（3）活动开始，教师随意喊一二三四五中的任一个数字，同时观察哪些学生做错了。

（4）当有人做错时，做错的人要走出队列，站到大家面前先鞠一躬，举起右手高声说："对不起，我错了!"

（5）做几个回合后，提问：刚才我们每个做错的人都勇敢地站出来说"对不起，我错了"吗？

【感悟分享】

采访那些没有站出来的同学：你为什么不肯站出来承认自己做错了？（感觉不好意思，没有勇气；感觉反正别人也不一定注意到自己做错了，不承认别人也不知道等）

采访那些勇敢站出来承认错误的同学：当你站起来承认自己做错了之后，内心有何感受？（感觉自己有责任做得更好，也感觉自己勇敢地承认了自己的错误后心里踏实了很多，没有了那种偷偷摸摸做贼一样的感觉）

（6）教师小结：

面对错误时，大多数情况是没人承认自己犯了错误；少数情况是有人认识到自己错了，但没有勇气承认，因为很难克服心理障碍；极少数情况下有人站出来承认自己错了，并勇敢地为自己的错误承担责任。他们为自己的错误付出了代价，同样他们也收获了内心的安宁。同学们，让我们做一个勇于承担责任的人，为自己的行为负责，为自己的未来负责。

2. 积极的自我概念

活动目的

增强学生自尊心，培养学生积极的自我概念。

活动道具

每个学生一张纸、一支笔。

活动规则

认真地思考并写出自己的优点和不良习惯。

场地要求

无要求。

活动过程

（1）两人一组，将学生分成若干组。

（2）教师请学生在经过认真思考后，每一个人都在纸上写下他们最喜欢自己拥有的 4~5 个特点。

（3）3~4 分钟后，让每个学生与自己的搭档共同讨论他们写下的东西。

（4）让每个学生列出自己不太满意并且想改掉的习惯。几分钟后，再次与自己的搭档一起讨论这些习惯。

【参考问题】

①你对这个活动感到不快吗？如果是这样的话，为什么？

②你确实是说了实话吗？还是对你的优点有所隐瞒？对于你的缺点呢？

③当你向你的搭档展示自己的能力后，他的反应（比如，吃惊、鼓励、支持）是什么？当你的缺点暴露出来时，他们的反应是否有所不同？

3. 我很棒

活动目的

通过相互交流意见来打破学生对自我肯定的障碍，引导学生学会悦纳自我。

活动道具

无。

活动规则

每个评价都必须是正面的、积极的。

场地要求

无要求。

活动过程

（1）两人一组，将学生分为若干组，同桌之间也可以。

（2）每组成员需要向对方提供以下几个问题，并记录答案。

①在外形上，你喜欢自己的哪两个方面？

②在个人品质上，你喜欢自己的哪两个方面？

③在才华或技能上，你喜欢自己的哪两个方面？

【参考问题】

①你是否发现这个活动开始时是十分困难的？为什么会这样？

②现在你的感觉如何？

4. 赞美与分享

活动目的

让学生学会赞美他人，引导学生以欣赏的心态悦纳他人。

活动道具

无。

活动规则

每个人都必须对其组员作出符合要求的赞美，并留意记录其组员的感受、想法和反应。

场地要求

无要求。

活动过程

（1）两人一组，将学生分成若干组，同桌之间也可以。

（2）教师向学生强调：其实我们每个人都渴望得到他人的肯定和赞扬，我们在悦纳自我的同时也要学会欣赏他人。

（3）每个学生都对自己组员的以下方面进行评价，同时指明，必须是正面评价：

①一个外貌方面特别吸引人的特征。

②一个或两个特别令人欣赏的性格特征。

③一个或两个特别令人欣赏的才能。

提醒：注意每个人要记录下其组员的感受、想法、反应。

（4）问题讨论：

①为什么对于我们大多数人来说，真诚地给予他人赞美是困难的？

②为什么人们对他人总是很容易给出负面的评价？而正面赞扬却少之又少？

③在欣赏他人、悦纳他人方面，我们积累了什么有用的经验？

5. 吹牛比赛

活动目的

培养学生的自信心，引导学生学会自我欣赏。

活动道具

无。

活动规则

利用"头脑风暴"夸奖自己的优点。

场地要求

无要求。

活动过程

（1）告诉学生：调查研究表明，自信可以通过简单的练习培养出来，而"头脑风暴"式的吹牛比赛是培养自信的有效方法之一。

（2）说明"头脑风暴"的法则：

①不允许有任何批评意见。

②欢迎异想天开（想法越离奇越好）。

③我们要求的是数量而不是质量。

（3）团队成员两人一组，一人先吹牛，夸奖自己的优点，吹得越厉害、越离谱、越丰富、越完整越好，不需要经过大脑的系统整理和与他人的对比。

（4）对学生明确吹牛要求：吹牛过程中一定要做到正视对方、声音洪亮，可以伴有手势和肢体表演。另一个人要一边听一边适当地作出反应，并称赞对方"你真行"、"你某某方面有很大的潜力"、"你是最棒的"等。

6. 绝对化的常识

🎯 **活动目的**

（1）引导学生认识到很多绝对化的表述是不科学的，很多所谓的常识也往往并不那么正确，从而引导学生在思考问题或作出评价时不要走极端。

（2）在一定程度上矫正比较偏激的学生的思想观念。

🔧 **活动道具**

无。

🔄 **活动规则**

学生要逐句分析绝对化表述中的不合理因素。

◀ **场地要求**

无要求。

🔄 **活动过程**

（1）请学生就人的行为作出一些大体上的概括（其他相关主题亦可），或者让学生列举出他们经常听到的一些绝对化的表述，如"为什么他每个方面都比我好"、"全世界所有人都不喜欢我"、"所有漂亮的同学学习成绩都不好"、"所有的……都是懒惰的"、"没有一个人……"等。

（2）教师将学生概括出来的语句写到黑板上。

（3）让学生在每句话中找到代表绝对化表述的词语，并用彩色粉笔将绝对化表述的词语标出，如，所有、没有一个、唯一等。

【参考问题】

①如果一个人一直持有这些观点，会对他的行为造成什么影响？

②在日后的生活中，我们应该怎样做才能更好地防止这些观点形成和遏制其发展？

（5）在讨论完以上问题之后，重新回顾先前概括出的论点所基于的事实基础，然后再重新作出概括。引导学生认识到很多绝对化的表述是不科学的，很多所谓的常识也往往并不那么正确，思考问题和作出评价都不要走极端。

7. 以古鉴今

活动目的

（1）增加学生对现实世界的接触，引导学生关注时事、关注生活。

（2）引导学生以正确的视角评价时事，培养学生积极、健康、全面的价值观。

（3）在一定程度上矫正比较偏激的学生的思想观念。

活动道具

报纸（新闻版）若干。

活动规则

各小组在组内讨论不公平事情发生的原因，并进行班内汇报。

场地要求

无要求。

活动过程

（1）分组，每组 5~6 人，学生按照小组坐在一起。

（2）每组派发一份报纸，每人细读 3 分钟，找出其中不合理、不公平的事情。

（3）确定主题，组内讨论那些不公平事情发生的原因，是因为人的自私、贪心、人祸、制度、陋习，或是意外、天灾、天意？

（4）组内讨论：我们应该如何看待、如何回应这些不公平的事情？

（5）小组汇报：各组派一人做代表，将本组的总结报告向全班汇报。

活动提示

本活动含有很高的教育价值，需要教师谨慎处理学生可能出现的各种不正确的、幼稚的、偏激的观点，从而正确引导学生的讨论方向，帮助他们树立健康的生活观念、价值观念。

8. 手掌对推

活动目的

引导学生面对对抗时学会减压，学会化解压力。

活动道具

无。

活动规则

手掌对手掌相互用力向前推，活动之前聚集 A 学生暗中告诉他们在双方用力推向对方时，在不给 B 学生任何提示的情况下把力收回。

场地要求

室外或室内空场地。

活动过程

（1）学生两两一组，面对面站立，指定其中一位是 A，另一位是 B。

（2）让 A 和 B 手掌对手掌并用力向前推。提前暗中告诉 A 在不给 B 任何提示的情况下把力收回。

（3）问题讨论：

①B 在 A 收力时有什么感受？

②当对方没有反抗你给的压力时是什么感觉？

③制造压力有时反而会引起相反的作用，你认同吗？这对你有什么启示？

活动提示

提醒学生注意安全，尤其是突然放手的时候 B 会不适应，可能会摔倒，所以之前一定要提醒 A 注意不要让 B 摔倒在地。

9. 培养勇气

活动目的

（1）告诉学生每个人都有心存恐惧的时候，把恐惧正常化。

（2）进行相应的练习，引导学生学会克服恐惧心理。

 **活动道具**

恐惧清单（每人一份）、建议手册（每人一份）、题板纸。

活动规则

每个同学认真地思考并按照要求将答案写在题板纸上。

场地要求

无要求。

活动过程

（1）在活动开始之前，教师对学生说："生活中我们每个人都有恐惧的时候，你最恐惧、最害怕的是什么？"

（2）询问几个同学，将大家的答案简明地写在题板纸上，询问大家是否存在这些恐惧。

（3）发给每人一张由专家列出的恐惧清单并告诉大家，如果信息准确的话，那么大多数人的恐惧都是类似的。

（4）针对某一个问题，如"在公众面前讲话"，让同学们尽可能多地说出自己认为的可以克服这一恐惧的方法。

（5）选出相对最恐惧在公众场所发言的学生，让他上台大声朗读这些克服恐惧的方法给大家听。

附：**恐惧清单**

①在公众面前讲话。

②金钱困扰。

③害怕黑暗。

④害怕蛇和虫子。

⑤害怕疾病。

⑥人身安全缺乏保障。

⑦面对死亡。

⑧面对孤独。

⑨害怕狗咬人。

附：**建议手册**

①熟悉演讲内容（做到心中有底）。

②事先练习演讲内容。

③知道参加者的姓名并称呼他们的名字。

④用目光接触听众，建立亲善和谐的氛围。

⑤预测可能遇到的问题。

⑥放松自己（深呼吸，内心对白等）。

⑦准备一个演讲大纲并按部就班地进行。

⑧好好休息，使自己的身心保持警觉和机敏。

⑨用自己的词汇，不要照章宣读。

⑩接受自己的恐惧并把自己的恐惧分类，看看哪些是可控的，哪些是不可控的，并找出相应的对抗恐惧的方法。

10. 集思广益

活动目的

（1）引导学生勇于承认自己的困惑并树立求助意识，借助他人的智慧解决自己的难题。

（2）培养学生的关爱之心，乐于帮助他人解决难题。

活动道具

A4 纸若干（每人最少一张），每人一支笔。

活动规则

每个人写出自己最大的困惑，同时针对别人最大的困惑给出自己认为比较好的答案。

场地要求

无要求。

活动过程

（1）分组，每组最好不少于 4 人，不多于 10 人。

（2）每人发一张纸，让大家在纸上写出自己当前面对的最头疼、最想解决的问题（如学习问题、人际交往问题、亲子沟通问题等），并写下自己的名字或者标下自己熟悉的标记，然后把这张纸折叠，统一放在小组中间。

（3）让"求助信"在小组内（或全班范围内）"漂流"，每位同学负责对"漂流"到自己手中的"求助信"献计献策，可以在结尾留下自己的名字，也可以匿名。要尽可能地把"求助信"漂流到不同同学的手里。

（4）物归原主，然后在全班范围内把收到的方法进行交流。

（5）感谢：请向为自己提供既可行又有效方法的同学表示感谢。

🖐 参考变式

（1）为了调节氛围，教师可以在每个小组设置一些奖项：

最佳方法——最佳创意奖；

最奇特方法——别出心裁奖；

最容易完成的办法——善解人意奖；

方法最多的同学——"智多星"（最具智慧奖）。

（2）如果时间充裕，教师应该就这些方法和建议进行讨论，让同学们能够更好地知道提出解决问题的办法时应注意哪些方面，同时知道如何使自己的建议和方法更为有效。

⟳ 活动提示

关于署名。有的同学在寻求别人帮助的时候，由于害怕自己的隐私被暴露，不敢写其内心真正困惑的问题，所以教师在宣布写问题的时候，可以根据实际情况，纸条上不一定要署名，这样可以让学生获得心理上的相对安全感，有助于确保求助问题的真实性。

11. 脚踏实地

🎯 活动目的

提供给学生一种控制和稳定情绪的干预方法，帮助学生学会控制和稳定情绪。

🖼 活动道具

无。

⟳ 活动规则

全体安静，全身放松，跟着指示参与活动。

◀ 场地要求

室外或室内空场地。

活动过程

（1）教师对学生说："在经历过一场激动人心或者令人恐惧的事件之后，我们往往难以控制自己的情绪，或者总是会不停地想起已经发生过的事情。这时候，我们可以使用一种叫做'脚踏实地'的方法来使自己减轻这种感觉，将你的注意力转向事件之外的世界。"

（2）所有同学保持一定间距，坐在一个舒适的位置上，全身放松。

（3）环顾四周，辨别你所看到的不会使你感到紧张的东西，在脑海中一一说出它们的名字。你可以说"我看见了草地"、"我看见了同学"等。

（4）闭上双眼，慢慢地、深深地呼气、吸气。

（5）接下来，辨别你所听到的5种声音，在脑海中一一说出。你可以说"我听到自己呼吸的声音"、"我听到风在吹过"、"我听到麻雀的叫声"等。

（6）慢慢地、深深地呼气、吸气。

（7）再接下来，辨别5种你能感觉到的东西，在脑海中一一说出。你可以说"我感到自己的心在跳"、"我感到我的脚指头在鞋子里"等。

（8）慢慢地、深深地呼气、吸气。

12. 身心互动

活动目的

（1）帮助学生了解身心互动原理，教学生掌握运用肢体动作改变情绪的方法。

（2）培养学生正面的、积极的心态。

活动道具

无。

活动规则

要求学生认真按照指示操作。

场地要求

室外或室内空场地。

活动过程

（1）请大家全体起立，然后坐下；请大家再次全体起立，不过这次的速度要比刚才快一倍，然后坐下；第三次起立要比第二次再快一倍。

（2）教师问：大家是否感觉到一种振奋的情绪？

（3）请大家抬头看天花板，张开嘴巴大笑 3 声。保持现在的样子张开嘴巴，看着天花板，然后要求每个人想一件人生中最悲伤的事情。

（4）尽管学生努力地想体验悲伤，但他们发现非常困难。因为在这种亢奋的情况下是根本不可能体会那种痛苦的感觉的。持续 15 秒，请大家回到自然状态。

（5）这时候，教师将声音放低，要求大家慢慢地把头低下，请大家回想曾经令你们特别开心的事情，并体验那份快乐。

（6）在这种情况下，尽管学生努力地想体验快乐，但他们发现同样很困难。因为在身体处于这种低沉状态的情况下，人是根本不可能体会那份快乐的感觉的。

（7）教师小结：

情绪对人的影响非常巨大，情绪控制有两个最常用的方法，一个是转移注意力法（如活动"脚踏实地"），一个是利用动作创造情绪法。这个活动告诉我们：在我们情绪不好时，可以通过身体动作的改变来改变不良情绪，从而带给我们良好的情绪。

13. 模仿秀

活动目的

让学生明白情绪会互相感染，引导学生理性控制情绪。

活动道具

无。

活动规则

甲做各种表情，乙作为"镜子"模仿甲的各种表情。

场地要求

无要求。

活动过程

（1）找出两名志愿者组成一组。

（2）甲做各种表情，乙作为"镜子"模仿甲的各种表情。如微笑、捧腹大笑等。

（3）表演完后双方互换角色。

【参考问题】

①看到"镜子"的表情，你有什么感受？

②情绪可以传染吗？

③努力做各种表情时，你的情绪有变化吗？

【参考表情】

①微笑、捧腹大笑。

②傻笑、笑呵呵。

③前俯后仰的笑、回眸一笑。

④眉飞色舞、手舞足蹈。

14. "盲人"旅行

活动目的

（1）通过"盲人"与"拐棍"角色的体验，让学生理解自助与他助同等重要。

（2）让学生感受信任与被信任、爱与被爱的幸福与快乐。

（3）通过助人与受助的体验，增强学生对他人的信任与接纳。

活动道具

每人一只眼罩，较复杂的盲道设计。

活动规则

（1）团体成员两人一组，一位做"盲人"，一位做"拐棍"，二者配合。

（2）"盲人"在旅行过程中不允许用语言交流，最好配置适当的背景音乐。

场地要求

室外或室内空场地，配以布置好的盲道设计。

活动过程

（1）在背景音乐中，扮演"盲人"的同学戴上眼罩，然后原地转3圈，暂时失去方向感，先在室内独自一人穿越障碍旅程，体验盲人的无助、艰辛，甚至恐惧。

（2）所有学生中一半人继续扮演"盲人"，另一半人扮演帮助盲人的"拐棍"，由"拐棍"帮助"盲人"完成有障碍的旅行。完成后交换角色重新体验。

（3）所有学生均扮演"盲人"，两个"盲人"相互帮助地走过一段障碍旅程。

（4）学生们交流：在不同情况下，扮演不同角色的感受。

活动提示

（1）本方案设计了三种情况的"盲人"之旅，根据实际情况可以只做其中的一种。

（2）障碍旅程的设计，最好有跨越、钻圈、下蹲、上攀、独木桥、上下楼梯等多种障碍，教师可根据实际情况进行设计。

（3）在角色互换的旅行中"盲人"与"拐棍"最好不要选择之前的搭档，以陌生的对象为好。

活动扫描

（1）活动点评。

这是一次前所未有的角色体验，许多人掀开眼罩的第一句话是："谢谢你！"他们体会到了作为一个盲人在障碍面前的无助、无奈，甚至恐惧，内心特别希望得到帮助与支持。"拐棍"的出现是"盲人"所期待的，但做好"拐棍"也不是简单的事。因为许多"拐棍"自己能看到前面的障碍，就以为"没什么，我肯定可以顺利通过"，所以带着一份自信和勇气，领着"盲人"快速前进，因此无法体会"盲人"为什么如此犹豫不前。仔细想想原因，还不是没有从他人的角度出发考虑问题吗？"盲人"对眼前的一切一无所知，心存戒备，对"拐棍"的引导还不是十分信任，所以步履不可能轻松，心底无法坦然。

同学们通过"盲人"与"拐棍"角色互换的体验，反思自己在帮助他人与信任他人中的不足，在活动中进一步体验了信任与被信任的欣慰与快乐。所以，"谢谢你"是他们由衷的表达。

（2）学生感言。

生1：当我看到一个同学被蒙住双眼后惊慌失措、一副很无助的样子的时候，我觉得她好可怜，十分同情她，想着平日里能睁着眼睛走路是多么的幸福。于是，我就毫不犹豫地去搀扶她，告诉自己一定要尽可能地帮助她走路，做好她的"拐棍"。

随后遇到了很多突如其来的阻碍，我就想：如何让她安全度过？看她胆小害怕的样子，我简直想抱着她走，心想我能替她完成多好。

生2：我扮演的是"盲人"的角色，当时心想不就是走楼梯吗，不用人扶我自己也能走得很好。但真的走起来，心里还是充满了恐惧，每下一节台阶都颤颤巍巍的。旁边的"拐棍"不是很用力地拉我，而是轻轻捏捏我的右手暗示我右转，或轻轻拍拍我的头让我低下头，或揽着我的腰让我转弯。在慌乱无助的旅途中，同伴点点滴滴的指点，让我感到无比温暖。当眼罩摘下时，我深情地拥抱了我的"拐棍"，感慨万千，内心充满难以言表的感激之情。

生3：蒙上眼睛后，眼前是一片黑暗，仿佛世界成了浮影，一切都是空白。脑海中即刻掠过一个念头：假如我真是一位盲人，是否有勇气在这黑暗的世界中生存？就在彷徨的时候，一双温暖的手搀扶着我。顿时，我感到一种说不出的激动和勇气在心中涌动，鼓励着我坚持下去。

【活动小结】

学习和生活中总有很多我们不懂的东西，每个人都有可能经历在黑暗中摸索的过程。在学习中有所困惑时的感受，你有，别人也会有，这时别忘了求助与帮助别人。给别人帮助，能带给别人温暖和信任；寻求别人的帮助，以便于自己更好地成长。

15. 说我，说你

🎯 **活动目的**

让学生意识到以自我为中心的弊端，引导学生学会从他人的角度思考问题。

活动道具

无。

活动规则

第一轮交谈，双方都只能用"我"做主语；第二轮交谈，双方都只能用"你"做主语。

场地要求

无要求。

活动过程

（1）自由组合，两人一组。

（2）两人面对面，用两分钟的时间和对方沟通一件事，说话时候只能用

"我"为主语，不能不说话，也不能说"你"怎么样怎么样。

（3）采访，谈感想：当别人对你说话一直说"我如何如何"时，你有何感受？（学生会感觉自己被忽略了，自己不受重视不被提及，感觉很不舒服）

（4）两人面对面，用两分钟的时间和对方沟通一件事，说话时只能用"你"为主语，不能不说话，也不能说"我"怎么样怎么样。

（5）采访，谈感想：当别人对你说话一直说"你如何如何"时，你有何感受？（感觉自己受到了别人的关注，感觉自己很重要）

【感悟分享】

平时我们习惯了以自我为中心，习惯了过多关注自己的需要而忽视了别人，这很容易影响同学之间的关系。在与他人相处的过程中，我们不仅需要考虑自己的感受和需要，更需要多关注别人，多考虑别人的需要，多了解别人的想法。尝试站在对方的角度去思考问题，这样会更有利于我们和别人沟通。

活动提示

提示学生在第二个只能用"你"为主语的环节中不能总用否定性和指责性语言。

16. 认真评论活动

活动目的

让学生认识到不同的评论（破坏性评论和建设性评论）会带来不同的影响，教学生学会积极的建设性评论技巧。

活动道具

无。

活动规则

参与者要按照指定的方式对志愿者的演说进行评论。

场地要求

无要求。

活动过程

（1）找出一个志愿者，让他就自己感兴趣的话题（如班级建设、人际交往、热门时事等）发表一次演讲。

（2）找出另外两个志愿者，对他的演讲给予评论。评论时须按照教师给出的指示进行，其中一人进行建设性评论，一人进行破坏性评论。

（3）采访演讲者：面对两种评论，你有何感受？

【感悟分享】

面对同一件事，不同的人的整体感受可能是一样的。比如一个人的演讲很精彩，我们大家可能总体都感觉很精彩；一个人的演讲不太精彩，我们总体都感觉一般，这些都正常。只是面对相同的感受，不同的表达却能带给人不同的感受，破坏性评论会让人感觉很沮丧，而建设性评论则更容易让人接受，也更让人感到振奋。

附：破坏性评论	建设性评论
"眼睛很少与人正面接触。"	"眼睛接触不错，可以更多一些。"
"仪态糟透了。"	"你如果站得直一点的话，看起来就显得更自信。"
"你讲话太快了。"	"讲话速度尽量慢一点。"
"你的演讲太短了。"	"我还想听更多的东西。"
"你讲的东西很乏味。"	"如果能够让你的听众注意力更集中的话，效果会更好。"
"你讲得太含糊了。"	"讲话的声音高一些，后边的人也会听到你的话。"

17. "叉手"（1）

🎯 **活动目的**

引导学生意识到习惯无处不在，并会在不知不觉中影响我们。

📋 **活动道具**

无。

🔄 **活动规则**

学生跟随教师指示，一起做叉手的动作。

◀ **场地要求**

无要求。

（1）全体注意，请大家半举双手，放于胸前。

（2）请全班同学跟随老师口令将双手交叉握在一起，连续做6次，最后一次，保持交叉状态，在此过程中教师要口令清晰地高举双手做示范。

（3）教师提问：请注意自己的手指是怎样交叉的，是左手大拇指在上还是右手大拇指在上？你每次手指交叉姿势一样吗？为什么？

学生：有的同学是左手大拇指在上，有的同学是右手大拇指在上，但是所有同学每次手指交叉的姿势都是一样的，因为习惯了这样叉手。

（4）教师小结：

一个小小的叉手活动让我们认识到，习惯无处不在，并经常在不经意间对我们产生着影响。

18. 叉手（2）

活动目的

（1）引导学生意识到改变习惯将伴随不适，但是经过强化训练，习惯可以改变。

（2）让学生明白：人有与生俱来的对变化或对改变的抗拒心理，试图改变他人必须注意技巧。

活动道具

无。

活动规则

学生跟随教师指示，一起做叉手的动作。

场地要求

无要求。

活动过程

第一部分：

（1）请全班同学跟随教师口令将双手交叉握在一起，连续做6次，最后一次，保持交叉状态（这是学生习惯叉手的状态）。

（2）现在请大家重新叉手，要求手指交叉的顺序要与之前顺序正好相反

（例如本来左手拇指在上的改为右手拇指在上），连续做 5 次。

（3）讨论：当姿势和之前的姿势不同时，你有什么感受？这说明什么？

学生：感觉很不习惯，很不舒服。这说明当我们想要改变自己长期养成的习惯时，会面临不舒服、不适应的情况。

（4）教师小结：

改变自己长期养成的习惯当然会伴随着不适，这也是我们以往很多次想要改变不良习惯却总是失败的原因。

第二部分：

（1）现在请大家再次叉手，要求手指交叉的顺序和刚才改变后的顺序保持一致，连续 10 次。

（2）再次叉手，要求手指交叉的顺序和刚才改变后的顺序保持一致，连续 10 次。

（3）现在请大家和之前一样再次叉手，连续 10 次。

（4）讨论：请问大家现在感觉还和刚开始时候一样不舒服吗？这说明什么？

学生：现在感觉好一些了，没有刚开始那种很强烈的不舒服的感觉了。这说明只要坚持，我们是可以改变习惯的。

（5）教师小结：

刚开始改变习惯的时候总会伴随着不适的出现。但是，只要坚持下来，我们都能改变自己的不良习惯。

19. 智慧选择

活动目的

（1）帮助学生通过选择来了解自我潜意识的处事原则，通过对自我行为的反思，对思维方式、处理方法的改进来完善自我。

（2）帮助学生认识到有时候我们需要放弃拥有的才能得到更多。

活动道具

无。

活动规则

（1）每个人根据情境作出独立的选择，过程中不能交流。

（2）玩过此游戏者要求从始至终保持沉默。

活动过程

（1）告诉学生，这是一个真实的故事，我们每个人就是故事中的主人公，请务必认真对待这个测试，认真给出自己的选择。

（2）投影展示故事：

在一个暴风雨的晚上，你开着一辆车，经过一个车站。

车站有三个人正在等公共汽车。

一个是快要死的老人，很可怜。

另一个是医生，他曾救过你的命，是你的大恩人。

还有一个女人/男人，她/他是那种你做梦都想娶/嫁的，也许错过就没有机会了。

但你的车只能坐一个人，你会如何选择？并请解释你选择的理由。

（3）教师独白：

这不是一个对你性格的测试，因为每一个选择都有足够的理由。

在你最后选择前，请仔细考虑以下问题：

①老人快要死了，你首先应该救他？

②但是死亡是无法避免的，是每个老人最终的终点。

③你或许应该让那个医生上车，因为他救过你的命，这是个报答他的好机会。

④也许，可以在将来某个时候再去报答医生，但是一旦错过了这个机会，你可能永远都遇不到这个让你如此心动的爱人了。

⑤请分享你的选择，并给出理由。

⑥最后，教师给出最佳答案："给医生车钥匙，让他带着老人去医院，而我则留下来陪我的梦中情人一起等公车！"当然，这个答案可能是最理想的，却不是大多数人一开始就能想到的。

（4）教师小结：

你是不是会发现，潜意识中我们很少想过要放弃我们手中已经拥有的东西（车钥匙）去获得更好的结果。有时候，有"舍"才会有"得"，学会放弃，是一种智慧。

七、思想激励，激发斗志

1. 假定方案

活动目的

使学生意识到方法总比困难多，激发学生面对困难、战胜困难的勇气，培养学生解决难题的智慧。

活动道具

排球。

活动规则

通过"头脑风暴"尽可能多地寻找解决问题的办法。

场地要求

无要求。

活动过程

（1）说明"头脑风暴"的法则：

①不允许有任何批评意见。

②欢迎异想天开（想法越离奇越好）。

③我们要求的是数量而不是质量。

④我们寻求各种方法的组合和改进。

（2）告诉学生：我们今天的任务是为潜在的严重或灾难性情况制订应急方案。

（3）请一位学生回顾一下最近遇到过的或看到过的符合"墨菲法则"的事情（即如果一件事情有可能向坏的方向发展，那它一定会向坏的方向发展）。

（4）每三个人一组进行讨论，并且每组要找到一个（仅一个）现实世界中可能发生的问题。比如，如果体能不够怎么办？如果作业没有按时完成怎么办？电脑崩溃了怎么办？

（5）让一个小组口述他们的问题，然后把排球扔给另外一个小组。抓到了球的人马上要提出可行的解决方案（必要的话，也可让其他的参与者提供可行的答案）。

（6）提出解决方案的小组回答完之后再提出他们的问题，并把球扔向另外一个小组，让那个小组提供解决方案。如果时间允许的话，一直进行下去。

（7）小组讨论，班内分享：是什么阻止了我们去发现解决自身问题的方法？为什么我们解决别人的问题要容易得多？这个活动对我们的学习来说意义何在？

2. 蒙眼跨障

🎯 **活动目的**

让学生认识到前进的路上会遇到一些障碍，这些障碍包括看得见的和看不见的。

🧩 **活动道具**

障碍物：3个或以上，比如凳子、水桶等（障碍物高度学生能够跨过去）；眼罩：1个。

🔄 **活动规则**

要求学生在蒙着眼睛的情况下跨过障碍物，其他同学不能给予任何提示。

⬅️ **场地要求**

室外或室内空场地。

🔄 **活动过程**

（1）在学生看得见的情况下摆好障碍物。

（2）选择一名志愿者，给予一分钟左右的时间记忆眼前的障碍物，可以让他/她试行跨越2～3次，直到学生有信心跨过。

（3）让学生站在起点位置，用眼罩蒙上眼睛，等候开始跨越的指示。

（4）教师迅速移走三个障碍物中的1个或2个，要求不能让学生听到，时间不能太久以免引起学生怀疑（本环节可以临时安排两个学生协助完成，同样要求不发出声音，动作要快）。

（5）教师发出开始跨越的指示，学生开始跨越障碍。跨越过程中教师可以给予指示，比如告诉学生前行、抬腿等。

（6）走到终点，在蒙上眼罩的情况下问学生是否认为自己跨越了障碍。

（7）打开眼罩，学生看到有些障碍还存在，有些障碍已经被移走。

【参考问题】

①既然有些障碍物已经不存在了，那么你刚才跨越的障碍物来自哪里？

②本活动给了你什么启示？

（8）教师小结：

我们前进的路上难免会有很多的障碍，有些障碍是客观存在的，有些障碍则是我们在心理上给自己设定的。客观的障碍并不可怕，因为看得见；可怕的是自己给自己设定的心理障碍。生活和学习当中我们会遇到很多的障碍，克服了这些障碍，才有利于我们继续前进，超越自我，令自己更优秀。

3. 一杯水的容量

活动目的

（1）让学生体会到人的潜力是无穷的，培养学生勇于挑战自我的精神。

（2）让学生体验通过努力、合作获得胜利的感受，增强学生战胜困难的信心。

活动道具

一个塑料水杯（建议选大口水杯）、两瓶水（所装的水要能灌满塑料水杯）、回形针两盒。

活动规则

在装满水的水杯里放回形针，要求水不能溢出，致水溢出的小组组员"奖励"50个俯卧撑。

场地要求

无要求。

活动过程

（1）把空水杯放在讲台或其他高台上，教师在透明的水杯里灌满一杯水。

（2）各小组展开讨论，在已经装满水的水杯里还能放多少枚回形针？要求各小组依次放入回形针，致水溢出的小组组员"奖励"50个俯卧撑。

（3）各小组报认为能放的回形针的数字，分发回形针。

（4）依次放入回形针。

（5）情境假设：正常情况下，根据水的张力原理，杯口越大能放入的回形针就越多。一般情况下这杯水里能放 200 枚以上的回形针，具体情形可以分为几种情况来分析：

第一种：如果学生都很怕水溢出，放的回形针比较少，教师可以在学生放完后自己将剩下的回形针全部放入水杯，让学生谈感想。此时学生会很后悔自己太胆小，不具有挑战精神，谈感受时让学生联系自身经历效果更好。

第二种：如果学生比较胆大，放的回形针比较多，放了 100 甚至 200 枚，在第三、第四组放入回形针的时候杯里的水会不停地晃动，气氛非常紧张，此时教师要不停地提醒学生要小心、慢慢操作，并用 50 个俯卧撑来给学生施加心理压力。当学生将回形针全部放入水杯后，会长松一口气，感到莫大的成就感。此时让学生谈感受：有些事虽然看起来很难，但是只要认真地、齐心协力地去做，肯定能成功！谈感受时让学生联系自身经历效果更好。

参考变式

放完回形针之后，教师可以引导学生继续放别的东西进去，如纸巾、头发等，由此引导学生得出结论：我们可以从多个方面挑战自我，提升自我。

活动提示

（1）教师往水杯里灌水时要适度，可以灌满但是切忌太满，水面与杯口基本持平即可。

（2）俯卧撑惩罚只是一种心理制衡，用来增加学生的心理压力，目的是为了使学生不敢放太多回形针进去，以免受到惩罚。

（3）如果真的有小组放得太多致使挑战失败，可以进行适度惩罚，让学生为自己负责、为团队负责。只是游戏规则中的"小组组员'奖励'50 个俯卧撑"要解释为小组所有人共同完成 50 个俯卧撑，而不是每个人都要完成 50 个俯卧撑。

4. 生命的价值

活动目的

（1）让学生认识到真正有价值的物品不会因为外界的否定而贬值。

（2）激励学生积极努力，为自己的人生增值。

（3）活动可用于在学生遭遇挫折时对其进行心理辅导。

活动道具

纸币一张（最好不小于 20 块）、草稿纸一打。

场地要求

无要求。

活动过程

（1）教师拿出一打草稿纸，说："我们的同学平时很缺草稿纸，今天老师带来了一打，谁需要的请举手。"（可以预测此时会有很多人举手）

（2）将这打纸揉成一团，问："谁还想要这打纸？"（此时仍会有一部分人举手）

（3）将这打纸扔到地上，并且用脚在纸上踩来踩去，弄脏它们。问："现在谁还想要？"（几乎没人举手）

（4）教师拿出一张纸币，说："老师这里有20/50/100块钱，谁想要请举手，举手就有机会得到哦。"（此时会有很多人举手）

（5）将这张纸币揉成一团，问："谁还想要这张纸币？"（此时仍旧有很多人举手）

（6）将这张纸币扔到地上，并且用脚在纸币上踩来踩去，弄脏它。问："现在谁还想要？"（还是有很多人举手）

【参考问题】

无论老师如何对待那张纸币，还是有人想要它，为什么？由此你想到了什么？

【感悟分享】

因为纸币并没因为老师将它揉成一团或者踩脏而贬值，它依旧是纸币。这让我想到两点。第一，我们要不断地给自己增值，让自己做一张保值的纸币；第二，人生路上，我们会无数次被自己的处境或碰到的挫折击倒、欺凌甚至碾得粉身碎骨，就好像纸币被揉成一团或者被踩脏一样。但是只要我们真的具有价值，我们绝不会因为一时的挫折而贬值，所以我们要坚信自己是有价值的，勇敢地面对挫折。

5. 再撑一百步

活动目的

（1）本活动通过讲故事的形式，让学生理解激励的重要性。

（2）激励学生以良好的状态坚持到底。

活动道具

无。

活动规则

听故事，然后寻找一些激励他人和自我激励的办法。

场地要求

室外或室内空场地。

活动过程

（1）让学生坐好，尽量采用他们感到舒服和放松的姿势。

（2）教师给学生讲述如下的故事：美国华盛顿山的一块岩石上，立着一个告示牌，告诉后来的登山者那里曾经是一个女登山者死去的地方。她当时正在寻觅的庇护所——"登山小屋"只距她一百步而已，如果她能多撑一百步，她就能活下去。

（3）讲完故事后，让学生们就此故事展开讨论，让他们讲讲听完这个故事后得到了什么启发。讨论：

①你觉得这个故事怎么样？

②从这个故事中，你得到什么启发？

③你对激励有什么新认识？

（4）教师小结：

第一，故事告诉我们，倒下之前再撑一会儿，胜利者往往是能比别人多坚持一分钟的人。即使自我感觉精力已耗尽，人们仍然有一点点能源残留着，运用上那一点点能源的人就是最后的成功者。人生中充满风雨，懂得竭尽全力抵抗风雨的人才是人生的主宰者，才不会被命运打倒。

第二，引导学生了解这一层意思之后，可以鼓励他们多想一些激励的方法。这个环节本身就是一个激发学生潜能的例子。让学生们自己想一些激励方法也可以帮助他们加深记忆，以便将这种理念带回到学习生活中去。

参考变式

为了增强挑战性，让学生真正理解坚持和激励的含义，可以分组，让各组学生围成圈，轻轻地一个接一个地坐在后面同学的膝盖上，看哪个小组坚持的时间最长。

活动提示

游戏可以用于学习的中间阶段，当教师发现学生的学习积极性和接受力下降时，可以通过讲这种小故事来缓解压力，激励学生继续坚持。

6. 机会来了

活动目的

（1）以出人意料的方式测试学生对机会的把握能力。

（2）激发学生的学习动力，使之了解自己及反思自己的行为风格、内在信念。

活动道具

一张 100 元人民币。

活动规则

把 100 元人民币低价叫卖出去，不做任何解释。

场地要求

无要求。

活动过程

（1）教师从口袋中拿出 100 元举在手里，然后在不做任何解释的情况下，突然连声叫卖："100 元卖 20 元，谁要？"（提示：就算有人问原因都不用理睬，直到有人上前买下）

（2）教师提问：

①你们刚才看到了什么？

②你们有没有发现机会？

③如果发现了机会，你行动了没？在学习生活中你有多少次因为犹豫、疑惑不解而错失了良机？

7. 竖鸡蛋

活动目的

（1）开拓学生思维，让学生明白达成目标的方法是多种多样的。

（2）引导学生在学习和生活中学会利用多种方法完善自我。

活动道具

鸡蛋若干。

活动规则

学生要尽可能多地找到方法把鸡蛋竖起来。

场地要求

活动现场要求有课桌等平整的鸡蛋摆放场地。

活动过程

（1）分组，每组围圈坐在桌子周围。

（2）每组发放 4 个鸡蛋。

（3）教师讲述活动规则：学生要尽可能多地找到方法把鸡蛋竖起来，展示方法并说明该方法带给我们的启示。

（4）方法展示和启示分享。

【思路参考】

①把鸡蛋底部磕破，竖立在桌面上——引导学生认识到要达到目标需要勇敢地改变自我。

②在底部放置东西（如透明胶的胶圈），然后把鸡蛋竖立起来——引导学生认识到要达到目标需要积极借助外部力量，如老师、同学的智慧。

③把鸡蛋并在一起竖立——引导学生要学会团结，合作共赢。

④鸡蛋在旋转过程中可以短期竖立——引导学生认识到一个人通过高速运转（努力学习）可以达到目标。

八、方法指导，促进学习

1. 福尔摩斯

活动目的

通过活动告诉学生如何在学习中提高观察力。

活动道具

无。

活动规则

每个人要尽可能多地辨认出队友身上发生的改变。

场地要求

无要求。

活动过程

（1）让学生自由结对，每人仔细观察自己的搭档一分钟。

（2）一分钟后，彼此转过脸去，不能再看自己的搭档。

（3）每人做 7 处以上的外观改变，改变可以是细微的，也可以是一目了然的。

（4）让搭档们再次相互观察，依次说出对方都做了哪些改变。

（5）讨论分享：为什么大多数同学不能马上说出所有改变？如何将这个活动和我们的学习联系起来？

2. 自找苦吃

活动目的

（1）让学生懂得，有时候困境和压力的产生不是源于外力，而是源于自己的惯性思维。

（2）培养学生的观察力。

活动道具

一杯浓盐水（杯子外面写着"苦水"）。

活动规则

学生品尝水后要保持安静，不能提前发表观点，不能互相交流。

场地要求

无要求。

活动过程

（1）教师先向大家说明：很多困境的产生，不是来自外力，而是因为自身心志未能专一。提高情商需要两方面能力，第一是隐忍痛苦，控制情绪的能力；第二是心志专一、敏锐地觉察及找出痛苦来源的能力。同时提醒：如果有人做过了本游戏，请保持沉默。

（2）接着教师伸出食指，在浓盐水中蘸一下，然后张开口，舔一舔中指，笑着说味道好极了。

（3）教师要求所有学生都要像他一样操作一次，但是不要说出是什么味道，要保持沉默。

（4）结束后，问大家是什么味道。

（5）教师说："各位，我很高兴地看到你们在提高情商过程中的第一步做得很好。但是第二步你们都没有通过，因为你们没有注意到我舔的手指和我刚才放入容器的不是同一根。"

参考变式

如果感觉用手指不卫生，可以用别的东西代替，如吸管等。

活动提示

（1）教师要事先多练习，尽量不要让学生看出破绽。

（2）教师要提醒学生保持安静，不能说话，不能互相交流。

3. 猜猜60秒

活动目的

（1）让学生认识到时间的重要性。

（2）让学生感受到做不同的事情时感觉时间走的速度完全不同，引导学生学会合理利用时间。

活动道具

挂钟一个、知识竞赛题一张。

活动规则

所有学生闭上眼睛，猜测时间，当他/她感觉到了60秒的时候就站起来并睁开眼睛，但是不能说话，不能给其他同学提示。

场地要求

无要求。

活动过程

（1）所有学生闭上眼睛静坐，强调不能睁开眼睛，不能互相交流。

（2）教师告诉学生规则：教师说开始，学生开始在心里默默计时，当学生感觉时间够60秒的时候就站起来并睁开眼睛，教师简单记住哪些同学在多长时间站起来。

（3）当所有同学都起立后，给出结果：有些同学35秒左右就起来了，大多数同学在45秒都起来了，很少有同学坚持到55秒。

（4）学生谈感受：原来一分钟的时间是如此漫长。

（5）知识竞赛，各小组抢答教师给出的问题。

（6）知识竞赛进行60秒后，告诉学生60秒时间到。

【感悟分享】

同样是60秒，做不同的事情，感觉时间走的速度完全不同。这告诉我们不仅要珍惜时间，更要学会合理利用时间。

4. 生活馅饼

活动目的

（1）引导学生学会具体地、客观地分析和检查自己的生活时间安排。

（2）引导学生学会更科学、更合理地安排和利用时间。

活动道具

每人一张纸、一支笔。

活动规则

根据自己实际情况分割"生活馅饼"。

活动过程

（1）教师在黑板上画一个大圆圈，代表一天24个小时的"生活馅饼"，教师按自己的时间分配进行示范。

（2）让学生都在纸上画自己的"生活馅饼"，估计自己下列各项活动所占用的时间，按照比例加以分割（画在自己的纸上）。内容包括：睡觉、学习、做家庭作业、自主复习、休闲娱乐（玩手机、上网、聊天、打球等）、休息、陪伴家人、其他等。

（3）教师问学生：你对自己目前的时间安排满意吗？如果不满意，你觉得应该怎么安排和使用时间才会更让你满意一些？现在再画一个圆圈代表你理想中的"生活馅饼"。

（4）学生分享自己理想中的"生活馅饼"，教师引导学生采取行动，改变目前的"生活馅饼"，使自己的时间安排更接近理想中的"生活馅饼"。

5. 令人头痛的"8"

活动目的

感受时间压力是如何影响事情的完成质量的，引导学生学会合理安排时间。

活动道具

无。

活动规则

在规定的时间内找到所有带8的数字。

场地要求

无要求。

活动过程

（1）教师提出问题：在 1 至 100 中间，有多少个"8"？

（2）请在 15 秒内在纸上写下你的答案。

（3）收集答案并检查正确性。

（4）出示正确答案：8、18、28、38、48、58、68、78、80、81、82、83、84、85、86、87、88、89、98，一共有 19 个"8"。

【参考问题】

①这个问题复杂吗？为什么还会有那么多人做错？

②时间压力对事情完成质量的影响是怎样的？如何确保良好的质量？

6. 神奇的大脑

活动目的

引导学生认识到记忆的特征，对学生进行记忆力和学习方法的培训。

活动道具

无。

活动规则

教师给出问题，学生迅速给出相应的答案。

场地要求

无要求。

活动过程

（1）教师独白：人的大脑是非常神奇的，它就像一台计算机一样，存储着很多我们曾经经历过和学习过的东西，有些你以为自己已经遗忘的事，却会突然在某些时候想起它。

（2）教师告诉大家自己将会给大家验证这一理论的正确性。

（3）教师问大家："谁能告诉我你们一年级班主任的名字？"以往对于这一游戏的实践说明至少有 3/4 的学生会记得。

（4）另一个方法是问学生他们小时候邻居家小朋友的姓名。

【参考问题】

①你最后一次想到你的一年级班主任的姓名是什么时候？为什么这个姓名会

那么快地钻进你的脑海里面?

②为什么有很多事情会一直在脑海里停留,而有一些东西却很快就会被我们忘记?

③鉴于记忆的这些特性,我们如果想要记住某些东西的话,应该怎么做?

(5)教师小结:

实际上,人的大脑的存量是有限的,我们总是在无意识地存储或删除某些东西,只有那些能够给我们留下深刻印象的人或物才能够长久地占用我们的脑容量。一旦我们想要记住某些比较重要的东西的时候,我们可以采取各种方法加深印象。例如联想法,通过不断地重复联想,从而最终达到记住它的目的。

7. 找错误

活动目的

(1)引导学生学以致用,用学过的知识辨别学习和生活中的假象,这有助于提高学生对学习的兴趣和对知识的运用能力。

(2)帮助学生检验所学知识,引导学生明确自己对已学知识的掌握程度。

活动道具

每组一张卡片,卡片上各有3~5条与当天或近期学习内容相关的含有错误的题目。

活动规则

各小组运用所学知识,找出卡片上题目的错误所在。

场地要求

无要求。

活动过程

(1)将学生分成几个小组,最好不要让他们自由组合,由教师指定能为他们创造一个新的环境,以训练他们的沟通合作能力。

(2)发给每个小组一张卡片,上面写有3~5条与当天或近期学习内容有关的题目。告诉他们,每组的题目中都有一条是错误的,每组的任务就是通过讨论辨别出错误的那一条。

(3)学生讨论期间,教师可在旁观察,记下每组的分析思路和方法,帮助各组分析他们的方法是否正确，并观察各小组在多大程度上运用了在当天或近期学习中学到的知识。

参考变式

（1）为了进一步激发学生的参与意识，可采取小组竞赛的形式进行。

（2）为了有效训练学生的逻辑思维能力和语言表达能力，在时间允许的情况下，可以让学生在找到答案后在全班或者本组成员面前分析答案。

活动提示

（1）本活动可作为一个检验手段，看一看学生对知识的掌握情况。

（2）本活动可以作为班级检测学生知识的一个常态活动，常态化开展以保持对学生知识的及时检测，并在一定程度上激发学生的学习积极性。

（3）教师应留意观察不同学生的不同表现，必要时做一下指点和总结，帮助学生发现自己的漏洞，并引导学生学会及时总结。

8. 独角戏

活动目的

（1）帮助管理者提高管理水平。

（2）提高管理者演讲的感染力，激励团队成员。

活动道具

计时器、卡纸四张、白纸、笔。

活动规则

每一轮活动由一个参与者做独白，其他参与者根据指示作出反应。

活动过程

（1）发给每人一张纸和一支笔，写下最令自己骄傲的、最想与别人分享的事。

（2）从参与者中随机挑出一个人作为演讲者，演讲者要针对自己最骄傲的事情对大家做大概3分钟的演讲。

（3）教师给出一张写有要求的卡纸，其他人传看要求，不能出声，在活动开始后照着卡纸上的要求做。

（4）活动开始，演讲者站在中间，向大家演讲自己的故事，要求演讲者尽可能地去吸引观众的注意力，演讲要富有激情、感染力。在演讲者演讲时其他人根据卡纸上的要求作出反应。

卡纸内容：

①积极关注：从一开始就对演讲的内容十分感兴趣，目光锁住演讲者，并根据其演讲作出相应的反应。

②先积极关注后消极对待：一开始对演讲的内容很感兴趣，安静地倾听；大概过了半分钟就开始窃窃私语，开始不关注演讲者，直至其演讲完毕。

③先消极对待后积极关注：一开始对演讲的内容不感兴趣，窃窃私语或是发呆，不去注意演讲者的演讲；一分钟左右开始觉得有些兴趣，慢慢地大家安静下来，仔细地倾听，并对演讲者的演讲作出相应的反应，结束时对其进行称赞。

④消极对待：由始至终，对演讲者的演讲不感兴趣。

（5）轮流开展本活动。

（6）几轮之后，大家对这个过程中的体验展开讨论。

【参考问题】

①当你讲话时，观众一点兴趣都没有，你的感受是什么？

②当你讲得兴致正浓时，观众渐渐失去兴趣，你的感受是什么？

③当你发现有人听得非常入神，你的心情怎样？

④当别人正在讲话时，你不听他讲，设想他的感受是什么？

⑤谈谈课堂上我们应该怎么做才是对老师、对自己的尊重。

【感悟分享】

尊重别人的方式之一就是认真倾听，而认真倾听意味着能给予积极的反馈。

9. 求你帮帮我！

活动目的

使学生懂得在面临难以解决的困难时应该主动寻求帮助。

活动道具

预先用长绳绑住 12 棵树（室外）或 12 张椅子（室内），围成一个大圆圈。

活动规则

（1）所有参与的学生都蒙着眼站在圆圈内，在一定时间限制内找到圆圈的出口。

（2）活动过程中学生不可以取下眼罩，但可以寻求他人的帮助。

（3）他人提供帮助时必须尽量小声，不能让没有寻求帮助的队员获得消息。

场地要求

室外或室内空场地。

活动过程

（1）教师预先用长绳绑住 12 棵树（室外）或 12 张椅子（室内），围成一个大圆圈。

（2）所有参加者全部蒙上眼睛并站在圆圈内。

（3）所有参加者都用一只手抓住绳子，大家向同一方向绕圈走一次。

（4）教师宣布他在圆圈上弄了一个出口（其实并没有），请大家在 5 分钟内（具体时间可根据人数和活动的紧迫性而定）找到这个出口。游戏过程中大家不可以说话，但若需要帮助可举手示意。

（5）情境假设：

第一种：有的学生在找了一段时间后，开始主动寻求帮助，可由提供帮助者引导他走出围圈。

第二种：有些学生可能非常固执，一直不肯举手，教师可大声提醒他们：游戏将于一分钟后结束，请抓紧时间，赶快举手寻求帮助。

（6）教师小结：

面对难以解决的困难时，寻求帮助并不丢脸，而是一种信任他人的行为，别人会为了你的信任而加倍付出。

10. 大事小事

活动目的

让学生练习如何按轻重缓急安排事情。

活动道具

一桶放小珠子，另一桶放 5~6 块大石头，石头上分别标明学业、健康等字样。

活动规则

要求学生尽量把其中一个桶装满。

场地要求

无要求。

 **活动过程**

（1）教师首先向学生说明，小珠子代表不重要的小事，石头代表重要的大事，桶代表我们的生活。

（2）找一位学生，让他想办法把桶装满，但是不能超出桶的边缘。

（3）情境假设：当学生试图把大石头放入先装了小珠子的桶时，没法把所有的大石头都放入；但当学生先将大石头放入桶中，然后再倒入小珠子时，则恰好装满一桶。

（4）学生展示后，让学生解释：为什么选择这么放？生活中你是怎么安排自己面临的大事和小事的？

（5）教师小结：

先做重要的事，还是先做不重要的事？这需要我们作出选择和安排。当你先做不重要的事时，这些不重要的事已经挤占了你做其他事的时间和精力，就好像小珠子一样，挤占了空间，那么重要的事就无法完成了。

参考变式

小珠子和石头可以用别的东西代替，寓意一样即可。

11. 心算测试

活动目的

（1）让学生意识到自己内心的一些"想当然"的惯性思维束缚了自己的思考。

（2）让学生认识到带着任务、明确目标去做事的重要性。

活动道具

无。

活动规则

活动过程中所有学生闭上眼睛独立思考，不能讨论，不能影响他人。

场地要求

无要求。

活动过程

（1）请同学们闭上眼睛，我们来进行一次心算测试，做一道数学题，听老师给大家读题目。计算过程要独立完成，不能讨论，不能把自己的答案告诉别人。

（2）题目：一辆载着 280 名旅客的火车驶进车站，有 90 人下车，60 人上车；下一站又下去 50 人，上来 120 人；再下一站又下去 30 人，上来 90 人；再下站又下去 80 人，上来 40 人；再下一站又下去 10 人，上来 20 人；再下一站下去 100 人，上来 95 人。

（3）请问，题目中火车停了多少站？（几乎每个人都能回答出车上还有多少人，却几乎没有人能回答出火车停了多少站）

【感悟分享】

我们之所以回答不出正确答案，是因为我们都想当然地以为老师会问车上还有多少人，没想到老师会问火车停了多少站。这一个方面是因为我们的惯性思维束缚了我们，另一方面也是因为我们对要面对的任务不明确。这件事让我想到，如果我们能够克服"想当然"的惯性思维，带着一定的任务去做某件事情的话，那么，我们将会对这项任务倾注极大的注意，因此更容易得出正确的答案。所以，在上课以前就做好集中注意力的准备，带着问题听课，我们的听课效果就能事半功倍。

12. 数字会撒谎吗

活动目的

培养学生的观察能力和怀疑精神。

活动道具

每人一份"简单的算术测试"材料。

活动规则

每个学生独立完成，不能交流，不能影响他人。

场地要求

无要求。

活动过程

（1）将印有说明和题目的卡纸分发给每个成员（也可以将它用幻灯片的形式显示出来）。

卡纸内容：

说明：这里有三处错误，找到它们并在它们下面画条横线。尽可能快地完成它，做完后就举手。

① $\sqrt{169} = 13$

② $243 \div 3 = 61$

③ $4 \times 27 = 98$

④ $(213 - 23) / 2 = 95$

⑤ $(7)^3 = 343$

⑥ $242 - 12/3 = 238$

⑦ $6^2 + 8^2 = \sqrt{10\,000}$

（2）教师制造紧张的气氛，告诉学生只允许他们用两分钟时间来完成这些测试，同时强调在别人没完成之前不要公开自己的答案。

（3）如果有学生说只有两处错误，那么向他指出：数学题目中只有两个错误，那么问卷开头的说明就说错了？那个说明是第三个错误的地方。

【参考问题】

①卡片上的说明清楚和明确吗？如果是的话，为什么会被曲解？

②教师、上级的言论或试卷上的声明为什么总是很容易被接受，并且被轻易地相信？

③在什么样的情况下应当对教师、上级的言论或试卷上的声明持怀疑的态度？

13. 清肺呼吸

活动目的

在学生紧张时减轻学生压力，引导学生学会管理压力。

活动道具

无。

活动规则

学生跟着教师的引导吸气、呼气。

场地要求

无要求。

活动过程

（1）教师向学生解释"清肺呼吸"的基本流程：

首先，我们要深吸气——实际上，我们只是尽力吸入一大口空气。

其次，我们要屏住这口气，慢慢地从一数到五。

最后，是精华部分——我们要很慢很慢地把气呼出，直到完全呼尽。在我们这样做的时候，我们将扫除体内的紧张。

（2）现在示范"清肺呼吸"，然后让学生做两三次这样的呼吸。

（3）问一下人们对"清肺呼吸"感觉如何。大多数人都会感觉放松多了。

14. 拉力比赛

活动目的

引导学生认识到竞争中要有合作意识，培养学生的合作共赢精神。

活动道具

粉笔一支、用于计时的明快的音乐。

活动规则

参赛双方要努力将对方拉到自己这边，在规定时限内（30秒钟）胜利多的一方获胜。

场地要求

无要求。

活动过程

（1）找出一名志愿者做记分员，明确记分员的职责。

（2）每小组讨论后选出代表一人，代表本组参赛。

（3）在地上用粉笔画出间隔一米左右的两条平行线，参赛双方站在两边。

（4）参赛双方用右手抓住对方右手，音乐开始时开始用力拉对方。

（5）音乐声停止宣布比赛结束，比赛结束后，比较分数，找出分数最高的两位学生，采访：为什么刚才参加比赛时你那么用力拉？你感觉自己赢得容易吗？得出结论：用力拉是因为想赢，但是赢得很辛苦，很不容易。

（6）找出分数最低的两位学生，采访：虽然刚才你们的分数很低，但是老师知道你们已经尽力了，只是力不如人，很遗憾。那么你们想赢吗？如果想赢，老师只要对你们说一句话你们就可以赢了，相信吗？

（7）教师建议：两个人合作参加比赛，你轻轻拉一下，我跳过去；我轻轻拉一下，你跳过来，保证两个人的分数最高。

（8）让分数最低的两位同学做演示，结果他们很轻松地得到了最高的分数。

（9）小组讨论，谈感想：如果生活中我们能够转变观念，以合作共赢的心态去和对方合作、互助，最终实现的很可能就是两个人的互相成就，共同进步。我们日常学习中，除了竞争，更需要合作、互助。

🔄 **活动提示**

时间一般建议不超过 1 分钟，时间太长了会降低学生紧张度；又不应短于 20 秒，时间太短比不出效果。

15. 鼓掌

🎯 **活动目的**

（1）让学生认识到，制订明确的计划有助于提高学习效率。

（2）让学生知道，明确的计划应该包括明确的时间和明确的学习内容两个方面。

🀱 **活动道具**

无。

🔄 **活动规则**

学生按照教师的要求鼓掌。

◀ **场地要求**

无要求。

活动过程

（1）请全体同学鼓掌 20 秒。

（2）请全体同学鼓掌 40 次。

（3）请全体同学在 20 秒内鼓掌 60 次。

（4）教师问学生：三次鼓掌，哪一次你的速度最快、状态最投入？为什么？

（5）感悟分享：第三次鼓掌速度最快、状态最投入，因为第三次鼓掌不仅有明确的目标（60 次），而且有明确的时间限制（20 秒），这在无形中增加了我们的紧迫感。

（6）教师小结：

这个活动告诉我们，提高效率的技巧是在明确的时间内完成明确的、可实现的任务。因此，在我们以后的学习中，要学会把可利用的时间划分为若干学习时间段，并明确每个时间段需要完成的学习内容，这样更加有利于我们的学习。

16. 纸飞机与千纸鹤

活动目的

（1）迫使学生面对困难时主动寻求答案，培养学生的主动意识。

（2）让学生明确自己学习的重点应该放在未知知识和未完全知知识上。

活动道具

每个学生两张纸。

活动规则

学生根据教师指示叠纸飞机和千纸鹤。

场地要求

无要求。

活动过程

（1）拿一张纸，叠一只纸飞机。

（2）拿一张纸，叠一只千纸鹤。学生学叠千纸鹤需要 5 分钟左右时间，在此期间，教师走近学生，观察学生的表现。比如：有些已经会叠的同学在复习叠法并教其他同学，有些不会叠的同学在主动学习，还有些不会叠的同学则很被动，没有积极参与。

（3）参考问题：如果纸飞机相当于已知知识，千纸鹤相当于未知或未完全知知识，在考试之前的备考阶段，我们怎么做才更有利于我们的进步？

（4）学生分享：在学习中把主要精力放在未完全知知识上更有助于我们的提高，当然，还要记得对已知知识及时进行巩固。对于已经会叠的同学来说，教别人的过程同样是一个巩固知识的过程，因此不要吝于传授他人技巧。

（5）教师小结：

如同纸飞机和千纸鹤，我们学习中的知识大体可以分为已知知识、未知知识、未完全知知识三种。对已知知识，我们要进行阶段性复习；对未完全知知识，我们要在学习之后及时吃透知识并多次巩固；对未知知识，我们则应该向刚才那些不会叠千纸鹤却主动学习的同学一样，以主动的、积极的精神去学习，去主动获取知识。在平时的学习中，建议大家把主要时间放在对已知知识和未完全知知识的学习上，这样更有利于我们快速掌握更多的知识。

17. 呼啦圈

活动目的

让学生懂得学习也是一种经验的积累，提升经验积累是提高效率的一个途径。

活动道具

大呼啦圈若干。

活动规则

每组的全体成员都要钻过呼啦圈而不能碰到呼啦圈，否则要重新开始，用时最少的小组获胜。

场地要求

室外或室内空场地。

活动过程

（1）分组，每组同学手拉手围成一圈站立在一起（每组最好不少于10人）。

（2）每组发一个呼啦圈，每组的两人一人握住呼啦圈的一边。

（3）小组的其他成员都要钻过呼啦圈，要求大家不要松手，不允许身体的任何部位接触呼啦圈，否则需要重新开始，时间越快越好。

【参考问题】

①怎样才能以最快的速度钻过呼啦圈？

②如果给你足够的时间练习，你们能在多少时间内全部钻过？

③请同学们比较一下：你做一道从未做过的题目与一道曾经做过一次的题目所花的时间有何区别？你做一道做过一次的题目与一道曾经做过多次的题目所花的时间有何区别？

（4）教师小结：

提升经验积累是提高效率的一个有效途径。

18. 水已经满了

活动目的

让学生懂得学习新事物时应持有谦虚的态度。

活动道具

杯子、水、托盘。

活动规则

找两个学生演示小活动，教师同时以配音的形式讲述禅宗故事，共同表演这个故事。

场地要求

无要求。

活动过程

（1）活动前找两个同学来演示小活动，教师事先告诉倒水的同学倒水的规则。

（2）一个同学拿着托盘，托盘里放着一个杯子。

（3）另一个同学往杯子里倒水，水杯满了之后继续倒水。在倒水的同时，教师讲述禅宗故事。

（4）讨论：

①这个禅宗故事和我们接受教育有什么关系？

②我们当中谁曾经有过难因禅师的经历？谁有过游僧的经历？当时你感觉如何？

③这个故事给你的最大启发是什么？

附：禅宗故事

难因是一位有名的禅师，有一天，一位游僧来向他请教禅的真谛。难因与他聊了一会，见游僧滔滔不绝，于是就称赞道："好口才呀！"然后请他喝茶。他向游僧的杯子里不断地倒水，水杯满了，他还在倒，以至于水都溢了出来。游僧感到非常惊讶，就问难因："师父，杯子里的水已经满了，倒不进去了。"难因说："你的心就像这个杯子，装满了你自己的意见、思索。如果你不把你的杯子倒空，又如何能听进去禅的道理呢？"

19. 三分钟测试

活动目的

（1）让学生体会到投资时间可以节约更多时间的道理。

（2）提醒学生在环境受限的情况下同样应该养成认真仔细、统揽全局的好习惯。

活动道具

三分钟测试试题、时钟。

活动规则

教师单向发出指令，学生根据指令完成试题。测试过程中，除试题要求发出声音的发出声音外，其他一概要求保持绝对安静。

场地要求

无要求。

活动过程

（1）教师告诉学生，我们要进行一次三分钟测试，时间只有三分钟。确认每个同学都带了笔。同时强调几点：

第一，这次测试很重要，必须在三分钟之内完成，绝对不能提前，也绝对不能延迟时间。

第二，请大家务必认真对待这次测试，如果你带着一种无所谓的游戏心态来完成这三分钟，那么我要告诉你："你这是对自己不负责任！"我希望大家能够以对自己高度负责的态度对待这次测试。

第三，如果你已经参与过这个游戏，或者是类似的游戏，或者是你看见过别人做类似的游戏，我请你安安静静地等待别人完成，直到我告诉你可以发表意见以后你再发表意见，做得到吗？

第四，测试过程中全场务必保持绝对安静，不能发表个人观点，不能交头接耳，不能自言自语（备注：问卷要求你出声的，你可以出声）。

（2）发试卷给大家，为了公平起见，测试试题以背面朝上的方式发给大家。试卷发完后，教师说"现在开始"，这时学生才能把试题翻过来做。

（3）教师计时，时间指向三分钟时，宣布："三分钟时间到，现在请停笔。"

【参考问题】

①为什么有些人能在三分钟之内完成全部试题？

②认真阅读第19项，看看你的测试卷还是干净和完整的吗？

③参加过本次测试后，你有什么感想？

（4）教师小结：

游戏结束时，是不是大多数同学的测试卷已经破烂不堪了？为什么会出现这种局面？这就是我们测试中经常会出现的问题：一旦环境受限（有了明显的时间要求）就开始紧张，不能做到认真仔细、统揽全局。

活动提示

（1）本活动可以用于人际沟通，告诉学生在互相沟通中不应该断章取义、自以为是，应该在充分了解对方的目的、意图之后再做决定。

（2）本活动还可用于帮助学生认识自己，学生在测试中的不同表现恰恰表现了学生的不同心态。

附：三分钟测试试题

①做事之前先通读全部资料。

②将你的名字写在本页的右上角。

③将第二句的"名字"这个词圈起来。

④在本页的左上角画5个小方格。

⑤大声叫你自己的名字。

⑥在本页的第二个标题上再写一遍你的名字。

⑦第一个问题后面写上"是"、"是"、"是"。

⑧把第五个句子圈起来。

⑨如果你喜欢这项测试就说"是"；不喜欢就说"不"。

⑩如果在测试中，你达到这个点，就大声叫一下自己的名字。

⑪在本页右边的空白处，写上一个66×7的算式。

⑫你认为自己已经按要求做了，就叫一声"我做到了"。

⑬在本页左边的空白处写上 66 和 98。

⑭用你正常讲话的声音从 10 数到 1。

⑮站起来，转一圈，然后再坐下。

⑯在第四个句子中的"本页"这个词周围画个方框。

⑰大声说出"我快做完了，我是按要求做的"。

⑱如果你是第一个做到这一题时，就说"我是第一"。

⑲既然你已按第一句的要求，认真读完了全篇内容，那么你只需要做好第二句的要求就算完成任务。

⑳完成任务后请不要出声和做小动作，静候结束。

解析：认识自己

我们通常会在无意识中表现出真实的自我，了解自己，反省自己，就能在将来的生活和学习中做到扬长避短。我们来看看自己应该属于哪一类人。

①有人生怕输给别人，面子不好看，所以一定要偷步先行。

②有人自认为认知水平高人一筹，洋洋得意（他注意到第 18 条，不管第 20 条）。

③有人粗枝大叶，办任何事情都不认认真真。

④有的人，心一直在天上飘，就是不肯脚踏实地、静下心来做一件事。

⑤有人天生蔑视规则，认为别人的提醒都是多余的。

⑥有人超级自信，我行我素，以至于南辕北辙，离真相越来越远。

⑦有人没有自己的主见，看见别人怎么弄自己就怎么弄。

⑧有些人很聪明，方向盘转得很快，这是褒义的解释，贬义的解释就是投机——开始也会认真阅读，但很快发现这样会落后，然后快速扫描各条文，很幸运，在第 19 条发现了"标准答案"。这一类的同学，我也请你想一想，万一"标准答案"并不像 19 条那么明显，而是需要在前面的第 5 条甚至第 7 条的基础之上再稍稍加上一点点的逻辑推理呢？那么怎么做才是最快的？

⑨有人一开始是一个"讲究规则的笨蛋"，但是生活总是让自己碰壁，所以与其傻乎乎遵守规则，不如与大伙儿一样。既然讲规则吃亏，我不如学"聪明"一些啊！

⑩还有许许多多其他类型的人，看自己怎么去剖析吧！

20. 快速报数

活动目的

（1）通过活动培养学生的效率意识和协作能力。

（2）引导学生正确面对失败，培养学生良好的心态。

活动道具

无。

活动规则

各小组快速报数，失败的小组接受惩罚。

场地要求

室外或室内空场地。

活动过程

（1）将所有参赛人员平均分成两组，如果有人剩余，可以负责计时和胜负统计。

（2）各队选择男女队长各一名，组织团队进行比赛（队长自身不参加比赛）。

（3）教师要求各队长用以下三个问题激励本队队员："有没有信心战胜对手？""如果失败，我们会不会互相指责？""如果失败，我们愿不愿意承担由此带来的一切责任？"

（4）教师宣布比赛规则：

第一，全队学生进行报数比赛，要求口齿清晰，速度越快越好。

第二，两组分别进行8轮比赛，每轮比赛间隔休息时间分别是3分钟、2分钟（2次）、1分半钟（2次）、1分钟（2次）。

第三，对每轮比赛进行奖惩。输者由队长率领全队同学向对方表示诚服，并半鞠躬对对方成员说："愿赌服输，恭喜你们！"赢者全队哈哈大笑，表示胜利。

（5）将每轮比赛的结果记录在白板上。游戏结束后，教师引导大家讨论，分享感悟。

【参考问题】

①随着活动越来越激烈，速度越来越快，你有什么感受？

②当面对失败时，你有什么感受？

参考变式

（1）为了强调学生应该承担失败的责任，可以让输者或其队长做10个俯卧撑或仰卧起坐，以此让学生感受到要为自己和自己所在的团队负责。

（2）可以根据实际需要，把学生分为三组或更多组，进行组组之间的比赛，但不建议分太多组。

🔄 **活动提示**

教师要强调当失败的小组表示诚服和对对方说"愿赌服输，恭喜你们"时一定要真诚，否则难以起到相应的效果。

九、情感体悟，感恩生活

1. 无家可归

🎯 **活动目的**

（1）让学生感受脱离集体、无家可归的无奈，从而刺激学生对集体产生归属感和认同感。

（2）让学生学会接纳别人，和谐人际关系。

⬛ **活动道具**

因小活动而定。

🔄 **活动规则**

因小活动而定。

📣 **场地要求**

因小活动而定。

🔄 **活动过程**

（1）把坐在教室左右两边的同学分成几个大组，每个大组20人，多余的做裁判，监督被淘汰的同学不能继续参与活动。

（2）让每个大组的20人按照9人一组快速分成两组，以组为单位开展活动（活动由教师自主安排，主要是易操作的小活动）。多余的两人被淘汰，不能继续参与活动。

（3）让每组9人的小组按照4人一组快速分成两组，以组为单位继续开展活动。多余的一人被淘汰，不能继续参加活动。活动持续几分钟，让参加活动的同学感觉到乐趣，淘汰的同学感受到无家可归。

【感悟分享】

①请在活动中被淘汰的同学谈谈他们的感受：被淘汰之后看着别人玩得很开心，自己却没有机会参加，感觉很无奈也很无聊，有一种无家可归的感觉。没有归属感，心里特别失落。就想，要是我也能参加活动，也能和大家一起快乐地玩就好了。还有，这次是我被人淘汰感觉无家可归，那以后我会不会淘汰别人或者排斥别人让别人感觉无家可归呢？这真是可怕的感受，我想以后我会尽量不排斥别人，尽量接纳别人，和同学和谐相处。

②请那些在活动中胜出的同学谈谈他们的感受：看着那些被淘汰的同学，突然感觉能够继续在小组中参加活动是很幸福的一件事，可能这就是集体带给我的幸福感吧。我想以后我会更加珍惜我们的集体，爱护我们的集体，积极参加集体活动。

2. "六人组"的快乐

活动目的

（1）让学生感受脱离集体、无家可归的无奈，从而刺激学生对集体产生归属感和认同感。

（2）让学生学会接纳别人，和谐人际关系。

活动道具

事先准备好足够的短语卡片与信封，在进行活动时发给所有的参与者。

活动规则

活动过程中大家只能逐个小声交流，并努力找到自己的 6 人团队。

场地要求

室外或室内空场地。

活动过程

（1）准备好一系列短语卡片，并将它们每张都制成 6 份。这些短语最好与班级的现状有关，比如"我们是一家人"等。另外准备 1～5 张短语卡片，每张卡片上的短语都不同。

（2）将短语卡片分别放到一个个没有做记号的信封里封好，将信封混在一起。给每个成员一个信封（为了节约信封，可以让学生以抽签的方式进行，每人抽取一个信封）。

（3）让团队成员打开自己的信封，阅读里面的短语，然后在房间里到处走动，向别人介绍自己并重复那条短语（要求只能逐个、小声交流）。

（4）当一个人发现另外一个人与他有相同短语的时候，他们就组成一个小组，直到绝大多数成员都组成了"六人组"。

（5）当除了几个"孤独者"之外的所有人都找到了自己的"六人组"时，教师装作惊讶，然后引导整个团队进行后面的讨论。

【参考问题】

①没有被任何一个团队或小组接受，你的感受如何？

②当你发现别人也有同样的短语时，感受如何？

③为什么已经组成了团队的人不去帮助那些被排斥在团队之外的人？

3. 一家团聚话心声

活动目的

（1）用于新学期、新学年对过去的总结和对未来的期待。

（2）引导学生感恩生活，憧憬未来。

活动道具

纸、笔。

活动规则

让学生把成绩、困惑、期待（计划）写出来，并选择性地与大家分享。

场地要求

无要求。

活动过程

（1）每位学生准备一张纸、一支笔。

（2）让学生把纸随意划分成3栏。

（3）第一栏写出10项过去一年中令自己鼓舞的新经验和对自己的新发现、新认识；第二栏写出几项去年的困扰（要求不多于5项，以免导致学生的情绪过于负面）；第三栏写下新学期的新愿望，每个人按照自己的实际情况定下5项可行的计划或者目标。

（4）让学生重读5项计划或目标，圈出2项最可行、最具体、最希望完成的，在此栏右下角签上自己的名字。

（5）在小组内讨论每个人最希望完成的愿望，了解他人的愿望，成员之间互相鼓励、祝福。

4. 离别赠言

活动目的

引导学生学会对他人表达内心的真实感情，引导他们学会珍惜身边的人。

活动道具

无。

活动规则

学生对他人表示感谢和歉意，要求必须真诚，并说出充分的理由。

场地要求

无要求。

活动过程

（1）全班学生围圈坐（或者坐在自己的位置上也可以），教师向同学们轮流问以下3个问题，"假如你即将远行，你现在想……"

对他/她说"多谢"的人是……

对他/她说"对不起"的人是……

对他/她说"我敬佩你"的人是……

（2）教师要求回答者必须说出充分的理由，不允许不回答，不允许说没有这样的对象。

（3）被说到的对象也应该针对对方的语言有所表示，如感谢、惭愧、接受等。

【参考问题】

①当要求你必须说出对象来时，是否感觉很为难？为什么？你真的在这个班级里找不出一个这样的人吗？是你平时人缘不好还是你忽略了别人对你的好？

②被说到的对象感觉突然吗？当别人对你曾经做过的一些微不足道的小事表示感谢时，你有什么感受？

（4）教师小结：

勿以恶小而为之，勿以善小而不为。你所做过的点滴好事都会被人记在心里，而你所做过的点滴坏事也不会被人忘记。

参考变式

活动可根据需要随时作出改变和调整。如想重点培养学生的感恩意识，就主要选择"你想对他/她说多谢的人是……"，以此类推。

5. 国王与天使

活动目的

（1）培养学生服务他人、服务集体的意识。
（2）创造幸福空间，营造班级良好的人际关系氛围。

活动道具

准备和班级人数相等的卡片，将每个同学的名字分别写在卡片上。

活动规则

"天使"要牢记"国王"的名字，并处处帮助、关心"国王"。

场地要求

无要求。

活动过程

（1）发给每人一张"国王天使卡"，每人在"国王"旁边填上自己的名字，交回教师。

（2）把"国王天使卡"放在"神袋"里，每一位"天使"（即同学）轮流从"神袋"里抽出一张卡片，这张卡片上的名字所对应的人就是你的"国王"。在抽到的卡片上的"天使"后面写上自己的名字后交回给教师，如果抽到自己时可以重新抽取。（小提示：此时最好不公布"国王"和"天使"的名单）

（3）"天使"要在接下来的时间里默默地为"国王"服务，不能让"国王"发现自己是谁。

（4）"天使"的服务要尽量丰富多彩、形式多样。比如，一杯茶、一个小礼物、共同学习、真诚陪伴等。

（5）一个星期后（时间可以依据实际情况而定），再次组织班级活动，畅谈

做"国王"和"天使"的体会。

6. 人生百味

活动目的

通过对人生百味的体味，培养学生正常交往、善待他人的习惯。

活动道具

无。

活动规则

教师每喊一声"转"，学生就转动一个人的位置，并根据指示做不同的表情。

活动过程

（1）全班学生分成偶数组，要求每组人数相同。

（2）小组成员手牵手围成圈，然后两组组合。一组在内圈，面朝外圈；另一组在外圈，面朝内圈。

（3）检查，确保每两个同学面对面。

（4）活动要求：教师每喊一声"转"，学生转动一个人的位置。要求里圈同学向左转，外圈同学向右转，转圈同时做出一个表情；每换一个位置，要求更换一次表情（表情分两种：A 充满善意的微笑；B 发怒，发出"哼"的一声并把脸转向右边，不看对面同学的脸）。

（5）要求全情投入；转 3 分钟左右有些学生的眼泪就出来了；活动持续 5 分钟左右。

【感悟分享】

当同学微笑的时候，我感觉很开心，感觉到朋友之间的感情，她越投入我就感觉越真诚和开心；但是当听到同学"哼"的一声并发怒地转头不看我的时候，我感觉心里特别难受，我就想为什么我们要对自己的同学怒目而视甚至看都不看一眼呢？为什么我们不能珍惜友情、愉快地相处呢？想想平时的自己，感觉很后悔。以后，我一定会改正错误，善待他人，给同学更多的微笑。

7. "爱有多深"问卷调查

活动目的

让学生体会到父母之爱的伟大，培养学生感恩意识。

活动道具

多媒体课件展示问卷调查。

活动规则

学生按照问卷问题，认真思考并作出真实的选择。

场地要求

无要求。

活动过程

教师说："今天我们做一个问卷调查，希望大家能认真思考，给出自己最真实的答案。"

（1）第一题：他很爱她。她细细的瓜子脸，弯弯的蛾眉，面色白皙，美丽动人。可是有一天，她不幸遇上了车祸，痊愈后，脸上留下几道大大的丑陋疤痕。你觉得，他会一如既往地爱她吗？

　　A. 他一定会　　　　　　　B. 他一定不会　　　　　　　C. 他可能会

（2）第二题：她很爱他。他是商界的精英，儒雅沉稳，敢打敢拼。忽然有一天，他破产了。你觉得，她还会像以前一样爱他吗？

　　A. 她一定会　　　　　　　B. 她一定不会　　　　　　　C. 她可能会

（3）第三题：他是她的父亲，他很爱她。她细细的瓜子脸，弯弯的蛾眉，面色白皙，美丽动人。可是有一天，她不幸遇上了车祸，痊愈后，脸上留下几道大大的丑陋疤痕。你觉得，他会一如既往地爱她吗？

　　A. 他一定会　　　　　　　B. 他一定不会　　　　　　　C. 他可能会

（4）第四题：她是他的妈妈，她很爱他。他是商界的精英，儒雅沉稳，敢打敢拼。忽然有一天，他破产了。你觉得，她还会像以前一样爱他吗？

　　A. 她一定会　　　　　　　B. 她一定不会　　　　　　　C. 她可能会

【活动小结】

这个世界上，有一种爱，亘古绵长，无私无求，不因季节更替、名利浮沉而改变，这就是父母对儿女的爱啊！同学们，今天就让我们一起来感悟亲情，感悟来自我们身边最深沉而又最无私的爱！

8. 依山傍水

⊙ **活动目的**

体味拥有，让学生学会珍惜身边的人和事，尤其是珍惜父母亲情。

⊡ **活动道具**

每个同学准备两张纸、一支笔。

⊙ **活动规则**

学生按照教师指示认真思考并作出选择。

⊡ **场地要求**

无要求。

⊙ **活动过程**

导入：我们买房子的时候最渴望的购房环境可能就是"依山傍水"了，但是同学们，你们知道吗？其实我们一直都生活在依山傍水的环境中。因为父爱如山、母爱如海，父母就是我们的山和水。今天让我们带着梦想，带着父母一起出去游玩吧。

（1）请同学们用自己手里的一张纸叠成一艘小船。

（2）把第二张纸分成 10 份小纸片。

（3）亲人、梦想、金钱等，你都想带着什么一起出去游玩呢？请在 10 份小纸片上写上你一生最爱的人和最想拥有的东西与你一起去游玩吧。每张小纸片上只能写一种。

（4）在一个风和日丽的日子，你和最爱的人、最想拥有的东西（根据经验一般学生都会写上自己的父母、事业、爱情、金钱等）一起乘船出海游玩了（让学生把写好的纸片放到船上）。

（5）当你们玩得正开心的时候，突然遇到了暴风雨，小船在大海中漂荡，眼看就要翻船了。这种情况下，需要你丢掉一些东西船才不翻。请你从带的 10 份东西中（包括亲人）丢掉 5 份，东西丢掉之后就再也不会拥有了。

（6）暴雨仍旧在继续，风越来越猛烈，你需要从剩下的 5 份中再丢掉 3 份。虽然你非常不情愿，但是你不得不这样做（根据经验这时候很多学生基本都只剩下父母在船上了）。

（7）风仍旧在猛烈地刮着，实在撑不住了，你必须再丢掉其中的一份。作为船长，请你快速作出决定（同学们实在舍不得丢下父母，有的同学甚至开始哭了）。

【参考问题】
①你为什么哭了？②有什么感受？

【感悟分享】

我感觉心里特别难受，尤其是当我必须失去父母中的一个的时候，我感觉特别难受。平时从来没感觉父母在自己心中有那么重要，但是真的要失去的时候，感觉心里特别特别疼，眼泪就忍不住流下来了。通过这个活动，我感觉以前我都不懂得珍惜父母，不懂得珍惜父母对自己的付出。今后我要对父母好一点，这样就算有一天我终究会失去他们，作为儿女我心里也不会有那么多的愧疚。

9. 艰难的舍弃

活动目的

促进学生对个人的人生价值观做具体的探索，促使学生珍惜生命、热爱生活。

活动道具

白纸、笔。

活动规则

要求学生认真对待本次活动。

场地要求

无要求。

活动过程

（1）每人发一张纸、一支笔。

（2）老师说："把苹果手机发展到四五千元一部的乔布斯可以说是无所不能，但是在病痛面前却是无能为力的！生命无常，假设由于种种原因，你正面临着失去生命，时间只允许你再做最后十件事，你会做哪十件事？请你按先后次序写下你的遗嘱（字数限 50 字以内）。"

（3）给学生5分钟时间完成临终遗嘱。

（4）让学生谈感受和最迫切想要做的事情。

【活动小结】

我们总认为时间还很早，还很多，所以很多我们想要做、应该做的事情被拖延了下来。今天，关于时间的利用，老师给大家如下建议：

（1）80/20原则，找到并把握生活的重点。只要你细心地总结一下，你就会发现，你得到的80%的帮助源于你20%的朋友；你投入80%的精力却只得到20%的收益。我们常常把大多数时间和精力花在并不是很重要的地方，从而忽略了生活的重点。

（2）现在就做。拖延或推迟是大量时间被浪费的主要原因。记住，栽一棵树的最好时间是20年前，第二个最好的时间就是现在。

（3）学会说"不"。不要被无聊的人缠住，也不要在不必要的地方逗留太久，因此在现实生活中一定要学会说"不"。这样你才会得到真正的自由，才能保证有足够的时间和精力做真正对自己重要的事情。

（4）避免无谓的争论。无谓的争论，不仅会影响情绪和人际关系，而且还会浪费大量时间，到头来解决不了任何问题。

（5）成本观念。对待时间，就要像对待经营一样，时刻要有一个"成本"的观念，要算好账。生活中有很多属于"一分钱智慧几小时愚蠢"的事例，如为省一元钱而排半小时队，是极不划算的。

（6）精选朋友。朋友要精选，多而无益的朋友是有害的，他们不仅会浪费你的时间、精力、金钱，也会浪费你的感情，甚至有的朋友会危及你的学业。

参考文献

［1］教育部师范教育司．教师专业化的理论与实践．北京：人民教育出版社，2003.

［2］黄正平．专业化视野中的中学班主任．长春：东北师范大学出版社，2007.

［3］韩东才等．班主任基本功——班级管理的基本技能．广州：暨南大学出版社，2009.

［4］傅国亮．班主任专业化指南．北京：高等教育出版社，2010.

［5］韩东才，李季．德育新思维．广州：广东高等教育出版社，2010.

［6］郑航．班级管理与学生指导．北京：北京师范大学出版社，2011.

［7］李季，李楠．小学德育问题与对策．北京：中国轻工业出版社，2012.